이상한 정상가족

개정증보판

이상한 개정증보판 정상가족

자율적 개인과
열린 공동체를
그리며

김희경
지음

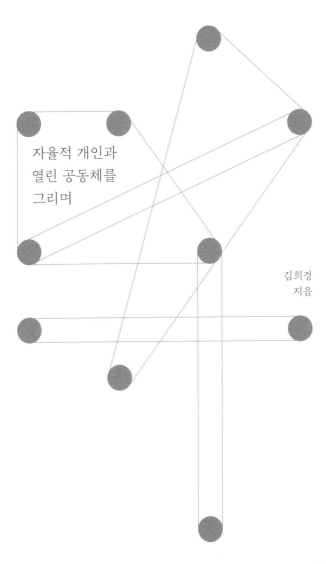

동아시아

우리가 던진 돌은 더 멀리 갈 것이다

『이상한 정상가족』의 초판을 펴낸 날로부터 4년이 지난 2021년 겨울, 개정증보판의 서문을 쓴다. 그사이 나는 정부에서 일했고 구불구불한 이력에 공무원이라는 경험 하나를 더 얹게 되었다.

촛불 혁명으로 세운 정부의 성공을 위해 일하고 싶다는 열망으로 공무원이 된 뒤, 여성가족부에서 일해보지 않겠냐는 제안을 내가 받아들인 이유는 딱 하나였다. 이 책에서 주장했던 과제 중의 일부를 현실로 만드는 일에 직접 참여할 수 있으리라는 기대 때문이었다.

여성가족부가 총괄하는 분야는 기이하게도 아동인권을 제외한 가족정책의 일부분이지만, 하나의 움직임이 연결된 영역으로 이어지고 같은 방향을 향해 일하고 있을 사람들의 뜻과

맞닿는다면 의미 있는 변화를 만들 수 있을 거라고 기대했다.

　이 책에서 다룬 내용의 상당수는 문재인 정부에서 현실이 됐다. 보편적 아동수당이 도입됐고 아동보호체계에서 공공의 책임이 확대됐으며, 미혼모를 포함한 한부모 가족에 대한 지원이 대폭 늘어났다. 2019년 〈포용국가 아동정책〉 발표 직전, 관련 부처 최종 회람을 하면서 이 책에서 지적한 〈민법〉의 징계권 삭제 검토가 포함된 것을 봤을 땐 내 일인 것처럼 기뻤다.

　반면 변화가 없거나 해결이 더딘 문제들도 여전하다. 끔찍한 아동학대 사망사건들이 잇따랐고, 아동보호체계의 대응은 과거와 크게 다르지 않은 패턴을 반복하며 미숙한 모습을 보였다. 해외입양은 계속되고 있고, 보편적 출생등록제나 차별금지법도 2021년 12월 현재까지 만들어지지 않았다.

　징계권 삭제는 〈포용국가 아동정책〉 발표 후 2년 가까이 지난 2021년 1월, 드디어 국회의 문턱을 넘어 확정됐지만 막상 이때는 마냥 기뻐할 수만은 없었다. 당시 전국을 들끓게 했던 양천 아동학대 사망사건이 없었더라면 국회에서 통과하기 쉽지 않았을 것이기 때문이다. 한 아이의 죽음에 빚진 변화라고 해야 할까. 유독 아동보호와 관련한 굵직한 제도는 아이들의 귀한 목숨을 잃고 난 뒤에야 바뀌는 경우가 많다. 이번에도 다르지 않은 현실이 씁쓸했다.

　개정증보판에는 달라진 현실과 달라지지 않은 현실, 두 모습을 모두 담고자 했다. 아동수당처럼 우리 사회에 보편적으로 받아들여진 사안은 개정판에서 덜어냈으나 조금씩 바뀌었어도 여전히 진행형인 사안은 초판의 내용에 이후의 전개 과정을 덧붙여 기록했다. 이 책에서 지적하고 강조했던 문제를 다루는 우리 사회의 방식이 어떻게 달라졌는지를 보여주기 위해 가급적 변화의 과정이 드러나는 방식으로 고쳐 썼다.

부모의 돌봄을 받지 못하거나 길에서 발견된 아이들을 언급할 때 썼던 초판의 '버린다'라는 표현은 모두 수정했다. 행정용어인 기아棄兒, 아동 유기遺棄의 한자를 풀어 쓴 것인데, 그렇게 일컬어지는 아이들에게도 부당할뿐더러 그러한 상황에까지 내몰린 친생부모의 마음을 할퀴는 표현이다. 그간 몇몇 독자들로부터 이 단어를 수정해달라는 요청을 받았다. 스스로 깨닫지 못했다는 부끄러움과 함께 그만큼 우리가 아동인권에 더 민감해졌다고 생각하니 고마움도 크다. 더불어 초판의 거친 표현으로 상처받은 분들에게 죄송하다는 말씀을 드린다.

이 책에 간혹 등장하는 저출산이라는 표현이 출산 문제의 책임을 여성에게 전가하는 듯한 단어이니 성평등한 용어인 저출생으로 바꾸는 게 좋겠다는 제안도 있었다. 저출산은 여성이 책임질 일이 아니라 사회구조적 문제라는 인식에 백분 동의한다. 사회구조적 문제의 결과인 현상을 일컬을 때는 저출생이라고 써도 무리가 없다고 생각한다.

하지만 출산율과 출생률은 다르다. 인구학자들에 따르면 출산율은 젊은 세대가 몇 명의 자녀를 낳느냐에 따라 크기가 달라지지만, 한 사회의 출생아 수를 나타내는 출생률은 젊은 세대의 인구 규모에 영향을 받는다. 젊은 엄마들이 속한 세대의 인구가 많으면 성차별과 독박육아가 여전해도 출생률이 올라갈 수 있다는 이야기다. 여성과 가족이 아이를 낳아 키울 수 있는 사회적 조건이 마련되었는지를 성평등한 관점에서 바라보려면 되레 출생이 아니라 출산의 렌즈가 필요하다. 문제는 용어 자체가 아니라 출산을 여성만의 일이라고 간주하는 시각이다. 그런 취지에서 이 책의 '저출산'은 '저출생'으로 바꾸었으나 '출산', '출산율'은 그대로 두었다.

통계도 대부분 업데이트를 했으나 숫자만 달라졌을 뿐 상황이 그대로여서 업데이트가 무의미한 몇 대목은 그대로 됐다. 4년간 전혀 바뀌지 않은 사안들을 확인할 때면 마음이 답답해졌다. 뭔가가 바뀌기에 4년이 짧다면 얼마나 더 많은 시간이 흘러야 할까.

늘 그렇듯 현실은 뒤죽박죽이다. 아동인권에 대한 사회적 민감도가 높아지는 듯하다가도 노키즈존이나 '민식이법' 논란을 볼 때면 약한 사람에 대한 혐오와 차별은 더 심해지는 듯하다. 정상가족의 문제점에 대한 공감은 눈에 띄게 확산되었지만 가족 단위 총력전으로 사회의 거친 경쟁을 헤쳐나가는 양상은 더 치열해졌다. 어렵게 뗀 한 걸음이 몇 걸음 뒤로 후퇴하는 것만 같은 느낌이 들 때도 많다. 그럴 때면 소설가 정세랑이 『피프티 피플』에 썼던 글 한 대목을 떠올리며 마음을 의지한다.

"우리가 하는 일이 돌을 멀리 던지는 거라고 생각합시다. 어떻게든 한껏 멀리. 개개인은 착각을 하지요. 같은 위치에서 던지고 사람의 능력이란 고만고만하기 때문에 돌이 멀리 나가지 않는다고요. 그런데 사실은 같은 위치에서 던지고 있는 게 아닙니다. 시대란 게, 세대란 게 있기 때문입니다. …(중략)… 가끔 미친 자가 나타나 그 돌을 반대 방향으로 던지기도 하겠죠. 그럼 화가 날 거야. 하지만 조금만 멀리 떨어져서 조금만 긴 시간을 가지고 볼 기회가 운 좋게 소 선생에게 주어진다면, 이를테면 40년쯤 후에 내 나이가 되어 돌아본다면 돌은 멀리 갔을 겁니다. 그리고 그 돌이 떨어진 풀숲을 다음 사람이 뒤져 다시 던질 겁니다. 소 선생이 던질 수 없던 거리까지. …(중략)… 어차피 우리는 다 징검다리일 뿐이에요. 그러니까 하는 데까지만 하면 돼요. 후회 없이."

나와 이 책 역시 징검다리의 일부라고 생각한다. 이 책을 통해 던진 돌이 아주 조금이라도 나아갔기를, 다음에 오는 사람들의 '이어 던지기'를 기대하며 개정증보판을 내어놓는다.

2021년 겨울에, 김희경

작은 사람, 큰 권리

"한 사회가 아이들을 다루는 방식보다 더 그 사회의 영혼을 정확하게 드러내 보여주는 것은 없다."

내가 넬슨 만델라Nelson Mandela의 이 문장과 우연히 만난 것은 2014년 3월의 어느 날이었다. 울산에서 가정 내 학대로 숨진 아이의 사건을 조사하여 보고서를 발표한 직후였고, 미국에 입양된 뒤 양아버지의 폭행으로 숨진 아이의 사건을 공론화하는 일을 막 시작한 때였다.

당시 나는 2010년 10월 국제구호개발단체인 세이브더칠드런에 신설된 권리옹호부를 맡아 일해오던 참이었다. 어려운 상황에 놓인 아이들을 돕는 사회복지단체는 많아도 국내의 아동 인권을 위한 제도와 인식 개선을 목표로 옹호Advocacy 부서가 만들어진 것은 처음이었다.

전례가 없으니 뭐든 새로웠지만 사방에서 벌어지던 아이들의 수난사가 왜 '아동인권'이라는 사회적 의제를 형성하지 못하고 제각각인지 곧잘 혼란스러웠다. 아동학대를 다루는 단체들은 해외로 입양된 아이의 사망에 거리를 뒀다. 국내 어린이의 문제를 다루는 단체들은 이주노동자, 난민신청자의 자녀들이 겪는 차별에 소극적이었다. 우리 사회에서 아이들의 고통은 '복지사업'을 넘어선 인권의 문제로 좀체 다뤄지지 못했다.

　　조각난 일들을 널뛰듯 오가며 뭔가 이상하다는 생각이 짙어질 무렵, 지금은 기억나지 않는 한 유엔기구의 문서에서 만델라의 말을 읽게 됐다. 머릿속에 꼬마전구가 반짝 켜지는 기분이었다. 여성에 대한 폭력을 더 잘 이해하려면 여성이 가정과 직장, 길거리에서 겪는 폭력과 차별을 총체적으로 바라보아야 하듯, 아이들의 문제도 마찬가지였다. 학대에서 해외입양, 과도한 사교육, 이주아동에 이르기까지 아동인권 침해가 벌어지는 영역과 폭은 예상보다 넓다. 이런 일들이 개별적 조각이 아니라 서로 연결되었을 때 총체로서 드러나는 우리 사회의 영혼은 어떤 모습일까. 전체를 보아야 패턴이 뚜렷해진다. 참여자인 동시에 관찰자의 시각으로 내가 맞닥뜨린 '사건'들의 이면을 들여다보고자 노력하기 시작한 건 그때부터였다.

　　단체에서 일하던 6년여간 아이들의 수난사를 지켜보며 내가 확인한 우리 사회의 민낯은 유감스럽게도 폭력적이었다. 아이들에게 절대적으로 중요한 가족 안에서부터 그랬다. 학대로 숨진 아이의 궤적을 좇아 진상조사를 하는 동안 나는 학대의 대부분이 가족 내의 체벌에서 비롯된다는 사실을 절감했다. 선진국 중 한국만큼 부모가 자녀를 마음대로 휘두르는 친권이 강한 나라가 없고, 아이들의 보호·양육에서 소위 공공의 역할이 이토록 희박한 나라가 드물다는 것도 알게 되었다.

그 뒤 해외입양아동의 학대사망 사건, 미혼모와 그 자녀들의 인권, 이주아동에 대한 차별 문제 등에 조금씩 관여하면서 소위 '정상가족' 바깥의 엄마와 아이들에 대한 제도적, 사회적 차별이 얼마나 심각한지도 목격했다. 적어도 내가 경험한 '사건'들, 그 사건들에서 아이들이 받은 대접을 통해 드러난 우리 사회의 영혼은 억압과 차별로 일그러져 있었다. 모든 인간의 '1차 사회화 기관'이자 생애 초기의 인간인 아이들에게 절대적으로 중요한 가족에서부터 말이다.

지금도 상황은 크게 달라지지 않았다. 2016년의 각종 통계들 중 아이들과 관련된 것만 몇 개 골라보자.

2016년 출생아 수는 인구 통계 작성 이래 역대 최저를 기록했다. 같은 기간 동안 302명의 갓난아기가 길바닥과 베이비박스에서 발견됐다. 같은 기간 해외로 입양된 아이는 334명. 거의 하루 한 명꼴로 아이가 부모의 품을 떠나야 했거나 해외로 보내진 셈이다. 영유아에 국한하지 않고 18세 미만의 아이들로 시야를 넓혀보면 부모의 돌봄을 받지 못하고 시설, 위탁 가정 등으로 간 아이들은 4,503명, 하루 평균 12명 이상이었다. 같은 기간 학대를 당해 숨진 아이는 한 달 평균 세 명꼴이었고, 아동 학대 판정을 받은 경우는 하루 평균 51건이었다. 아동학대의 80% 이상은 집에서 일어났다. 한편, 같은 기간 사교육비 지출은 역대 최고를 찍었다. 한국 남성이 집에서 자녀와 함께 보낸 시간은 하루 평균 6분에 불과했다. 육아휴직을 한 여성 중 43%는 복직 1년 안에 사표를 냈다. 통계청이 발표한 '한국인의 삶의 질 종합지수'에서 지난해 10년 전보다 후퇴한 유일한 항목은 '가족·공동체' 영역이었다….

통계들을 가만 들여다보면 한국은 참 이상한 사회다. 태어나는 아이의 수가 계속 줄어들어 '국가소멸'을 우려하는 판국에 왜 하루가 멀다 하고 돌봄을 받지 못하거나 해외로 입양을 가는 아이들이 생기는 걸까? 왜 아동학대와 그로 인한 사망, 가정 내 아동학대는 줄어들지 않는가? 아이의 수는 줄어드는데 왜 아이들의 놀이와 수면 시간을 빼앗는 사교육비 지출은 계속 늘어나는가? 왜 여전히 양육은 오로지 엄마의 책임인가? 일하는 여성들은 왜 '독박육아'로 생고생하다 일자리를 포기해야 하나? 도무지 앞뒤가 맞지 않는 이 상황들은 서로 상관없는 별개의 문제들일까?

나는 이 모든 문제들을 연결하는 단어로 '가족'을 꼽겠다. 한국만큼 "모든 사회문제는 가족문제"라는 말이 잘 들어맞는 곳도 없을 것이다.

지금까지 우리 사회는 공공의 역할까지 가족에게 떠넘겼

고 극심한 경쟁사회에서 살아남는 것은 '가족 총력전'이 되다시피 했다. 가족 안에서 가장 약한 존재인 아이들의 자율성은 무시됐으며 가족주의의 극단이라 할 마음가짐, 즉 아이를 소유물처럼 바라보고 통제하는 행동은 여전하다. 가족 바깥의 사람들에 대한 배척은 아무렇지도 않게 일상화됐다. 그러는 동안 국가는 제 할 일을 하지 않고 저만치 물러나 각 가족의 '각자도생'만 부추겼다.

늘어나는 비혼과 저출생으로 가족 해체를 우려하는 목소리가 높지만, 나는 가족 해체보다 여전히 더 큰 문제는 가부장적 질서를 근간으로 한 완강한 가족주의라고 생각한다. 가족의 형태가 급변하는 현실과 달리, 사람들의 의식과 제도에는 여전히 가족주의와 그것의 강력한 작동방식인 '정상가족' 이데올로기가 깊게 스며들어 있다.

'정상가족' 이데올로기는 결혼제도 안에서 부모와 자녀로 이뤄진 핵가족을 이상적 가족의 형태로 간주하는 사회 및 문화적 구조와 사고방식을 말한다. 바깥으로는 이를 벗어난 가족 형태를 '비정상'이라 간주하며 차별하고, 안으로는 가부장적 위계가 가족을 지배한다. 정상성에 대한 지나친 강조로 가족이 억압과 차별의 공간이 되어버리는 것이다.

그간 가족주의와 '정상가족' 이데올로기에 대한 비판은 여성의 입장에서 많이 제기되어왔다. 표준적 4인 가구가 더 이상 우리 사회의 지배적 가족 형태가 아니게 되면서 가부장적 위계질서와 여성에 대한 억압이 더디지만 서서히 허물어져가는 중인 것도 사실이다.

그러나 여전히 아이들, 특히 부모에게 경제적, 정서적으로 의존할 수밖에 없는 아이들에게 가족주의와 '정상가족' 이데올로기는 큰 영향력을 발휘한다.

'정상가족' 안에서 여성을 억압하는 성차별적 위계구조 못지않게 아이들을 억압하는 것은 자녀를 소유물처럼 대하고 절대적 영향력을 행사하며 자녀를 통해 자신의 인생을 증명하려드는 부모라는 권력이다. 또한 '정상가족'의 바깥에서 비정상으로 간주되는 가족관계에 속한 아이들은 차별을 넘어 종종 생명의 위협을 받는 상황에까지 놓이기 십상이다.

아이들은 문자 그대로 '작은 인간'이다. 그저 작을 뿐 성인과 다르지 않은 사람, 자신의 의지와 무관하게 이 세상에 초대받아 성인과 종류만 다를 뿐인 불안을 견뎌내야 하는 어린 생명체다. 한 사회에서 가장 약한 자가 그 사회의 수준을 드러내보여준다면 작은 단위의 사회라 할 가족도 아이를 중심에 놓고 보아야 제대로 볼 수 있지 않을까. 그런데 가족을 다룬 책들도 거의 성인의 문제들만을 다뤘을 뿐 아이를 중심에 둔 책은 찾을 수 없었다.

나는 가족 내에서 가장 취약한 사람인 아이를 중심에 놓고 우리의 가족, 가족주의가 불러오는 세상의 문제들을 바라보자고 제안하고 싶어 이 책을 썼다. 가족 안팎에서 아이들을 대하는 방식에서 드러나는 인간성과 도덕성, 질서, 개인과 공동체에 대한 우리 사회의 통념을 다시 한번 생각해보자고 독자들에게 청하고 싶다. 이 책에서는 아이들을 둘러싼 여러 이슈 중 주로 다양한 유형의 폭력을 중심으로 가족문제를 들여다보았다. 내가 일을 통해 얻은 경험의 범위 내에서 쓰고자 했기 때문이지만, 동시에 폭력만큼 사람 사이에서 일어나는 자율성의 침해와 차별의 정도를 잘 보여주는 주제도 없어서다.

단체에서 일하는 동안, 그리고 책을 쓰는 동안 마음을 다 잡으려 할 때마다 들여다본 글귀가 있다. 1958년 세계인권선언 채택 10주년을 기념한 엘레노어 루스벨트^{Eleanor Roosevelt}의 연설한 대목이다.

"보편적인 인권은 어디에서 시작될까요? 작은 곳, 그리고 아주 가까운 곳에서부터입니다. 아주 가깝고, 아주 작아서, 그곳은 어떤 세계지도에서도 찾을 수 없습니다. 그렇지만 그곳은 각각의 사람들의 세계입니다. …(중략)… 작은 곳에서부터 인권을 지키려는 모두의 노력이 없다면 보다 큰 세계에서의 발전도 헛될 것입니다."

가족 안에서 가장 약한 사람의 아주 작은 권리조차 보장되지 않는다면 더 큰 세계에서 발전하려는 노력도 헛된 일이 될 것이다. 아동인권의 관점에서 가족과 공공성을 생각해보려는 이 책의 시도가 우리 주변의 작은 곳에서부터 변화를 만들려는 흐름에 함께할 수 있다면 더 바랄 게 없겠다.

모든 일이 그렇듯 이 책도 혼자 힘으로 쓰지 않았다. 고마운 많은 이들 중 특별한 감사를 전하고 싶은 사람들은 세이브더칠드런 권리옹호부를 거쳐 갔거나 지금도 일하는 김은정, 김현주, 서여정, 임세와, 제충만, 유희정, 김진, 고우현, 이하령, 박선화, 김인영, 오선영, 류현이다. 이들과 함께한 시간이 없었다면 이 책은 세상에 나오지 못했을 것이다.

차례

1. 가족은 정말 울타리인가
: 가족 안 – 자식은 내 소유물

2. 한국에서 '비정상' 가족으로 산다는 것
: 가족 바깥 – '정상'만 우리 편

3. 누가 정상가족과 비정상가족을 규정하나

: 믿을 건 가족뿐이라는 만들어진 신념

4. 가족이 그렇게 문제라면

: 함께 살아가기 위해 우리가 해야 할 일

1.
가족은 정말
울타리인가

가족 안 - 자식은 내 소유물

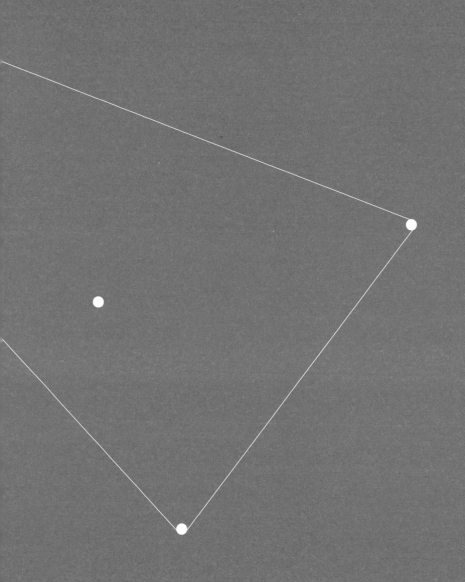

'내 것인 너'를 위한
친밀한 폭력, 체벌

1. 2014년 봄 울산과 칠곡의 아동학대 사망사건의 여파로 들끓던 직후 세월호 참사까지 터져 아이들의 죽음이 전국을 무겁게 짓누르던 때, 국회에서 '정부의 아동학대 예방대책 이대로 좋은가?' 토론회가 열렸다. 내가 사회를 보고 있었는데 법무부에서 나온 토론자의 발언이 끝나서 다음으로 넘기려는 찰나, 토론자가 이런 말을 덧붙였다.
"아, 그리고 마지막으로 학대와 체벌의 경계가 과연 어디인지, 그런 것도 좀 전문가들이 정해주시면 좋겠습니다. 검사들과 이야기하다 보면 '대부분 집에서 아이들 한두 번씩은 때리면서 키우고 나도 그러는데 어디까지가 체벌이고 어디서부터가 학대인지 구분해야 법의 대응도 가능하지 않겠느냐' 하는 이야기를 많이 하거든요."

2. 비슷한 때 중앙일간지 사회부 기자로 일하는 후배와 점심을 먹다가

2013년 말부터 울산, 칠곡에서 이어진 끔찍한 아동학대 사망사건들에 대한 이야기가 나왔다. 학대의 잔혹성을 함께 성토하다 NGO와 언론이 공동 캠페인을 하면 어떤가 하는 논의로 이어졌다. 나는 후배에게 모든 종류의 체벌을 없애자는 캠페인은 어떠냐고 제안했다. 당시나는 울산 아동학대 사망사건 진상조사의 결과를 정리하면서 부모의체벌에 대한 근본적 인식전환이 필요하다고 절감하던 차였다.

그런데 후배의 반응은 시큰둥했다. "체벌? 에이, 나도 아이들 때린 적있어요. 그거랑 학대는 좀 동떨어진 거 아닌가? 그런 약한 거 말고 학대를 다루는 캠페인을 해보자니까요."

사소하다면 사소하달 수 있는 검사와 기자의 말을 들으며나는 선량한 많은 이들이 정상과 비정상 사이의 금을 매우 쉽게 긋는다는 걸 깨달았다. '정상가족' 내에서 허용하는 체벌과'비정상가족'에서나 일어나는 학대. 두 가지는 서로 다르고 섞이지 않는다고들 생각한다. 마치 정상과 비정상이 매우 동떨어졌다고 생각하는 것처럼 말이다.

상당히 많은 사람들이 갖고 있는 이런 사고방식은 뭔가좀 이상하다. 여성에 대한 폭력에 빗대어 생각해보자. 요즘 우리는 '성폭력은 나쁘지만 부부나 연인 사이에 다투다 보면 뺨몇 대쯤 때릴 수 있지 뭐'라는 식으로 생각하지 않는다. 성희롱을 더 이상 직장 내에서 관계를 부드럽게 하기 위한 농담으로간주하지 않고 성폭력에 포함시켜 금지한 게 한참 전의 일이다.

I. 가족은 정말 울타리인가

여전히 성희롱이 자주 일어나는 현실이기는 해도, '대부분의 회사에서 다들 하니까 그 정도는 괜찮다'라고 말하지 않을 정도로까지는 사회적 인식이 발전해오지 않았던가.

그런데 아이들에 대해서는 이야기가 다르다. 학대는 나쁘지만 아이를 키우다 보면 때리지 않고 키우기 어렵다고 생각한다. 버릇을 가르치기 위해 체벌은 어쩔 수 없고, 나도 맞고 자랐지만 잘 크지 않았느냐고 말한다. 많은 사람들이 앞에 예로 든 검사와 기자처럼 아이들을 대상으로 한 체벌과 학대는 동떨어져 있으며 그 사이의 경계가 뚜렷하다고 생각한다. 과연 그럴까? 왜 우리는 이런 생각을 갖게 됐을까?

아동학대가 있어서는 안 되는 일이라는 데 반대하는 사람은 없을 것이다. 끔찍한 아동학대 사건들이 불거질 때마다 우리는 '어떻게 인간의 탈을 쓰고 저럴 수 있는지' 분노한다. 아이를 학대하는 사람들은 비정상인 악마 같은 사람들이라고 치를 떤다.

한편 국가인권위원회가 5년마다 실시하는 〈국민 인권의식조사〉의 2016년 조사 결과에 따르면 여전히 국민의 절반가량은 아동, 청소년을 체벌해도 된다고 생각한다. 나는 이 조사에서 체벌에 찬성한 절반의 국민도 거의 다 학대에는 반대할 거라고 확신한다. 체벌과 학대 사이의 경계를 제대로 정의해야 한다는 주장이 심심찮게 나오는 이유도 그래서일 것이다. 그런데 체벌을 허용하는 태도와 학대 사이의 거리는 얼마나 될까? 그토록 멀고 서로 다른 것일까?

2015년 말 인천에서 부모의 감금과 학대를 피해 가스배관을 타고 탈출한 열한 살 소녀가 있었다. 당시 보도에 따르면 소녀의 탈출은 이게 첫 번째가 아니었다. 그 전에도 폭행과 굶주림을 피해 가까스로 집 밖으로 나온 적이 있는데 지나가던 사람이 발견하고 다시 집에 데려다주었다고 한다. 두 번째로 가스배관을 타고 탈출해 슈퍼마켓 주인의 신고로 발견된 소녀는 집이 어디인지 묻는 경찰에게 "보호시설에서 나왔다"라고 거짓말을 했다.[1] 또 집에 데려다줄까 봐 무서웠던 게다.

우리는 자주 이웃에 무관심하고 비정한 사회를 탓하지만, 지나가던 행인이 처참한 행색의 소녀를 집에 데려다줄 정도라면 소녀의 처지에 무관심하지는 않았을 것 같다. 무관심보다는 부모가 아이를 때리는 일을 '그럴 수 있다'라고 생각했기 때문에 소녀를 집에 데려다준 것이 아닐까.

이 소녀의 이야기가 알려진 지 얼마 되지 않아 주변 사람들의 비슷한 행동 때문에 다른 소녀가 목숨을 잃은 일이 세상에 드러났다. 부모와 이모의 폭행에 시달리다 못해 집을 나온 열두 살 소녀는 초등학교 시절 담임교사를 찾아가 도움을 요청했지만 집으로 돌려보내졌다. 폭행을 견디다 못한 소녀는 다시 담임교사가 사는 아파트를 찾아가 처음 보는 경비원에게 도움을 요청했고 경비원은 경찰에 신고했지만 경찰은 다시 이모의 집으로 소녀를 돌려보냈다. 다음 날 소녀는 숨진 채 발견됐다.[2]

2013년 사람들을 경악하게 한 칠곡의 아동학대 사망사건을 보자. 아이가 숨지기 한 달 전 아이들의 멍 자국을 본 외삼촌의 신고로 경찰이 출동했지만 친아버지는 "우산으로 자매 싸움을 말리다가 실수로 생긴 것"이라고 변명한다. 경찰은 아버지가 보는 앞에서 아이에게 사실인지 물었고 아이가 고개를 끄덕이자 그대로 철수했다.[3] 이 아이는 그 전에도 지구대에 계모의 폭행사실을 신고했지만 아버지가 조사를 받게 되자 진술을 번복하고 만다. 학교, 경찰, 지방자치단체, 아동보호전문기관, 이웃 등 아이가 숨지기 전 다양한 경로로 학대 사실을 인지한 어른의 수는 모두 37명이었지만 이들 중 누구도 아이의 숙음을 막지 못했다. 동생을 죽였다는 누명을 뒤집어쓴 언니는 친권과 양육권을 가진 아버지에게서 떨어지고 심리치료를 받은 뒤에야 비로소 계모의 폭행사실을 낱낱이 이야기할 수 있었다.

2016년 초 평택 아동학대 사망사건에서도 마찬가지다. 당시 아이가 다니던 지역아동센터는 학대의 정황을 의심했고 아이가 장기간 출석하지 않자 경찰과 함께 집을 찾아갔지만 친부와 계모는 "내 자식 내가 키운다"라며 쌀쌀맞게 몰아붙였다. "잘 있는데 왜 건드리느냐", "앞으로 확실한 증거 없이는 이런 식의 가정 방문을 하지 말아달라"라고 경찰에게 요구하기도 했다.[4]

2020년 1월 여주에서 학대로 숨진 아홉 살 남자 아이의 경우 부모의 반복적 학대로 21개월간이나 시설에 분리 및 보호됐지만, 아이를 돌려달라는 부모의 강력한 요구와 집에 가고 싶다는 아이의 말에 따라 복귀절차가 진행됐다. 집에 가고 싶다는 아이의 말이 곧 가정이 안전하다는 의미는 아닌데도 부모를 변화시키려는 교육이나 제재, 진단은 없었다. 결국 아이는 집에 돌아온 지 2년 만에 부모의 반복된 학대로 숨졌다.

이 모든 사건들에서 옛 담임교사, 경비원, 경찰, 공무원 등이 만약 부모든 이모든 누가 되었든 아이를 때리는 건 있을 수 없는 폭력이라고 생각했더라면, 탈출하거나 신고해서 도움을 요청할 정도로 궁지에 몰린 절박한 아이들을 전혀 달라지지 않은 부모에게 돌려보내거나 조사하러 왔다가 그냥 철수하는 일은 없었을 것이다. 제아무리 부모, 양육자가 훈육을 목적으로 한다고 해도 아이는 그들의 소유물이 아니므로 때려서는 안 된다는 인식이 우리 사회에 확고하다면, 이 아이들의 비극적 죽음을 막을 수 있었을지도 모른다고 나는 생각한다.

아이에 대한 체벌을 부모와 양육자가 할 수도 있는 일이라고 생각하는 사람과 사회는 학대에 대해서도 민감성이 떨어진다. 체벌을 해도 된다고 보는 태도가 뿌연 안개처럼 사회에 깔려 있는 상황에서 아동학대를 뿌리 뽑을 방법이 있을까? 단언컨대, 없다. 구성원의 절반가량이 특정 연령층에 대해 특정한 조건하에서 폭력을 사용하는 것을 수용하는 사회에서는 체벌이라고 대수롭지 않게 여기는 폭력이 더 높은 수위의 폭력으로 독버섯처럼 자라나는 것을 막을 방법이 없다.

체벌과 학대 사이의 거리

실제 가해자의 행동을 놓고 보아도 체벌과 학대의 거리는 멀지 않다. 2014년 가을 울산에서 소풍 가고 싶다고 애원하던 일곱 살 소녀를 의붓어머니가 가혹한 학대로 살해한 사건이 벌어졌다. 그 뒤에 일어난 많은 다른 사건들도 그랬지만 이 사건의 경우 유치원 교사의 신고로 아동보호전문기관이 개입했는데도 죽음을 막지 못했다는 데에 문제의 심각성이 있었다. 학대를 막는 보호체계의 어디에 구멍이 났길래 죽음을 막지 못했는지 정부가 조사하고 대응해야 했건만 지금도 그렇고 그때도 정부는 경찰 수사 이외에 아동보호체계의 적절한 대처 여부를 소사하고 분석하지 않았다.

정부의 미흡한 대응을 그저 두고 볼 수만은 없다고 생각한 민간단체와 전문가들은 무엇이 문제였는지 직접 조사하기로 뜻을 모으고 '울주 아동학대 사망사건 진상조사 및 제도개선위원회'를 꾸렸다. 당시 민주당 남인순 의원이 위원장이 되어 국회와 민간이 함께 사건을 조사하고 그 결과를 담은 〈이서현 보고서〉를 냈는데, 나는 위원회 사무국장을 맡아 현지조사와 보고서 작성을 진행했다. 사건의 조사 과정에서 이 문제가 해결되지 않으면 아무리 아동보호체계를 정비한들 학대는 사라지지 않을 것이라고 절감한 이슈가 있다. 바로 체벌이다.

당시 학대 사실을 발견하고 신고한 유치원 교사, 아동보호전문기관 상담원에게 의붓어머니와 친아버지는 학대 행위자들이 으레 그렇듯 매우 고압적이고 방어적으로 행동했다. 어느 날 친아버지가 아동보호전문기관 상담원에게 전화를 해서 이렇게 항변했다고 한다.

"아이가 어렸을 때 친할머니 밑에서 자라 버릇이 없고 자유분방하게 됐다. 문제행동이 심해서 때릴 수밖에 없었다. 당신은 아이를 키워본 적이 있나? 다른 집 아이들 봐도 이렇게 자라지 않는 가정이 있는가?"

친아버지는 "가정이 (이혼 후 친할머니가 키우던 아이를 재혼한 뒤 데려와 버릇을 가르치느라고) 힘들게 발전하고 있는데 아동보호전문기관이 개입해서 그 과정을 흐트러뜨리고 있다"라고 화를 냈다.

버릇을 가르치느라 때렸다는 주장은 나중에 갈비뼈를 부러뜨릴 정도로까지 발전한 '의도적' 학대를 위장하기 위한 거짓말이었을까? 그렇지 않다고 본다. 아동보호전문기관에서 일하는 상담원들의 말을 들어보면 처음부터 부모나 보호자가 아이를 죽이거나 해를 입힐 '의도'를 갖고 시작하는 학대는 없다. 서현이의 경우도 한두 번의 체벌이 점점 강도를 더해가면서 갈비뼈가 부러지고 뼈가 폐를 찔러 과다출혈로 사망하는 지경에 이르게 됐다.

아이를 훈육하기 위해 때렸다는 주장은 아동학대 가해자들이 많이 하는 항변 1순위다. 2020년 엽기적인 학대로 잇따라 세상을 놀라게 한 천안 아동학대 사망사건, 창녕 아동학대 사건의 가해자들도 마찬가지였다. 아동보호전문기관 상담원들이 신고를 받고 현장조사를 나가면 "내 자식 내가 가르치는데 웬 참견이냐"라며 상담과 조사를 거부하는 경우도 부지기수다. 불과 몇 년 전까지만 해도 학대 신고를 받아도 "부모가 그 정도는 할 수 있지"라며 대수롭지 않게 여기고 조사에 불성실한 경찰들도 많았다.

그러나 이 세상에서 벌어지는 대부분의 아동학대는 극히 비정상적인 사람들의 고의적 폭력이라기보다 보통 사람들의 우발적 체벌이 통제력을 잃고 치달은 결과라는 것이 그간 숱한 분석과 연구를 통해 확인된 사실이다.

평소 체벌을 할 수도 있다고 생각하는 부모들이 극도의 양육 스트레스를 겪을 때 이 스트레스가 촉매제가 되어 학대로 치닫게 된다는 것이다. 반면 체벌을 해서는 안 된다고 생각하는 부모들은 양육 스트레스를 심하게 받는 상황에서도 학대로 치닫는 경우가 없었다.[5] 도구를 갖고 엉덩이를 자주 때리는 부모들이 그렇지 않은 부모에 비해 학대를 할 가능성이 9배나 높다는 연구 결과도 있다.

여전히 아무리 그래도 체벌과 학대는 엄연히 다르다고 생각하는 사람이 많을 것이다. 끔찍한 학대와 훈육 목적의 체벌이 무슨 상관이냐고 생각할 수도 있다. 현실의 답은 '상관있다'다. 국가가 체벌을 금지하면 학대도 줄어든다. OECD 회원국 가운데 법으로 체벌을 금지한 나라에서 아이가 학대로 사망할 확률은 10만 명당 평균 0.5명 미만으로 다른 나라에 비해 훨씬 낮았다. 반면 체벌금지 법률이 없는 한국은 학대로 사망할 확률이 10만 명당 1.16명이었고, 29개국 중 세 번째로 높았다.[6]

성인 대상 폭력은 NO, 아이들은 OK?

아동학대와 체벌 사이에 금을 긋듯 아이들에 대한 폭력과 성인에 대한 폭력을 다르게 대하는 시각도 꽤 널리 퍼져 있다. 2016년 경기도 가족여성연구원이 경기도민 1,500명을 대상으로 실시한 〈폭력허용태도〉에 대한 조사에 따르면 성인의 98%가 '상대방을 때리려고 위협하는 행동은 폭력'이라고 응답했다. 그러나 부모 자녀 관계에서는 생각이 달랐다. '자녀의 습관교정을 위해서는 부모가 자녀를 때리고 위협해도 된다'라고 답한 비율은 48.7%, '예의를 가르치기 위해서는 때리겠다고 위협해도 된다'는 35.3%, '공부를 가르치기 위해서는 때리겠다고 위협해도 된다'는 23.3%로 나타났다.

상황에 따라 부모는 자녀에게 폭력을 가해도 된다는 사고방식이 여전히 강한 것이다. 시간이 다소 흘렀지만 이 사고방식은 크게 달라지지 않은 듯하다. 2020년 《조선일보》가 SM C&C 플랫폼 '틸리언 프로'에 의뢰해 실시한 여론조사에서 체벌과 학대를 나누는 기준을 물었더니[7], 가장 많은 응답을 차지한 35.2%가 '아이와 합의해 원칙을 정해놓은 체벌은 학대가 아니다'라고 답했다. 그 뒤 '아이가 자존감이나 정서에 상처를 안 받으면 학

1. 가족은 정말 울타리인가

대가 아니다'(25.6%), '아이의 행동을 교정하려는 목적이 있으면 학대가 아니다'(18.9%), '체벌하는 보호자가 감정조절을 하면 학대가 아니다'(17.3%)라는 응답이 잇따랐다.

이처럼 평범한 부모들은 흔히 체벌과 학대를 분리해 바라본다. 그러나 위의 답변들을 성인 사이의 관계라고 상상하며 다시 읽어보면 체벌과 학대를 나누는 이 기준들이 얼마나 이상한지가 또렷해질 것이다. 가령 상대와 합의해 원칙을 정해놓고 때리면 폭력이 아니다, 맞는 상대가 자존감이나 정서에 상처를 안 받으면 폭력이 아니다, 상대의 행동을 교정하려는 목적이 있으면 폭력이 아니다, 때리는 내가 감정조절을 하면 폭력이 아니다…. 어느 하나 성립 불가능한 말이지 않은가? 그렇다면 아동을 상대로도 성립되어서는 안 된다. 사람에게 해서는 안 될 짓을 정할 때, 아동을 성인과 달리 대해서는 안 된다. 폭력은 더욱 그렇다.

어느 누구도 사랑을 이유로 또는 타인의 행동 교정을 위해 다른 사람을 때릴 수 없는데 오직 아이들만이 훈육이라는 이름으로 때리는 것이 용인되는 유일한 대상이다. 체벌은 엄연히 별개인 인격체에 대한 구타이고 폭행인데도, 자녀를 소유물로 바라보는 부모의 관점에서 지속된다.

부모의 훈육적 체벌은 의도가 선하기 때문에 신체의 온전성 및 인간존엄성을 침해하지 않는다는 주장은 사실상 부모 중심, 성인 중심인 해석일 뿐이다. 체벌이 아이들에게 무엇을 가르치는지에 대해 인류학자 김현경은 『사람, 장소, 환대』에서 다음과 같이 분석한다.

"체벌은 갖가지 이유로 행해질 수 있고, 거기 따라붙는 훈계도 그만큼 다양하다. 하지만 표면상의 다양성을 넘어서, 체벌은 언제나 단 하나의 메시지를 반복적으로 전달한다. 바로 체벌이 언제라도 반복될 수 있다는 사실이다. 너의 몸은 온전히 너의 것이 아니며, 나는 언제든 너에게 손댈 수 있다는 가르침이다. 체벌에 동의한다는 것은 이 가르침을 수용한다는 뜻이다. 우리는 이렇게 해서 모욕의 역설을 이해하게 된다. 모욕은 타인의 인격을 부정할 뿐 아니라, 그러한 부정에 대해서 부정당하는 사람의 동의를 강요한다. 모욕당하는 자가 모욕에 동의하는 순간, 모욕은 더 이상 모욕이 아니다. 그것은 의례의 일부이며 질서의 일부가 된다. 결국 모욕은 자신의 본질을 부정하는 것을 최종적인 목표로 삼는 폭력이다."

나는 언제든 너의 몸에 손댈 수 있다는 가르침, 과거 여성에 대한 폭력도 같은 메시지를 깔고 있었다. 체벌을 비롯하여 친밀한 관계에 있는 타인에 대한 반복적 폭력은 모두 같은 메시지를 보낸다. 나는 언제든 당신을 통제할 수 있다는 권위주의적 메시지, 당신이 존재할 권리를 결정하는 사람은 당신이 아니라 때리는 사람인 나라는 주장, 그렇게 힘으로 상대를 침묵시키고 상대의 목소리를 부정하고 때리는 사람의 목소리를 상대 안에 심으려 하는 시도다.

1. 가족은 정말 울타리인가

체벌의 해로운 영향

미숙한 아이들을 때려서라도 가르쳐야 한다는 것이 체벌을 지지하는 사람들의 주장이다. 열등한 상대에 대한 교정 목적의 폭력은 정당화될 수 있다는 오래된 논리다. 그러나 수많은 경험적 연구는 체벌의 교육적 효과는 없고 되레 폭력의 내면화를 통해 뒤틀린 인성을 만들어낼 뿐이라고 지적한다. 아이들에게도 반성보다 공포만 불러일으킬 뿐이다.

"상처받음, 무서움, 속상함, 겁이 남, 외로움, 슬픔, 성남, 버려진 것 같음, 무시당함, 화남, 혐오스러운, 끔찍함, 창피함, 비참함, 충격받음."

'체벌'에 대한 아이들의 기억이다. 영국 세이브더칠드런이 2001년에 아이들이 맞았던 경험을 어떻게 느끼는지를 정리한 기록이다. 아이들은 체벌에 대한 끔찍한 느낌을 40개가 넘는 형용사로 표현했지만 그중 미안하다거나 반성한다는 느낌을 말한 아이는 없었다. 체벌이 교육적으로 별 효과가 없을 뿐아니라 아이들에게 정서적으로 큰 피해만 입힌다는 것을 보여준다.

매를 들고 무섭고 엄하게 다스려야 아이들이 문제행동을 보이지 않고 잘 자란다는 통념을 뒷받침하는 과학적 근거는 없다. 무수한 실증적 데이터는 오히려 그 반대를 가리킨다. 체벌의 긍정적 효과는 그저 믿음뿐이고, 체벌의 부정적 효과를 보여주는 연구들은 워낙 많아서 이건 논쟁이라고 할 수도 없다.

2016년에 미국 텍사스대학교 오스틴 캠퍼스의 발달심리 학자 엘리자베스 거쇼프Elizabeth Gershoff는 이 분야의 거의 '끝판 왕'이라고 할 만한 연구를 발표했다.[8] 체벌과 관련한 50년 치 데 이터를 메타 분석한 결과 체벌을 받은 아이도 반反사회적 행동 과 공격적 성향을 보이게 될 경향이 높다는 것이다.

아이들 16만 1,000여 명에 대한 데이터가 포함된 이 연구 에서 연구진은 체벌의 정의를 '손바닥으로 아이의 엉덩이나 팔 다리를 때리는 정도'로 한정했다. 보통 사람들이 학대라고 생각 하지 않는 정도의 체벌을 대상으로 그 영향을 분석한 것이다. 그 결과 체벌을 받은 아이들은 반사회적 행동과 공격적 성향, 인지 장애 등 부정적 행태 17개 중 13개와 연관된 행동을 보였다. 많 은 이들이 체벌을 '잠재적 학대'로 보지 않는다는 점에서 출발한 이 연구는 체벌과 신체적 학대는 동일한 수준으로 아이에게 해 로운 영향을 끼친다고 지적했다. 체벌은 아이의 행동과 발달 측 면에서 부정적 결과를 낳는 반면, 부모가 애초 아이를 체벌할 때 의도했던 목표의 달성과는 아무런 관련이 없다는 것이다.

부모의 체벌은 용인하면서 어린이집에서 체벌이 발생할 경우 벌집 쑤시듯 요란해지는 언론보도를 볼 때면 마음이 복잡 해진다. 툭하면 불거져 나오는 어린이집 아동학대 사건 보도들 을 볼 때마다 나는 똑같은 폭력을 대하는 우리 사회의 태도가 뭔가 이중적이라는 느낌을 지울 수 없다.

어린이집에선 어떠한 체벌도 있어서는 안 된다는 사회의

태도는 매우 확고하다. CCTV를 달아서라도 아동학대를 감시해야 한다는 주장 앞에서 보육교사들의 인권에 대한 우려는 뒷전이었다. 보육을 맡은 성인이 아이를 때리는 일에 그토록 민감하면서 왜 부모의 체벌은 괜찮다고 보는 것일까. 사실 어린이집은 부모의 자격을 위임받아 취학 전 아이를 보살피고 교육하는 곳이다. 어린이집 교사의 체벌금지를 말하기 이전에 부모의 체벌금지부터 논의해야 하는 것 아닐까.

직계존비속 간의 폭행을 어떻게 대하는지를 보면 우리 사회의 뿌리 깊은 가족주의의 한 단면이 드러난다. 자녀가 직계존속, 즉 부모를 폭행할 경우에는 타인이 같은 대상을 폭행했을 때보다 가중처벌을 받는다. 낳아준 부모를 폭행하는 것은 패륜범죄로 엄중한 처벌의 대상이기 때문이다.

반면 부모가 직계비속, 즉 자녀를 폭행했을 때에는 거의 대부분의 경우 처벌의 대상이 되지도 않거니와 심각한 학대일 때에도 타인이 같은 대상을 폭행했을 때보다 가벼운 처벌을 받는다. 심지어 법원은 열네 살 딸을 목검으로 때려 숨지게 한 아버지에게 "최근 문제가 된 아동학대와 다르다"라며 살인이 아닌 상해치사죄를 적용해 징역 6년을 선고한 일도 있다. 형량보다 눈에 띄는 건 판사가 "사건 당일의 폭행도 설득과 훈육의 연장선상에 있는 것이었다"라고 판단한 대목이었다.[9] 1시간 반 동안 주먹으로 폭행하고 목검으로 온 몸을 30여 차례 때린 행위를 부모의 설득과 훈육으로 볼 수도 있다니 그저 아연해진다. 자녀는 부모의 소유이고 부모가 가르치는 행위에는 폭력이 수반될 수도 있다는 통념이 우리 사회에 얼마나 깊숙이 똬리를 틀고 있는지를 짐작케 한다.

어머니의 회초리 혹은 '사랑의 매'

훈육 방법으로 체벌이 지금보다 더 널리 쓰였던 시절에 자란 기성세대는 과거에 대한 향수에 젖어 그런지 부모의 체벌을 미화하는 경향이 있다. 개인 간 대화에서뿐만 아니라 공공 커뮤니케이션에서도 그렇다.

2015년 가을 중앙선거관리위원회가 전국 시도 선관위에 배포한 정치후원금 홍보 포스터를 함께 일하던 동료가 들고 왔다. 회초리 그림과 함께 "내가 낳은 자식에게 사랑의 회초리를 든 것처럼 내가 뽑은 정치인에게 후원의 회초리를 들어주세요"라는 문구가 적혀 있었다. 우리는 즉시 이 홍보물이 체벌을 미화해 〈아동복지법〉에 위배된다고 지적하며 사용 중단을 요청했다.

'후원의 회초리'라는 표현도 알쏭달쏭하지만 '내가 낳은 자식에게 사랑의 회초리를 든 것'을 미화하는 표현을 공공기관이 쓴 게 문제라고 보았다. 다행히 선관위는 우리에게 답변을 보내 포스터를 철거하고 홈페이지에서도 삭제했다고 알려 왔다.

그 뒤에도 보면 유독 선거철에 정치권은 '어머니의 회초리'를 사랑한다. 2021년 4·7 보궐선거 직후에도 공적 언어에서 체벌의 은유가 쏟아져 나왔다. 선거 직후 패배한 후보가 "회초리를 들어주신 시민들의 마음을 모두 받겠다"라고 한 말에서부터 "매서운 회초리를 내려주셨던 민심을 잘 수용하겠다"라는 당 대표의 말, "국민의 회초리는 사랑"이라는 전 총리의 말에 이르기까지 여당이 참패한 선거 결과를 회초리로 표현한 은유가 잇따랐다.

표준국어대사전은 회초리를 "때릴 때 쓰는 가는 나뭇가지. 어린아이를 벌줄 때나 마소를 부릴 때 쓴다"라고 풀이한다. 부모나 교사가 자녀, 학생을 체벌할 때 쓰던 도구로 성인 사이에선 쓰이지 않는 단어다. 옛날 신문을 검색해보니 선거철의 회초리 은유는 오래된 관행이다. 투표를 회초리로 묘사한 기사는 1967년 5월 대통령 선거 무렵부터 등장했다.

왜 유독 우리나라에서는 전쟁, 경주, 권투 용어 등 선거와 관련된 흔한 은유 이외에 유권자의 선택을 묘사하는 가장 일반적인 표현으로 회초리를 쓰게 됐을까. 최초의 사용자가 어떤 생각을 했는지는 알 수 없지만, 미국 인지언어학자 조지 레이코프George Lakoff의 설명에 기대어 짐작해볼 수 있을 듯하다.

그는 『나는 진보인데 왜 보수의 말에 끌리는가?』에서 "정치적 도덕은 가정의 도덕"이라고 설명한다. 우리는 무엇이 옳고 무엇이 그른지를 맨 처음 배우는 경험을 가정에서 한다. 우리의 삶을 어떤 식으로든 '지배할' 수밖에 없는 최초의 도덕적 권위자는 부모다. 그에 따르면 사람들은 거대한 사회집단 내의 통치를 사유하는 틀로 가정을 떠올리며, 무엇이 이상적인 가정인지, 자녀를 어떻게 양육하는 게 옳은지에 대한 자신의 신념을 정치에 투영한다.

그런 시각에서 본다면 투표를 통한 유권자의 의지 표출을 회초리라 부르는 오랜 관행은, 부모의 회초리를 엄한 사랑으로 미화하면서 체벌을 기꺼이 수용했던 우리 문화가 만들어낸 것이 아닐까 싶다. 패배한 정치인은 자식의 겸허한 지위를 자처하며 부모인 국민으로 하여금 회초리를 들도록 만든 자신의 잘못을 참회하고 달라지겠노라 다짐한다. 승리한 정치인은 부모가 상대에게 회초리를 든 것에 기뻐하면서도 까딱하다간 자신도 맞을지 모른다고 불안해하는 또 다른 자식처럼 행동거지를 단속한다.

그러나 은유가 아닌 현실의 회초리는 가르침도, 엄한 사랑도 아니고 그저 명백한 아동폭력이다. 한국언론진흥재단의 뉴스분석시스템인 '빅카인즈'에 따르면 2021년 4·7 보궐선거 이후 5월 6일까지 한 달간 회초리라는 단어가 포함된 뉴스는 모두 602건이었다. 그중 정치사회적 은유를 제외하고 실제 회초리를 지칭한 뉴스는 45건이었는데 모두 하동 서당 폭력사태, 지역아동센터에서 아이들을 회초리로 체벌해 실형을 선고받은 목사 부부 사건 등 아동폭력에 관한 것이었다.

방송도 마찬가지다. 2017년 1월 초 한 방송 프로그램에선 가수 김건모 씨가 어린 시절 '체벌'에 대한 이야기를 했는데 이

방송은 "건모를 키운 건 8할이 엄마의 매", "매를 통해 전해진 엄마의 사랑" 등의 자막을 내보냈다.[10] 2021년 1월 초에 방송된 한오락 프로그램에선 통금을 어겼다는 이유로 중학생 딸을 강제로 삭발시킨 아버지의 이야기가 나오자 진행자들이 "딸을 사랑하는 마음이 지나쳐서 생긴 일"이라며 아버지의 폭력적 행동을 감쌌다.[11] 가족 간 갈등을 단골 소재로 다루는 '막장 드라마'에선 부모가 자녀를 때리고 모욕하는 장면들이 예사롭게 등장한다. '폭력도 정情'이라고 바라보는 듯하다. 인터넷 쇼핑몰에서 파는 회초리에는 "어른들에게 옛 향수를, 아이늘에겐 참교육을 알려줄 좋은 선물이 된다"라는 홍보문구가 달렸다.

부모의 체벌을 금지해야 한다고 말하면 "나도 맞고 자랐는데?" 하고 반론을 펴는 사람들도 종종 있다. 여기에는 맞고 자랐기 때문에, 즉 부모가 매를 들고 엄하게 가르쳤기 때문에 오늘날 자신이 제대로 성장할 수 있었다는 전제가 깔려 있다. 회초리로 종아리를 때린 우리 부모가 잘못됐다고 공격하는 것인가 하는 불편한 심리도 있을 수 있다.

흔히들 '사랑의 회초리'를 한국 부모의 전통적 교육방식이라고 말하지만 그렇지 않다. 다른 나라에서도 부모의 체벌을 감싸는 쪽에선 '사랑의 매Cane of Love'라는 표현을 많이 쓴다. 한국 부모들만의 엄하고 눈물겨운 사랑 표현이 전혀 아니다. '사랑의 매'라는 표현은 때리는 사람의 의도에 따라 어떤 폭력은 정당화가 가능하다는 뜻인데, 이는 전적으로 매를 든 사람의 논리다.

맞는 아이들에겐 체벌의 이유가 사랑이든 분노든 다를 게 없다.

'체벌 덕분에 오늘날 나는 괜찮은 사람이 될 수 있었다'라는 논리 역시 한국뿐 아니라 다른 나라들에서도 체벌금지가 사회적 의제가 될 때마다 등장하는 체벌 옹호의 논리다. 철학자 버트런드 러셀Bertrand Russell은 『런던통신』에서 "학창 시절 회초리나 채찍으로 매를 맞았던 이들은 거의 한결같이 그 덕에 자신이 더 나은 사람이 되었다고 믿고 있다. 내가 볼 때는 이렇게 믿는 것 자체가 체벌이 끼치는 악영향 중 하나"라고 말했다.

어릴 때 회초리를 맞지 않았더라면 내가 어떤 사람이 되었을지는 겪어보지 않아서 알 수 없다. 아마 지금과 비슷하거나 폭력에 민감한 감수성을 장착한 더 나은 사람이 되지 않았을까.

기성세대는 그 시대의 제한된 문화적 환경에서 자녀를 가르쳤다. 자신이 어떤 환경에서 자랐다고 해서 그 방법이 지금도 유효하다고 주장해서는 안 된다. 체벌의 유해성을 연구해온 발달 심리학자 엘리자베스 거쇼프는 이를 자동차 안전벨트에 비유해서 설명했다.[12] 성인의 상당수는 자동차 안전벨트가 없던 시절에 자랐다. 하지만 누구도 안전벨트가 없었던 덕분에 내가 잘 자랄 수 있었다고 말하지 않는다. 안전벨트가 없었음에도 불구하고 무탈하게 자랐다고 말해야 한다. 마찬가지로 부모의 체벌 덕분에 내가 괜찮은 사람이 되었다고 말해서는 안 된다. 부모의 체벌에도 불구하고 나는 괜찮은 사람이 되었다고 말해야 한다.

"내가 맞을 짓을 했다"

체벌이 훈육 방법으로 효과적이지 않으며 해롭다는 것을 넘어서서 내가 체벌이 문제라고 생각하는 더 큰 이유는 아이들에게 폭력도 사랑이라고 가르치며 가해자의 논리를 내면화하도록 만들기 때문이다.

상대가 나를 사랑하거나 깊이 의지한다는 사실을 내가 알고 있는 상태에서 힘을 휘두른다면, 이는 신체적 상해에 더해 상대의 마음을 악랄하게 모욕하는, 질이 나쁜 폭력이다. 다수의 가정폭력이 그렇고 데이트 폭력도 그 한 예디. 2015년 트위터를 달군 데이트 폭력에 대한 증언들을 보면 이랬다. 가해자는 폭행의 이유로 '네가 맞을 짓을 했다'라며 피해자 탓을 한다. '맞는 것보다 상대를 잃는 게 더 두려운' 피해자는 맞을 짓을 계속하는 자신을 탓하며 더 좋은 연인이 되겠다는 다짐을 했다고 한다.

나는 이와 매우 비슷한 이야기를 울산 아동학대 사망사건 진상조사를 할 때도 들었다. 당시 동네 이웃과 교사, 아동보호전문기관 상담원의 증언으로 본 가해자와 숨진 아이의 관계는 데이트 폭력 가해자-피해자의 관계와 비슷했다.

가해자는 은폐해온 폭행이 드러난 뒤에도, 아이가 거짓말을 하는 등 맞을 짓을 해서 때렸다고 아이 탓을 했다. 반면 아이는 죽도록 맞으면서도 계속 가해자의 마음에 들려고 노력했고 '요리도 잘하는 예쁜 엄마'라고 시를 쓰고 그림을 그렸다. 데이트 폭력의 피해자는 연인을 잃는 게 두려워 가해자의 말들을 내면화했다면, 학대로 희생된 아이는 살아남기 위해 가해자의 논리를 내면화했다. 성인과 아이가 처한 상황은 다르지만, 피해 자가 가해자에 대한 애착을 잘 버리지 못하는 것도 사랑의 허 울 아래 행해지는 폭력에서 공통적으로 드러나는 서글픈 모 습이다. 가해자들이 폭행하다가 잘 대해주기를 반복하기 때 문이다.

'사랑의 매'라는 이름으로 폭력과 사랑을 연관 짓는 것은 대단히 위험하다. 사랑하면 신체적으로 우월한 사람이 그렇지 않은 사람을 힘으로 억눌러도 괜찮다고 가르치는 것에 다름 아 니다. 사랑하고 돌보는 관계에서도 더 힘이 세거나 권력을 가진 사람은 문제해결방법으로 폭력을 사용할 수 있다는 메시지를 전달하기 때문이다. 체벌은 아이들에게 "네가 원하는 걸 얻기 위해 사람을 때려도 괜찮다", "공격적이어도 괜찮다"라고 가 르친다.

데이트 폭력, 체벌 등 친밀한 관계에서 사랑의 이름으로 행해지는 폭력은 맞는 사람에게 알게 모르게 '내가 맞을 짓을 했다'라고 믿도록 강요한다. 맞는 사람들은 살아남기 위해 자신 에게 문제가 있기 때문에 맞았다고 스스로를 낮추고 자신을 부 정해야 한다.

하지만 세상에 '맞을 짓'이 어디 있겠나. 이런 고약한 폭력 이 사람의 마음에 남긴 흉터와 관련하여 내가 들은 가장 슬픈 이야기는 2014년 한 시설에 거주하는 아이의 이야기였다. 시설에 오기 전 부모에게 잦은 체벌을 당했다던 아이였는데 상담 과정에서 '내 몸은 소중해요'라는 말을 듣고 이렇게 말했다고 한다. "책에선 그렇다고 하는데, 나는 내 몸이 왜 소중한지 잘 모르겠어요. 매일 맞고 불행한데 뭐가 소중하다는 건지…"

안타깝게도 이 아이는 시설에서 다른 아이들을 성추행한 논란에 휩싸였다. 소중한 대접을 받지 못하면 스스로를, 그리고 다른 사람을 소중히 여기는 마음을 키우지 못한다.

사랑과 폭력

사랑을 폭력과 연관 짓는 사고방식은 우리 사회에 너무 만연하다. 체벌뿐 아니라 앞에 언급한 데이트 폭력, 가정폭력에서도 그렇고 대학입학 시즌만 되면 군기잡기성 체벌이 문제가 되어왔던 신입생 환영회의 일그러진 모습도 그렇다. 어쩌다가 '환영'의 방식으로 폭력을 사용하는 지경에까지 이르게 됐을까.

나는 우리 사회에서 폭력을 '할 만한 것'으로 수용하게 만드는 하위문화 중 첫손에 꼽을 만한 것이 부모의 체벌이라고 생각한다.

인류학자들의 연구에 따르면 사회적 계층화, 정치적 의사결정의 비민주성, 폭력적 문화가 심한 사회일수록 체벌이 심한 경향성이 있다. "부모가 그럴 의도가 없었다고 해도 신체적 체벌은 부모와 자녀 사이의 힘의 차이를 생생하게 드러낸다. 이 불평등함을 인지한 어린이들은 어른이 되어서도 힘과 권력에 따른 불평등을 당연하다고 받아들이기 쉽다"라는 것이다. 비교적 일상적으로 어린이에게 신체적 체벌을 가하는 지역에서는 부인이나 형제자매를 향한 과도한 폭력도 함께 관찰됐다.[13]

심리학자 스티븐 핑커Steven Pinker는 폭력성의 역사를 살핀 책 『우리 본성의 선한 천사』에서 미국의 예를 들어 체벌 찬성율은 살인율과 궤적이 같다고 설명했다. 체벌을 용인하는 하위문화가 성인의 극단적 폭력도 부추긴다는 뜻이다. 유엔아동권리위원회가 체벌 근절이 '사회에서 모든 형태의 폭력을 줄이고 방지하기 위한 핵심전략'이라고 강조하는 것도 그런 맥락에서다.

폭력을 은폐한 통념은 이전에도 많았다. '북어와 여자는 사흘에 한 번씩 두들겨야 한다'라는 끔찍한 말을 사람들이 아무렇지도 않게 떠들던 때가 오래전 일이 아니다. 이제 우리 사회는 적어도 여성에 대한 그런 폭력을 애정이라는 이름으로 은폐하려고 애쓰지 않는 정도까지는 왔다. 그런데 아이에 대해서만은 그렇지 않다. 애정, 훈육 등 통념의 미명하에 관계의 폭력이 용인되는 최후의 식민지, 거기에 아이들이 있다.

영화 〈스포트라이트〉에서 가톨릭 사제들에 의한 아동성폭력을 밝혀내려 분투하던 인권변호사는 "한 아이를 키우는 데 한마을이 필요하다는 말처럼 한 아이를 학대하는 데에도 한 마을이 필요하다"라고 말했다.

1. 가족은 정말 울타리인가

영화 속 맥락에선 마을 전체의 침묵, 방조도 공범이나 마찬가지라는 점을 강조하기 위해 쓰인 표현이지만 나는 이 말을 우리 사회에도 적용할 수 있다고 본다. 부모 혼자 아이를 키울 수 없듯 부모 혼자 아이를 학대하지 않는다. 체벌을 쉽게 생각하고 용인하는 태도, 폭력에 관대한 정서, 공적 개입의 부재 등으로 인해 자잘한 구멍이 사방에서 생겨나고 결국 어디에선가는 아이가 맞아서 목숨을 잃는다. 그런 면에서 자식을 부모의 소유물쯤으로 여기고 부모의 체벌에 관대한 한국 사회는 마을 전체로 아이를 학대하는 데에 가담하고 있는 것은 아닐까.

아이를 대하는 태도가
그 사회를 말해준다

어린이는 보편적 개념이 아니다. 각 사회의 맥락에 따라
늘 다르게 정의되어왔다. 유발 하라리Yuval Noah Harari의 『사피엔
스』에 따르면 함무라비 법전은 가족 내 엄격한 위계질서를 규
정했는데 어린이는 독립된 개인이 아니라 부모의 재산이었다.
어떤 귀족이 다른 귀족의 딸을 죽이면 그 벌로 살해자의 딸이
처형당했다. 살인자는 무사한데 죄 없는 그의 딸이 죽어야 한다
는 게 이상해 보이지만 함무라비와 바빌론 사람들에게는 이게
정당한 귀결이었다. 손해 본 재산만큼 손해를 끼친 자의 동일한
재산을 처분하는 게 옳다고 보았기 때문이다.

아이를 대하는 태도와 훈육 방법도 그 사회가 가진 인간
성의 개념에 따라 달라진다. 사람은 원래 선하게 태어나므로 체
벌이나 훈육이 필요 없다고 보는 사회도 있는 반면, 사람은 약

하고 죄지은 상태로 태어나므로 체벌은 당연히 필요하다고 여기는 사회도 있다.

헤더 몽고메리Heather Montgomery의 『유년기 인류학』에는 문화에 따라 아이들에 대한 훈육 방법이 어떻게 다른지를 소개하는 사례들이 풍성하게 실려 있다. 그중 몇 개를 인용해보자면 다음과 같다.

기니비사우의 파펠족은 어린이를 가르치는 데 체벌은 필수이며 한 번도 맞아본 적이 없는 아이는 게으르고 불만이 많은 사람이 된다고 생각한다. 어린이에게 고통을 참는 법을 가르치기 위해 일부러 체벌을 하는 경우도 있다. 브라질 중부 지역의 아크웨-샤반테족은 아프다고 우는 건 부끄러운 일이라고 생각하며 어린이가 그런 모습을 보이면 체벌한다.

남태평양 통가의 경우 체벌이 잦은데 그들은 어린이에겐 사회적 능력이 없다고 생각한다. 그들이 생각하는 사회적 능력이란 지위에 따른 위계질서를 이해하고 그에 맞는 존경심과 복종의 태도를 갖추는 것이다. 이들에게 체벌은 위계질서를 어린이에게 각인시키기 위한 방편이다.

서양에서도 근대 이전에는 어린이를 때리거나 위협하는 게 보편적이었다. 18세기 중반까지 서구 각국의 법에서 아이는 물건으로 간주되어 부모나 법적 책임자들 마음대로 사고팔거나 노예로 부렸다. 영국의 초기 법률 문헌에도 자녀를 학대하는 부모에 대한 기소나 처벌 규정이 없었으며, 미국에서도 자녀를 부모의 소유물로 간주했고 아동인권은 안중에도 없었다. 어른들은 아이들에게 의도적으로 두려움을 심기 위해 체벌했는데 여기에는 기독교의 영향이 컸다. 신이 인간을 죄에서 구원했듯 부모도 체벌을 통해 자녀를 죄에서 구원해야 한다는 세계관이 팽배했던 것이다.

반면 대만, 네팔, 미크로네시아 등에서는 어린이가 사회적 능력을 갖췄다고 인정받기 전까지 일체의 훈육을 하지 않는다고 한다. 발리에서는 부모가 자녀를 아프게 하는 행위를 용납하지 않는다. 용맹함을 강조하는 야노마모족조차 아기가 울면 부모가 즉시 와서 달래주는 게 관습이었다. 이누이트족은 자녀가 성장해서 사고력을 갖추게 되기 전까지는 부모가 무엇을 가르치려 하지 말아야 한다고 생각한다.

한국에서는 어땠을까. 조선시대 화가 김홍도의 풍속도에 훈장한테서 회초리로 종아리를 맞고 우는 학생의 그림이 있듯 체벌로 아이를 다스리는 것은 일반적 풍습이었다. 윤영수와 KBS 역사추적팀이 쓴 『한국사를 바꿀 14가지 거짓과 진실』에 따르면 조선시대 사대부 이문건은 16년간의 손자 육아일기인 『양아록養兒錄』을 남겼는데 여기에는 강한 체벌의 기록이 자주 등장한다. "극도로 화가 나는 것을 이기지 못해 대살가지로 등과 궁둥이를 때렸더니 숨을 잘 쉬지 못하기에 그만두었다"라는 표현도 있다. 당시 아이를 양육하기 위한 교육 방법의 하나로 체벌이 관행적으로 쓰였음을 엿볼 수 있다.

1. 가족은 정말 울타리인가

1868년 메이지유신 이래 유럽 근대의 훈육 이념이 동아시아에 수용되면서 가정과 학교 모두에서 유교적 훈육 관습을 바꿔야 한다는 논의가 활발해졌지만, 전통 시대 일상이었던 체벌은 일제 학교제도에서 악질적으로 더 심해졌다. 전통적 체벌의 습속은 가정 내에서 여전했으며 이는 일제강점기에 교육받고 반권위주의적 경향을 보였던 '신여성'들도 마찬가지였다. 예컨대 당시 대표적 신여성이었던 나혜석의 경우 전통 시대 가정을 비판하고 자녀를 중심으로 한 가정이라는 이상을 제시했지만 가헐적으로 체벌을 하는 등 당대에 일상화된 권위주의로부터 자유롭지 못했다고 한다.[14]

훈육의 대상이 아닌 인권의 주체

서양에서 체벌에 대한 반대 움직임이 나타난 것은 1900년대 초반, 어린이도 개별적 존재로서 인권을 갖고 있다는 자각이 시작되면서부터다. 존 로크John Locke의 교육사상의 영향으로 체벌 위주의 노예적 훈육 방법에 대한 비판이 제기됐고, 스웨덴 작가 엘렌 케이Ellen Key, 폴란드 교육자 야누시 코르차크Janusz Korczak 등이 아동인권에 대한 시야를 확장시키는 데에 큰 기여를 했다.

교육사상과 철학에서 시작된 아동인권에 대한 각성이 규범으로 발전한 것은 1923년 세이브더칠드런 창립자인 에글렌

타인 젭^{Eglantyne Jebb}이 아동권리선언을 만들고 1924년 국제연맹 총회가 이를 채택해 〈아동의 권리에 관한 제네바 선언〉을 발표하면서부터다. 그 뒤 이를 보완한 〈아동권리선언〉이 1959년 유엔 총회에서 채택됐고 선언문 차원이 아니라 법적 구속력을 지닌 협약으로 아동권리를 보호하기 위해 1989년 〈유엔아동권리협약〉이 만들어졌다.

〈유엔아동권리협약〉은 어린이를 훈육의 대상으로만 바라보던 기존 시각에서 어린이가 연약할지라도 어른과 동등한 가치를 지닌 인간이고 권리의 주체라는 시각으로 인식의 전환을 이루어냈다. 협약이 체벌을 금지하는 취지도 만약 성인을 때리는 것이 용서할 수 없는 일이라면 마찬가지로 어린이를 때리는 것도 이유를 불문하고 허용되어서는 안 되기 때문이다.

협약이 정한 체벌의 범위는 몸에 국한되지 않는다. 협약의 이행을 감독하는 기구인 유엔아동권리위원회는 2006년 발행한 논평에서 체벌을 "아무리 정도가 가볍다 해도 물리적 폭력이 사용되고 이로 인해 어느 정도의 고통이나 불편함을 야기하는 모든 벌"이라고 정의했다. 여기에는 "손이나 채찍, 막대기, 벨트, 신발, 나무주걱 등의 도구를 이용하여 아이를 때리는 것"이 포함되며 "무시하기, 창피주기, 비난하기, 책임 전가하기, 협박하기, 겁주기, 조롱하기" 등도 비신체적 체벌의 예로 제시됐다.

이 논평은 "많은 국가들이 학대 혹은 잔혹성을 범죄로 규정하는 아동보호법을 갖고 있으나 이것만으로는 가족 및 기타

환경에서 행해지는 체벌 및 잔인하고 굴욕적 형태의 벌에서 아동을 보호하지 못한다"라면서 "부모나 양육자에게 어느 정도의 폭력 사용을 옹호하거나 정당화해주는 명시적 법 규정, 그리고 '합법적인' '적당한' '알맞은' 훈육적 체벌을 허용하는 모든 법률의 폐지"를 촉구했다.

국가가 법으로 체벌을 금지해야 한다고 정한 〈유엔아동권리협약〉보다 더 일찍 체벌을 금지한 국가는 북유럽 국가들이다. 스웨덴이 세계 최초로 1979년 가정 내 체벌을 법으로 금지했고, 그 뒤 유럽 국가들이 줄을 이었다. 핀란드는 1983년 체벌을 법으로 금지했는데, 제3자가 행했을 경우 형사적 처벌로 이어질 수 있는 아이의 신체나 정신에 대한 모든 폭력을 부모가 훈육적 목적으로 행했다면 제3자가 행한 경우와 동등하게 처벌할 수 있어야 한다는 정신이 반영됐다. 핀란드는 민법에 가정 내 체벌을 금지함과 동시에 부모가 15세 미만 아이에게 작은 구타를 가해도 기소 대상이 되고 민·형사상 재판에서 체벌 항변도 인정하지 않아 완전 체벌금지 원칙을 실현했다.[15]

반면 한국인들이 많은 면에서 참고로 삼는 미국의 경우 연방 차원의 체벌금지 법안은 없다. 권리 침해에서 사인私人을 보호하는 문제는 원칙적으로 주의 관할권하에 있으므로 체벌을 허용 또는 금지할 권한은 연방이 아니라 주에 있다는 논리에서다. 같은 논리로 미국은 유엔회원국 중 유일하게 〈유엔아동권리협약〉을 비준하지 않았다.

법은 한 사회의 보편적 가치를 반영하지만 동시에 중요한 가치의 전환과 확산을 이끌어가기도 한다. 2021년 10월 현재 가정 내 체벌을 포함하여 아이들에 대한 모든 종류의 체벌을 명백히 폭력으로 규정하고 법으로 전면 금지한 나라는 전 세계 63개에 달한다.

이들 나라들이 법으로 가정 내 체벌을 금지하고 사법체계가 어린이의 입장에 서겠다는 의지를 보이는 것은 어린이에 대한 이해, 자녀와 부모 사이의 의무와 책임에 대한 생각이 변화하고 있다는 증거다.

'금지인 듯 금지 아닌 법'

가정 내 체벌을 금지하면서 학교나 보육시설처럼 다른 영역에서의 체벌을 허용하는 나라는 없다. 가정 내 체벌금지는 보통 모든 학교와 시설, 기관의 체벌금지가 이뤄진 뒤 가장 마지막에 달성되곤 했다. 자녀에 대한 소유권을 주장하는 부모에 맞서는 조치라서 체벌 허용과 금지가 가장 팽팽하게 부딪히는 영역이기도 하다.

2012년 서울시 어린이·청소년 인권조례 추진위원회에 참여했을 때 내가 조례안 중 가정 내 체벌금지 조항이 큰 사회적 파장을 일으킬 것으로 예상하고 바짝 긴장했던 이유다. 그 이전 서울·경기·전북에서 〈학생인권조례〉를 제정할 때에도 체벌금지가 교권 침해라는 논쟁이 불거졌기 때문에 가정 내 체벌을 금지하면 그보다 더 크게 부모 양육권 침해를 둘러싼 논쟁이 시작될 거라고 생각했다.

그런데 웬걸, 내 예상은 틀렸다. 아무 파장도 일어나지 않았다. 인권조례를 반대하는 사람들이 성적 지향을 이유로 한 차별금지, 10대 미혼모에 대한 차별 금지 조항을 집중적으로 문제 삼아 어린이·청소년 인권조례가 동성애와 10대의 임신을 조장한다고 주장하는 쪽으로 몰아가버렸기 때문이다. 그런 와중에 가정 내 체벌금지 조항은 무리 없이 통과될 수 있었지만 자녀를 소유물처럼 취급하는 관행에 대한 사회적 논쟁이 한 번쯤은 일어나기를 바랐던 입장에선 다소 아쉽기도 했다.

2015년에는 조례가 아니라 법인데도 그와 유사한 내용이 별 말썽 없이 국회를 통과한 적이 있다. 그해 9월 개정안이 시행된 〈아동복지법〉 제5조 제2항에는 이전에 없던 내용이 들어가 있다. "아동의 보호자는 아동에게 신체적 고통이나 폭언 등의 정신적 고통을 가하여서는 아니 된다"라는 조항이다.

이 법의 개정은, '울주 아동학대 사망사건 진상조사 및 제도 개선위원회' 활동의 결과라고 할 수 있다. 당시 사건을 조사하고 〈이서현 보고서〉를 펴내는 과정에서 체벌이 모든 학대의 시작임이 분명해졌고, 가정 내 체벌은 은폐되기 쉬워 법으로 명백히 금지해야 한다는 데에 의견이 모아졌다.

2014년 3월 위원회가 보고서를 발간한 직후 당시 위원장이었던 민주당 남인순 의원은 가정 내 체벌금지를 위한 〈아동복지법〉 일부 개정안을 제안했다. 취지는 "특히 가정에서 벌어지는 체벌은 아동에게 굴욕감을 주고 아동학대로 심화될 위험이 있음에도 불구하고 관습으로 용인된 측면이 있어 이에 대한 인식의 변화가 필요"하다는 것이었다.

제안 법률안에는 "아동은 가정 안에서 신체적 처벌을 받지 아니할 권리를 가진다"가 들어 있었지만 국회 검토 과정에서 이 표현이 "신체적 고통이나 정신적 고통을 가해서는 안 된다"로 바뀌어 2015년 3월 개정안이 확정됐다.

이 법안은 국회에서도 별다른 반대 없이 순조롭게 통과됐다. 개정안 입법예고 기간에 아동학대 대응을 총괄하는 중앙아동보호전문기관에 "그럼 어떻게 아이들을 키우란 말이냐"라는 항의전화가 간혹 걸려 왔다고 들었는데, 서울과 경기의 〈학생인권조례〉에서 '체벌금지'를 명시했을 때 벌어졌던 어마어마한 소란에 비하면 그 정도야 잠잠한 축에 속했다.

법 개정이 순조롭게 이뤄진 건 반가운 일이지만 계속 찜찜한 기분이 가시지 않았다. 여전히 가정 내 체벌이 필요하다고 보는 각종 여론조사 결과들을 보면 아동인권에 대한 인식이 발전했기 때문에 법안 통과가 순조로웠다고 말할 수도 없었다. 혹시 사람들이 이걸 체벌금지로 받아들이지 않는 것은 아닐까? 이 법안을 가정 내 체벌 전면 금지라고 해석할 수 있을까?

오래 묵은 사회적 규범을 바꾸는 일에 아무도 관심 갖지 않던 상황이 뭔가 이상하다는 생각을 떨칠 수 없던 나와 동료들은 체벌금지에 관한 국가 통계를 내는 국제기구의 자문을 받아보기로 했다. '어린이에 대한 모든 체벌 근절을 위한 글로벌 이니셔티브The Global Initiative to End All Corporal Punishment of Children'(이하 '글로벌 이니셔티브')는 2001년 제네바에서 설립된 조직으로 유엔 기구들과 국제 NGO들의 지원을 받아 〈유엔아동권리협약〉을 비준한 모든 국가의 법률에 체벌금지가 얼마나 반영됐는지 모니터링하는 자문 기구다. 우리는 이곳에 한국의 개정 법률안을 상세히 설명하며 이를 가정 내 체벌금지로 볼 수 있는지 문의하는 메일을 보냈다.

'글로벌 이니셔티브'로부터 받은 답신의 골자는 "이전보다 상당히 진전된 것은 맞지만, 가정 내 체벌금지로 볼 수 없다"라는 거였다. '금지인 듯 금지 아닌 법'이라는 말이다.

첫 번째 이유는 법안에 '체벌'이라는 표현이 없기 때문이다. 체벌에 관용적인 사회에서는 누구도 '신체적, 정신적 고통'이나 '폭력', '학대'라는 표현에 체벌이 포함된다고 해석하지 않는다는 이유에서다. 설령 법원이 이 개정안을 가정 내 체벌금지로 해석한다고 해도 마찬가지다. 체벌금지는 해석이 아니라 법률 그 자체로 표현되어야 한다는 것이 '글로벌 이니셔티브'의 입장이었다. '체벌'이라는 두 글자가 법안에 금지의 대상으로 명백히 들어가야 한다는 거다.

두 번째 이유는 〈민법〉 '친족편' 제915조의 '징계권' 조항 때문이다. 이 조항은 "친권자는 자녀를 보호 또는 교양하기 위해 필요한 징계를 할 수 있"다고 정하고 있다. '글로벌 이니셔티브'는 부모나 양육자가 자녀에게 가하는 징계에는 일반적으로 체벌이 포함되므로 '가정 내 체벌금지'를 달성하려면 이 징계권 조항을 삭제하거나 "징계를 할 때 체벌을 해서는 안 된다"라고 명시해야 한다고 지적했다.

국가는 어디까지 개입해야 하나

'글로벌 이니셔티브'의 답신을 받은 직후에는 가정 내 체벌 금지를 법에 이렇게까지 명시해야 하나 싶기도 했다. 우리가 자문한 변호사들 중에서도 법원이 해석을 잘하면 되지 꼭 그렇게까지 해야 하는지 모르겠다고 고개를 갸우뚱한 사람들도 있었다. 그러나 "신체적, 정신적 고통을 가하면 안 된다"라는 조항을 넣은 〈아동복지법〉이 시행된 지 2년여 동안 사회적 규범과 인식 변화에 거의 아무런 영향을 끼치지 못하는 것을 보면서, 나는 '그렇게까지 해야 한다'라고 생각하게 되었다.

가정 내 체벌금지를 법에 명시해야 하는 이유는 부모들을 범법자로 만들려는 게 아니라 아이들도 성인들과 똑같은 정도로 모든 종류의 폭력에서 법적 보호를 받을 권리를 갖고 있음을 분명히 하기 위해서다.

체벌을 허용하는 사회는 아이들이 완전한 인간이 아니며

사회구성원의 자격을 얻기 위해 어느 정도는 고통을 경험할 필요가 있다고 바라본다. 아이도 개별적 인간이고 권리를 지닌 사람이라기보다 부모의 뜻대로 처분 가능한 소유물처럼 바라본다. 이 뿌리 깊은 부정적 태도를 바꾸자는 것이 체벌금지 입법의 취지다.

학대와 폭력 금지 조항이 체벌까지 포함할 수 있는데 굳이 체벌을 법으로 금지하는 게 필요한지에 대해서도 이견이 많다. 그러나 체벌에 관용적인 사회는 체벌을 폭력으로 간주하지 않는다. 상해를 입히는 심각한 체벌은 문제이지만 가벼운 체벌은 괜찮다거나 교육적 목적이 분명한 체벌은 괜찮다고 생각하는 사람들은 '모든 종류의 폭력 금지'나 '신체적 고통 금지'를 체벌금지로 받아들이지 않는다. 체벌이 훈육의 방법으로 필요하다는 생각이 만연한 사회일수록 어떤 종류, 어떤 강도의 체벌도 해서는 안 된다는 것을 법의 언어로 명료하게 표현해야 한다.

학교, 보육시설, 학원, 교도시설로 시야를 넓혀보아도 한국에는 체벌을 명백하게 금지하는 법 조항이 없다. 학교 체벌의 경우 2011년 〈초·중등교육법〉 시행령 개정으로 직접 체벌은 금지했지만 간접 체벌은 여전히 허용하고 있고 체벌금지 규정이 법률이 아닌 시행령에 있는 상황이다. 무엇보다 현행법에 '체벌'에 대한 분명한 정의가 없는 것도 문제다.

징계권은 정반대의 측면에서 문제가 된다. 막연한 '폭력 금지'는 체벌을 포함하지 않으므로 수정되어야 하지만, '징계'

는 체벌을 포함하는 뉘앙스를 갖고 있기 때문에 수정되어야
한다.

한국과 일본 〈민법〉의 징계권 조항뿐 아니라 다른 나라의
법률도 부모의 '징벌을 행사할 권리', '적절하게 아이들을 교정
할 권리' 등을 규정한 경우가 많다. 징계권을 문제 삼다니, 그러
면 부모는 아이들을 나무라거나 잘못된 행동을 제재할 권한도
가져서는 안 된다는 거냐고 생각할 수도 있다.

그러나 〈민법〉의 징계권은 부모의 체벌 사용에 대한 법률
적 방어다. 이를 걷어내지 않으면 아이들에 대한 폭력과 학대를
처벌하는 법률이 있다고 해도 아이들은 성인과 동등한 권리를
누릴 수 없다. 실제로 국내에서 법원은 〈민법〉 징계권 조항을
근거로 부모나 양육권자가 자녀의 행동 교정과 훈육을 목적으
로 체벌하는 것을 인정해왔다.[16]

성인 간의 관계에서는 상대에게 의도적으로 해를 끼치는
행위는 이유가 무엇이든 형사적 처벌의 대상이 된다. 그러나
'보호와 교양 목적의 징계'라는 말로, 상대에게 의도적인 해를
끼쳐도 된다고 법이 허용하는 유일한 대상이 아이들이다. 아이
도 한 개인으로서 자율적 존재이고 어른처럼 생명과 신체에 대
한 권리를 갖고 있다는 것을 부정하지 않는다면 이를 법의 언어
로 반영하지 못할 이유가 없다.

징계권 폐지, 현실이 되다

여기까지가 2017년 이 책의 초판을 펴낼 때까지 일어났던 일이다. 그해 출범한 문재인 정부는 아동에 대한 국가의 책임을 강화해야 한다는 데에 아동인권단체들과 인식을 같이했다. 2019년 5월 발표된 〈포용국가 아동정책〉에는 아동학대 조사 공공화, 징계권 변경 검토 등 현장의 아동인권단체들이 오랫동안 요구해오던 내용들이 포함됐다. 1958년 〈민법〉이 제정된 뒤 정부 내에서 단 한 번도 논의의 대상조차 되지 않았던 징계권이 드디어 정부의 검토 대상에 오른 것이다.

정책 발표 직후 여러 기관들이 실시한 여론조사에서는 징계권 폐지에 대한 찬반 의견이 팽팽했다. 부모의 징계권을 두둔하는 일방적 입장이 우세하지 않고 조사에 따라 찬반이 근소한 차이로 엇갈렸던 것도 우리 사회의 변화하는 인식을 반영하는 듯했다.

세이브더칠드런 등 아동인권단체들은 징계권 삭제를 위해 "Change 915: 맞아도 되는 사람은 없습니다" 캠페인을 벌였다. 〈민법〉 개정의 주무 부서인 법무부는 당초 징계권 삭제 대신 '필요한 훈육'을 할 수 있다는 대안을 내놓았다가 당시 잇따른 아동학대 사망사건에서 가해자들이 학대를 훈육이라 변명하는 일이 반복되자 대안을 포기하고 징계권 폐지를 골자로 한 〈민법〉 일부개정법률안을 2020년 10월 발의했다.

법안 발의 후에도 한동안 국회 상임위원회의 문턱을 넘지 못했던 개정안은 2021년 1월 드디어 국회에서 통과됐다. 63년간 법이 보장해온 부모의 자녀에 대한 징계권이 사라진 것이다. 씁쓸하게도 당시 한국 사회를 분노로 들끓게 했던 양천 아동학대 사망사건이 아니었더라면 이 법이 국회에서 통과하기는 쉽지 않았을 것이다. 폭력의 위험 앞에 놓인 아이들의 현실은 끔찍한 학대 사망사건이 터지지 않는 한 정치의 관심사가 되는 일이 좀처럼 드물다. 이번에도 마찬가지였다.

징계권은 폐지됐지만 한국 사회가 이제 법으로 완전히 체벌을 금지했다고 보기엔 아쉬운 면이 적지 않다. 앞서 살펴본 것처럼 '체벌'이 금지의 대상이라고 법의 언어로 명백하게 표현하지는 않았다. 그 결과 자녀에 대한 폭력에 반대하면서도 자녀의 행동을 교정하는 목적으로 체벌하는 행위는 학대가 아니라고 생각하는 혼란은 여전하다.[17] '글로벌 이니셔티브'는 한국이 체벌을 전면 금지한 62번째 국가라고 선포했지만, 나는 앞에 설명한 것과 같은 이유로 체벌 전면 금지가 완전하게 달성됐다고 생각하지 않는다.

그럼에도 불구하고 징계권 폐지는 의미 있는 진전이다. 우리 사회에서 부모가 자녀를 대하는 규범이 바뀌었다는 선언이기 때문이다. 법의 변화가 사람들의 의식, 문화의 변화로 이어지려면 폐지에서 멈추지 않고 입법 취지를 현실로 만들려는 노력이 뒤따라야 한다. 뒤에서 살펴보겠지만 세계 최초로 가정 내 체벌을 법으로 금지한 스웨덴도 입법에 그치지 않고 새로

1. 가족은 정말 울타리인가

운 규범이 실생활에 뿌리내리도록 하려는 대대적 캠페인을 벌였다.

　가정 내 체벌을 법으로 금지하는 것은 가족의 사생활 영역에 국가가 개입하는 전체주의적 발상으로 비칠 수도 있다. 그러나 가정 내 약자를 보호하기 위해 법으로 가정폭력, 부부강간을 금지하듯 아이들에 대한 체벌도 마찬가지다. 부모의 관심과 보호가 언제나 좋은 결과를 낳는 것은 아니고, 스스로를 보호하기 어려운 아이들이 성인과 동일하게 신체의 온전성을 보존할 권리를 누리려면 국가의 보호가 필요하기 때문이다.

　나는 법에 문외한이지만 부모의 권리와 국가의 역할에 대한 가장 바람직한 정의를 독일의 법에서 보았다. 한국의 헌법에 해당하는 〈독일기본법〉 제6조 제2항은 "자녀의 보호와 교양은 자연적 권리이자 일차적으로 부모에게 부과되는 의무다. 그의 행사에 관하여는 국가 공동체가 감독한다"라고 정하고 있다.[18]

　뒤에서도 살펴보겠지만 한국은 자녀에 대한 부모의 친권이 지나치게 강한 나라다. 부모의 자녀에 대한 권리는 부모의 자유권이라기보다 자녀의 보호를 위해 부여되는 기본권으로 권리보다는 의무에 가깝다고 할 수 있다. 가족 내에서 부모의 양육방식은 치외법권적 '천륜'의 영역이 아니며 인권 보호를 위한 국가의 제재 대상이어야 한다. 비대한 국가를 선호해서가 아니다. 공공의 개입이 닫힌 방문 안에까지 이루어질 때에만 비로

소 숨을 쉴 수 있고 자유로워지는 약자들이 가족 안에 있기 때문이다.

1. 가족은 정말 울타리인가

과보호 혹은 방임,
자녀를 소유물로 대할 때
생기는 일

아동인권단체에서 일하면서 불행한 상황에 처한 한국 어린이·청소년들 사이에도 양극단이 있다는 것을 알게 되었다.

한 극단은 부모의 과보호를 받는 그룹이다. 대개 중산층 이상의 가정에서 자란 아이들인데 생후 평균 22개월부터 사교육을 받는다는 통계가 보여주듯 아주 어릴 때부터 온갖 사교육을 받으며 커온 아이들이다. 국제중, 특목고 재학생이 많고 '다양한 능력'을 본다는 진학, 입시제도 탓에 수학, 영어 등은 기본이고 봉사활동, 악기, 사회성 발달을 위한 동아리 활동, 체육까지 아찔한 '스펙'을 장착한다.

부모의 엄청난 지지와 기대를 한 몸에 받으며 성장하지만 대개 '월화수목금금금'으로 일컬을 만큼 과중한 학습노동에 시달린다. 어지간한 집에선 초등학생도 사교육을 서너 개씩 받는 상황이다. 오죽하면 아이들이 대통령 후보들에게 학원 밤 수업 좀 없애달라고 말하는 지경까지 이르렀을까. 어린이·청소년들이 2017년 4월 대통령 선거공약을 제안하는 자리에서 한 고등학생은 "초등학생은 오후 10시, 중학생은 오후 11시, 고등학생은 새벽까지 학원에 묶여 있다"라고 토로하기도 했다.[19]

이와 반대의 다른 극단은 부모가 방임하는 그룹이다. 과보호 그룹과 반대로 이 아이들은 필요한 지원이나 돌봄, 격려를 받지 못하고 방치된 환경에서 자란다. 한 지역아동센터에서 만난 초등학생은 아버지와 둘이서 사는데 집에서 라면 이외에 다른 음식을 먹어본 적이 없다고 했다. 방임은 아동학대 판정 사례 다섯 건 중 한 건꼴로 일어나는데도 눈에 잘 띄지 않고 가해자도 문제로 인식하지 않는 경우가 많다. 주변 사람들도 대수롭지 않게 생각한다. 그래서 오랜 시간에 걸쳐 지속될 가능성이 높다.

체벌과 학대는 두 그룹 모두에서 일어난다. 과보호와 방임 둘 다 아이를 독립적 존재로 바라보지 못하고 소유물로 바라보는 같은 뿌리에서 비롯됐다. 과보호의 상황에선 부모의 과잉교육열과 지나친 간섭이 정서적, 신체적 학대의 양상으로 드러나는 경우가 많다. 방임의 경우 아이를 제대로 돌보지 않고 방치하다가 툭하면 스트레스와 화풀이 대상으로 삼는다. 부모와 자녀 사이의 경계를 구분하지 못하거나 적당한 거리와 존중을 유지하지 못해 과보호와 방임의 두 극단이 생겨난다.

1. 가족은 정말 울타리인가

'정상' 아닌 취약가정이 아이를 방임?

적어도 2015년 말까지만 해도 방임은 심각한 문제로 여겨지지 않았다. 어머니가 중학생 아들을 6개월 동안 학교에 보내지 않아 학교 측이 방임으로 경찰에 신고했지만 경찰이 "방임의 기준이 모호하고 관련 매뉴얼이 없다"라며 개입을 하지 않은 사례도 있다. 개념이 모호하고 판단 기준이 없다는 것이 그간 공권력이 방임을 거의 방치하다시피 한 주된 이유였다.

그러다가 방임이 낳은 참극으로 사회가 발칵 뒤집힌 적이 있다. 2015년 12월 인천에서 학교도 다니지 못하고 집에 갇혀 학대를 당하던 열한 살 소녀가 자기 힘으로 탈출한 뒤부터다. 그제야 정부는 학교 장기결석아동에 대한 전수조사를 벌였고 뒤늦게 찾아낸 끔찍한 학대사망 사건들이 2016년 초까지 줄을 이었다.

시신이 훼손되거나 백골화가 진행될 정도로 방치되거나 암매장당하는 등 끔찍한 방법으로 죽임을 당한 아이들의 다수는 부모나 보호자가 학교에 보내지 않아 교육적 방임에 놓여 있는 상태였다. 의무교육인 초등학교에 보내지 않을 경우 과태료를 내게 돼 있는데 아이들의 잇단 죽음이 드러난 2016년 초까지는 법령 제정 이후 실제 과태료를 부과한 사례가 한 번도 없었다.

그때까지는 아이가 3개월 이상 학교를 결석해도 '정원 외 학생'으로 분류할 뿐 장기 결석의 이유와 안위를 확인하려는 노력이 없었다.

의무교육조차 시키지 않는 교육적 방임은 심각한 아동학대라는 인식이 우리 사회에 확고했더라면 그 아이들이 그토록 처참한 죽음을 당했을까. 사건들이 잇따라 보도될 때마다 아이들을 죽인 부모의 악랄함에 개탄이 쏟아졌지만 나는 마땅히 해야 할 최소한의 개입조차 하지 않은 국가도 공범이라는 생각을 지울 수 없었다.

끔찍한 학대로 인한 아이들의 죽음이 잇따르자 2016년 3월 29일 정부는 아동학대 근절 원년을 선포하며 〈아동학대 방지대책〉을 발표했다. 학대가 일어난 뒤 사후 대처가 아니라 미리 예방하고 조기 발견하겠다는 것이 대책의 골자였다.

아동학대가 발생하면 늘 호떡집 불난 듯 요란하고 엄중 대처를 말하지만 언론의 관심이 사라지고 여론이 잠잠해지면 도로아미타불이다. 그러다 또 사건이 터지면 예전 것을 재탕 삼탕 반복하기 예사다. 2016년 아동학대 근절 원년을 선포한 〈아동학대 방지대책〉도 다르지 않았다. 건강검진과 예방접종 미실시자 가정 방문, 학령기 미취학아동 가정 방문, 아동학대 전담 경찰관 설치, 가정 내 체벌금지를 위한 교육과 홍보 등은 이미 2014년 울산·칠곡의 아동학대 사망사건 이후 발표한 대책에 다 들어 있던 사항들이다. 그런데 아무것도 실천하지 않았다. 담당이 불분명하고 챙기는 사람도 없었다. 실행을 위한 인력도, 예산도 없이 손 놓고 있다가 다시 사건들이 터지니 2년 전의 대책들을 부랴부랴 긁어모아 발표한 것이다. 그 2년간 정부의 무능과 책임 방기로 또 얼마나 많은 아이들이 학대를 당했을지 생각하면 눈앞이 아찔해진다.

2016년 대책에서 이전보다 강화된 것은 아동학대 예방을 위한 부모교육의 강조였다. 생애주기별 맞춤형 교육을 강화하고 취약가정을 중점 지원하겠다는 내용이었다. 그런데 취약가정으로 거론된 예를 보니 황당했다. 한부모, 조손, 이혼, 재혼, 다문화, 새터민, 장애인 가정을 취약가정의 예로 들고 있었다. 소위 '정상가족'이 아닌 나른 형태의 가족들을 학대가 일어나기 쉬운 취약가정으로 분류한 셈이다.

그 당시 나와 동료들은 언론보도를 모니터링하면서 아동학대 사건들의 유형을 정리하던 중이었는데, 우리가 모니터링한 사건 열 건 중 정부가 중점 지원 대상이라고 분류한 장애인, 새터민, 다문화, 조손 가정은 단 하나도 없었다.

적어도 그 당시 우리가 정리한 바로는 아이를 심각하게 학대한 가족들의 경우 부모가 사회적 고립 상태이거나 가족 구성원 간 갈등이 심한 경우가 다섯 건, 이혼·별거·동거 등으로 제도적 결혼을 벗어난 경우가 네 건, 양육 스트레스에 시달리는 경우가 네 건, 게임 중독에 빠진 경우가 세 건(이상 중복 해당되는 경우를 포함한 것)이었다. 문제는 가족의 형태가 아니었다.

예컨대 친부모라고 안전하다고 말할 수 없다. 당시 아이가 생기지 않아 시험관 시술을 해서 세쌍둥이를 얻은 부부가 둘째를 학대로 숨지게 한 사례가 있었다. 극심한 양육스트레스로 우울증에 시달리던 엄마는 첫째와 셋째는 건강이 안 좋은데 혼자 건강한 둘째가 왠지 얄미워 자주 학대했고 결국 숨지게 만들었다. 아빠는 온라인 게임에 빠져 아이들을 방치했다.

또 평택 아동학대 사망사건의 경우 재혼 가정으로 친부는 월수입 500만 원이 넘는 직장인이었지만 친부와 계모는 아이를 유치원도 보내지 않고 학대했다. 경찰 조사 결과, 계모는 아이를 욕실에 가두고 거의 먹이지도 않으면서 모바일 게임에 빠져 6개월간 6,000여만 원을 썼다고 한다. 핸드폰 사용내역도 남편 이외에 누구와도 통화한 기록이 없을 정도로 사회관계가 단절된 사람이었다. 이 경우 문제는 재혼이 아니라 사회관계 단절과 게임 중독에서 찾아야 할 것이다.

학대의 예측 변수들을 찾아내 예방하려는 노력은 매우 중요하다. 2016년 2월, 미국에서는 〈아동보호법〉에 의해 의회 의결로 설립된 위원회가 〈아동학대 사망근절을 위한 국가전략 보고서〉[20]를 발표했다. 이 보고서는 학대사망을 막기 위한 가장 시급한 조치로 지난 5년간 아동학대 사망사건이 일어난 환경을 조사해 학대로까지 치달아 간 가정환경, 구조적 이유를 찾아내는 것을 꼽았다. 게임 또는 약물 중독에 빠져 있거나 사회적 고립 또는 경제적 불안정 상태에 있거나, 너무 이른 출산으로 양육에 대한 지식이 없고 스트레스가 높거나, 어린 시절 가정폭력에 노출된 경험이 있는 등의 공통 원인을 찾아내어 여기에 해

1. 가족은 정말 울타리인가

당되고 학대의 조짐을 보이는 대상에 지원을 집중하라는 것이다.

이렇게 예측을 하려는 이유는 보이지 않는 아이들을 보이게 하기, 즉 집 안에서 떨고 있을 가장 취약한 아이들이 그들의 편을 들어줄 제3자인 공공의 눈에 띄도록 가시화^{可視化}하기가 학대 예방에 매우 중요하기 때문이다. 그런데 기존 아동학대의 구조적 환경을 제대로 분석해보지도 않고서 당시 정부는 '정상가족'의 범주 바깥에 있는 가족들을 다 취약가정으로 망라했다. 학대 예방대책지고는 매우 안일하거니와 그런 가족을 바라보는 차별적 시선도 은연중 노출한 셈이다.

이 책의 초판을 펴낸 뒤인 2018년 3월, 정부는 학대의 예측 변수를 정밀하게 분석해 학대를 선제적으로 예방하고자 'e아동행복지원시스템'을 도입했다. 이 시스템은 아동의 영유아검진 등 진료 정보나 어린이집·학교의 출결 현황, 학부모 부채 정보 등 빅데이터를 분석해 학대 위험 가구를 예측하고 각 읍·면·동으로 자동 통지한다. 해당 지방자치단체 공무원은 이 정보를 바탕으로 가정을 직접 방문해서 아동학대가 의심되면 신고를 하고, 양육환경 개선이 필요한 경우 복지서비스와의 연계를 지원해야 한다.

그러나 2020년 보건복지부 국정감사에 따르면 2018년부터 3년간 이 시스템을 통해 학대 의심 사례로 분류된 아동 17만 4,078명 중 실제로 신고가 이뤄진 경우는 전체의 0.07%에 불과했다.[21] 2020년부터는 코로나19가 심각해져 대면조사가 어려운 경우도 발생했다. 2021년 6월 발생한 창녕 아동학대 사건의 경우 시스템의 점검대상에 포함됐으나 코로나19로 인해 대면조사가 이뤄지지 않은 상황에서 일어났다.

아동학대를 감지할 수 있는 기존 정보시스템이 여러 종류인데, 각 시스템을 통해 얻은 정보들이 'e아동행복지원시스템'으로 모이지 않는 것도 문제다. 시스템끼리 서로 '대화'가 안 되는 것이다. 2020년 인천 초등학생 형제 방임 및 화재사건이 일어났던 가정의 경우 이전에 학대 신고가 있었던 터라 아동보호전문기관의 사례관리 대상이었지만 'e아동행복지원시스템'에는 포함되지 않았다.

언론의 작명으로 '라면 형제'사건으로 알려진 이 사건은 학대의 예측 변수를 다 갖고 있었는데도 방임으로 인한 학대를 막는 데에 실패한 대표적 사례다. 《뉴스타파》의 심층 취재에 따르면 엄마는 가정폭력 피해자였다고 한다. 심한 우울감에 시달리며 아이들을 어떻게 보호하고 키워야 하는지 알지 못해 도움이 필요했으나, 아동학대로 신고된 이후에도 관리를 시작한 아동보호전문기관으로부터 아무런 지원을 받지 못했다고 한다.[22] 홀로 아이들을 키우며 집에 아이들만 놔둔 채 자주 외출한 엄마의 방임 자체만 문제 삼을 것이 아니다. 엄마에 대한 치료 및 지원과 아동의 돌봄 지원이 적시에 이루어졌더라면 비극을 막을 수 있었을지도 모른다.

벚꽃의 꽃말은 '중간고사'

방임은 개념이 모호할지언정 〈아동복지법〉이 정한 학대에 해당되지만 과보호는 그렇지도 않다. 과도한 사교육과 성적을 이유로 부모에게 정서적, 신체적 학대를 당하는 아이들의 이야기를 듣다 보면 과보호도 법에 학대로 규정해야 하지 않나 싶을 정도다.

과보호는 거의 모든 가정이 자녀교육을 놓고 총력 질주하는 경쟁사회에서 남들이 하는 만큼은 해야 한다는 불안함 때문이든, 자식의 성공률을 어떻게든 높이려는 열망 때문이든, 아니면 부모 자신의 성취욕구 때문이든, 요즘의 한국 중산층 가정에서 흔한 일이다.

정지우 감독의 영화 〈4등〉은 아이를 자신과 분리된 독립적 인간으로 바라보지 못하는 과보호 부모의 심리를 노골적으로 보여준다. 재미있어서 수영을 하고 수영대회에서 4등 했다고 좋아하는 아들 준호에게 엄마는 바보냐고 막말을 퍼붓는다.

"야, 4등! 너 뭐가 되려고 그래. 인생 꾸리꾸리하게 살려고 그래? 야, 너 엄마 싫지? 싫어하는 엄마가 뒤에서 쫓아온다 생각하고 수영하면 초가 줄어든단 말이야." 성적을 올리기 위해 만난 코치가 준호를 심하게 때린다는 사실을 알면서도 엄마는 성적이 올랐기 때문에 이를 묵인한다.

"준호가 맞는 것보다 4등 하는 게 더 무섭다"라고 하는 엄마는 아들이 수영을 그만두겠다고 하자 그만 폭발하고 만다.

"우리 메달 따기로 하고 열심히 했는데 너 혼자 무슨 권리로 수영을 그만두느냐, 이 나쁜 자식" 하고 폭언을 퍼부으며 아들이 자기 꿈을 좌절시킨 것처럼 대한다.

결국 엄마는 큰아들을 포기하는 대신 둘째 아들을 학원으로 실어 나르기 시작한다. 학원 다니기 싫다고 호소하는 둘째를 혼내던 엄마는 확인도장이라도 찍는 양 "너는 엄마의 뭐?" 하고 다그친다. 또 그 소리냐는 듯 지겨운 표정의 아이는 한숨을 푹 내쉬며 대답한다. "희망…."

기도를 할 때에도 남편과 자식들 말고 스스로를 위해서는 아무것도 빌지 않는 엄마는 욕심이 없는 사람이 아니라 자신을 '갈아 넣어' 운영하는 '가족'의 성공을 꿈꾸는 야심가다. 이게 다 너를 위한 거라고 하지만 사실은 엄마 자신을 위한 것이다. 엄마 꿈의 대리 실현자가 된 아이는 희망의 포로다.

아동보호전문기관에는 중산층 가정의 학대도 종종 신고되는데 체벌과 학대의 원인은 대부분 성적이다. 아들의 학업성적이 계속 좋지 않고 말을 듣지 않는다는 이유로 자기가 운영하는 병원 직원을 시켜 산에 데려가 묶어놓고 때리다가 아동학대로 신고된 의사도 보았다.

부모의 감시하에 마치 철인경기 출전이라도 한 양 전력질주를 해야 하는 아이들은 특히 중학생이 될 때 행복감이 뚝 떨어진다. 내가 일하던 단체가 서울대학교 사회복지연구소와 공동으로 실시하는 〈한국 아동 삶의 질 연구〉에서 2015년 15개국의

1. 가족은 정말 울타리인가

만 8세, 10세, 12세 어린이의 행복감을 비교 연구한 결과, 한국이 모든 연령대에서 행복감이 가장 낮았을 뿐 아니라, 만 10세에서 12세로 넘어가면서 행복감이 떨어지는 폭이 가장 컸다. 아이들 스스로 '벚꽃의 꽃말은 중간고사'라 할 정도로 중학교에 입학하자마자 무시무시한 학업의 압박, 부모의 채근에 시달리기 시작하는 것이다.

2016년부터 자유학기제가 시행되어 조금 숨통은 트였지만 특목고, 자사고 등으로 고등학교가 수직적으로 서열화되어 있는 한, 중학생들이 느끼는 입시의 부담은 덜어지지 않는다. 고입전형에 실패하면 대학입시에서도 실패하는 거라는 압박감이 크고, 일반고에 가는 중학생들도 열패감에 시달린다. 2016년 8월 우리가 개최한 한국 아동 삶의 질 3차년도 연구 발표회에 토론자로 참석한 중학교 2학년 학생은 이렇게 말했다.

"중학생부터는 생활기록부에 잘 기록되기 위한 생기부 인생을 살아간다고 해도 과언이 아닐 것입니다. …(중략)… 생기부 인생을 사는 우리들은 절대적으로 자유시간이 부족합니다. 항상 무엇인가 해야 할 일이 쌓여 있다고 해도 과언이 아닙니다. 그래서 제일 덜 급하고 점수화되지 않을 일들이 가장 먼저 저희들의 인생에서 지워집니다. 어쩌면 행복은 지워진 일들 속에 있었을 수도 있는데 말입니다."

학대도 이 시기에 가장 빈번하다. 중앙아동보호전문기관의 〈2015 아동학대 발생현황〉 통계에 따르면 만 13~15세의 중

학생이 학대피해자인 경우가 22.2%로 학령·연령별 분류 중 가장 많다.

국제중에서 7년간 상담교사로 일했던 가영휴의 『유리벽에 갇힌 아이들』을 보면 비교적 부유한 집의 아이들이 모이는 국제중에서도 가정폭력에 시달리는 아이들이 적지 않다.

"누군가 머리 근처 가까이 손만 대려 해도, 벌써 그 기운을 느끼고 머리를 돌리며 피하는 아이가 있습니다. 어려서부터 수도 없이 머리를 맞아서 그렇다 합니다. 식탁에는 항목별로 몇 대를 맞을 것인지가 적혀 있는 메모지가 항상 붙어 있다 합니다. …(중략)… 이렇게 부모로부터 수시로 얻어맞는다는 아이들의 고백이 적지 않습니다. 아이의 태도나 성적이 마음에 들지 않을 때, 마구 신경질을 부리시고 손에 잡히는 대로 아무거나 잡고 마구 때린다 합니다. …(중략)… 놀라운 것은 폭력을 행사하는 부모들의 직업이 거의 교수, 의사, 법조인 등 전문가들이며 사회지도층에 속한다는 것입니다. 밖에서 보면 너무도 멋지게 살아갈 것 같은 선망의 대상들인데 말이지요. 그래서 아이들은 그런 부모님의 사회적 체면을 지켜주느라, 내색도 못 하고 살아갑니다."

직접적인 폭력을 행사하지 않더라도 방문을 떼어버리고 공부하는지를 감시하거나 화장실에 가려고 일어나도 공부에 집중하지 않는다고 야단을 치고, 중1에게 고1 과학을 선행학습시키면서 점수가 나오지 않는다고 혼내거나 잠자는 시간을 줄

이라고 닦달하는, 부모들이 흔하게 보이는 태도들도 아동학
대다.

　서글픈 사실은 앞서 폭력의 피해자들이 어떻게 가해자의
시선을 내면화하는지 살펴본 것처럼 맞고 당하는 아이들이 대
개 '내 탓'이라고 생각한다는 것이다. 2014년 한국청소년정책
연구원의 〈가정폭력 피해 아동·청소년 실태 및 대응방안 연구〉
에 따르면 가정폭력 피해 아동·청소년들에게 부모가 왜 폭력을
행사했다고 생각하느냐고 묻자 그중 80.2%(복수응답)가 "내가
잘못해서"라고 응답했다.

　문제없는 가정에서 자신이 문제를 일으켰다고 생각하는
학생들은 "저는 맞아도 싸요"라는 말을 반복적으로 한다. "나만
없으면 우리 집은 행복할 것"이라고도 말한다. 자신이 가족의
행복을 해치는 비정상적이고 문제 많은 존재라고 인식하게 되
는 것이다.

과보호의 부정적 영향

　몸에 남는 상처만 아동학대인 것은 아니다. 과보호가 아
이들의 정서에 남기는 부정적 영향들도 넘치도록 많다.

　과보호의 일종인 과도한 사교육 스트레스로 인해 나타날
수 있는 가장 흔한 증상이 우울증인데, 건강보험공단에 따르면
2015년 한 해 동안 이 증상으로 치료를 받은 학생은 2만 550명

이었다. 서울시에서는 미성년자 우울증 환자의 38%가 학원이 밀집한 5개 구ᵇ에서 진료를 받았다.《조선일보》가 2017년 4월 학원이 밀집한 지역 소아청소년정신과 전문의 10여 명에게 문의한 결과 "청소년 우울증을 앓는 환자 중 30~60%는 사교육 압박을 받고 있었다"라고 말했다.[23]

　　과도한 사교육 압박을 포함한 과보호의 부정적 영향은 학술연구에서도 지속적으로 확인되는 바다. 2015년 대구경북 지역 남자 중학생 421명을 대상으로 한 연구에 따르면 부모의 과잉기대, 과잉통제, 과보호, 과잉애정은 학교폭력 피해경험과 통계적으로 유의미한 상관관계를 보였다. 부모로부터 과보호를 받았다고 생각하는 청소년일수록 낮은 자존감과 우울로 인해 무기력하고 복종적인 태도를 보인다. 이런 아이들일수록 강한 아이들의 공격 표적이 되기 쉽다. 폭력 상황에 적절히 대처하지 못하기 때문에 학교폭력 피해자가 되기 쉽다는 것이다.[24] 학교폭력은 가해, 피해 학생 모두에게 심각한 후유증을 남긴다. 피해자들이 가해자에 대한 증오심과 복수심으로 더 약한 아이들을 괴롭히는 가해자가 되는 경우도 잦다.

　　중학생 603명을 대상으로 한 또 다른 연구에서는 부모의 과보호적 양육태도가 자녀의 부정적 사고를 유발하고 이에 의해 분노 표출의 정도가 높아진다는 것을 확인하였다. 청소년 시기는 부모로부터 정서적으로 독립하여 자율성을 키워가는 시기인데 이럴 때 부모의 과보호적 양육방식은 자녀에게 부정적

으로 인식될 가능성이 높은 것이다.[25]

　이런 아이들은 자라서도 저절로 괜찮아지지 않는다. 2013년 대학생 589명을 대상으로 한 조사에서는 아동기에 부모와의 관계에서 과보호적 통제를 많이 경험한 대학생일수록 일상생활에서 우울을 더 많이 경험한다고 보고하고 있다.[26] 이 학생들은 거절과 버려짐에 대한 두려움으로 긴밀한 대인관계에 집착하거나 반대로 친밀한 관계형성을 기피한다. 대학생 시기에 경험하는 우울증상의 상당 부분이 아동기에 부모의 과보호적 통제로 인해 자율성과 독립성을 발달시키지 못한 경험에서 비롯된 경우가 많은 것이다.

　대학 학생생활상담센터에서 일하는 지인과 언젠가 비슷한 이야기를 나눈 적이 있다. 요즘 수강신청에서부터 어느 동아리에 가입할 것인지까지 혼자서는 아무것도 결정하지 못하는 대학생들이 많다는 것이다. 심지어 심리상담을 받으러 다음번에 올 것인지조차 "엄마에게 물어보겠다"라고 하는 학생들이 있다고 했다.

　한국 사회에서는 학교 성적이 대학 입학, 취업, 결혼으로까지 이어진다. 풀기 어려운 매듭처럼 교육제도가 얽히고 꼬여 있고, 학력 차별이 극심한 상황에서 이 같은 양상이 벌어지게 된 이유를 꼭 부모의 과잉기대 탓만으로 돌릴 수도 없다.

　지나친 사교육을 포함한 과보호는 고소득층에서나 있는 일이라고 생각하기 쉽지만 되레 빈곤 가정에서 과보호가 높다는 연구 결과도 있다.[27] 가난을 대물림하지 않기 위해, 기초생활보호대상자라는 이유로 아이들이 상처받지 않도록 하기 위해 자녀를 교육시키려고 안간힘을 쓰며 자신을 희생하는 가난한 부모들이 또 얼마나 많을 것인가.

박탈당한 놀 권리

그리하여 아이들이 가장 간절하게 원하는 것은 '놀 권리'다. 좀 놀게 해달라. 얼마나 처절한 말인가. 울산에서 의붓어머니의 학대로 사망한 서현이가 죽기 전에 간절하게 원한 것은 "소풍을 갈 수 있게 해달라"였다. 학대를 당하는 아이들은 폭력적 상황에 짓눌려, 사교육에 시달리는 아이들은 과보호에 옥죄여 둘 다 놀지 못한다.

10대들의 하루 평균 학습시간은 6시간이 넘는다. 주 단위로 하면 성인의 법정근로시간인 40시간보다 더 오래 공부를 하고 있다고 한다.

2013년 보건복지부의 〈아동종합실태조사〉에 따르면 아이들 세 명 중 한 명은 하루에 30분 이상 놀지 못했다. 절반의 아이들이 방과 후 하고 싶은 활동으로 '친구들과 놀기'를 꼽았지만 실제 방과 후 친구들과 노는 아이는 5.7%에 그쳤다.

5년 뒤인 2018년의 〈아동종합실태조사〉 결과는 아이들의 시간 빈곤과 놀이 시간의 부족을 더 여실히 보여준다. 2018년 조사에서는 시간 압력에 대한 문항이 새로 추가됐는데, 조사 결과 만 9~17세 아이들의 70% 이상이 평소에 시간이 부족하다고 응답했다. 시간이 부족한 이유의 70.4%가 학습 때문이었다. 일상에서 시간이 부족한 아이들은 방과 후 하고 싶은 일을 마음껏 할 수 없다. 실제로 희망하는 활동과 현실에서 하는 활동의 격차는 2013년보다 더 크게 벌어졌다. 2013년 조사 결과와 대비했을 때 학원이나 과외, 집에서 숙제하기는 희망하는 것보다 실제로 하고 있다는 응답률이 높아진 반면 친구하고 놀기는 줄어들어, 아동의 놀 권리가 과거보다 더 보상받지 못하고 있는 것으로 나타났다.

놀이 시간 못지않게 놀이 공간이 부족하다는 것도 큰 문제다. 2015년 나와 동료들이 '잘 노는 우리 학교' 프로젝트를 진행하면서 아이들과 인터뷰를 할 때 열두 살의 한 여학생은 어디서 노냐는 질문에 '화장실'이라고 대답했다.

"졸업하고 나면 학교 화장실이 가장 기억에 남을 것 같아요. 마음 편히 놀 데가 화장실밖에 없거든요. 재미있었다는 생각도 들겠지만 놀 수 있는 데가 그곳뿐이었다는 게 슬플 것 같아요."[28]

세이브더칠드런이 서울대학교 사회복지연구소와 함께 진행한 〈한국 아동 삶의 질 연구〉 2014년도 조사에서 두드러졌던 결과 중 하나는 아이들에게 골목길, 놀이터처럼 또래와 노는 공간이 매우 중요하다는 거였다. 아이들은 마을에 대한 부정적 인식에 영향을 끼치는 요인으로 '주변에 놀 곳이 없다, 으슥한 골목길, 안전하지 않은 놀이터'를 꼽았다. 반면 마을에 대한 긍정적 인식에서 가장 자주 거론된 요인도 놀이터였다. 연구진의 예상 이상으로 아이들은 놀이터를 중요하게 생각했다. 아이들에게 놀이터는 공터 이상의 의미, 동네를 안전하다고 느낄 수 있는지를 판가름하는 요소이자 친구들과 어울릴 수 있는 곳이었다.

2014년 내가 일하던 단체에서 '놀이터를 지켜라' 캠페인을 하면서 놀이의 필요성을 말하고 다닐 때 가장 많이 들은 반론은 "그걸 누가 모르나. 현실적으로 학업부담이 크니까 그렇지"라는 거였다.

정말 놀이는 공부에 방해가 될까? 당시 우리는 운동장 옆 죽은 공간을 놀이 공간으로 바꾼 프로젝트를 진행한 경기 시흥 초등학교에서 학생들을 대상으로 추적조사를 해보았다. 4, 6학년 학생들을 실험집단과 통제집단으로 나눠 실험집단은 매주 1시간씩 우리가 지은 놀이 공간에서 자유롭게 놀게 했고, 통제집단은 이전처럼 정상수업을 진행했다. 명우임상심리연구소에 의뢰해 실험 전후 설문조사와 집중 면접, 그림 검사와 뇌파 검사를 진행해 변화를 추적했다.

그 결과 1시간씩 자유롭게 노는 시간을 가졌던 실험집단 아이들의 학습태도가 좋아졌고 주의 집중이나 불안 등 심리적 문제들이 개선됐다. 학교생활 만족도 높아졌고 협동과 자아

통제력은 상승한 반면 공격성은 감소했다. 반면 정상수업을 한 통제집단에서는 유의미한 변화가 없었다. 뇌파검사 결과에서도 고차원적 사고를 담당하는 기능이 실험집단 아이들 사이에서 더 좋아졌다.[29]

　　그런데 아이들이 놀 곳이 점점 더 사라져간다. 2015년 1월에는 〈어린이 놀이시설 안전관리법〉에 따른 안전성 검사를 통과하지 못한 놀이터 1,740곳이 동시에 폐쇄되는 일이 있었다. 안전은 중요하지만 아이들이 쓰는 공간이기 때문에 이 같은 동시 폐쇄가 가능했을 것이다. 한꺼번에 이렇게 폐쇄된 곳이 경로당이라고 생각해보라. 난리가 나지 않았을까. 당시 내가 일했던 단체를 비롯한 여러 단체들이 서명운동을 벌이고 문제를 제기한 끝에 지방자치단체가 놀이터 보수비용을 지원하도록 법이 개정됐지만, 보수를 강제할 방법은 없어서 이미 다수의 놀이터가 조용히 사라진 상태였다. 그뿐인가. 골목이 자동차 중심의 도로로 바뀌면서 아이들이 뛰어놀던 길은 사라지고, 드문드문 있는 놀이터도 주차장으로 변신하는 추세다.

　　어른들의 이기심으로 어린이들의 놀 권리가 침해받는 경우도 점점 늘어난다. 2021년 11월에는 청와대 국민청원 게시판에 "아이들이 아파트 놀이터에서 놀다 아파트 회장에게 잡혀갔어요"라는 제목의 글이 올라왔다. 한 아파트 입주민 대표 회장이 놀이터에 놀러 온 다른 단지 아이들을 주거침입이라며 관리실에 붙잡아놓고 경찰에 신고하는 황당한 일이 벌어진 것이다.

그런가 하면 목걸이 형태의 주민 인식표를 단 어린이만 놀이터에서 놀 수 있도록 제한하는 아파트 단지도 생겼다.[30] 어른들의 탐욕적 선 긋기가 아이들의 놀이 장소까지 침범해 놀이를 통한 공존 이전에 차별과 배제를 먼저 배우게 만드는 셈이다.

마을이 아파트 단지로 대체되고 신축 아파트 단지들이 점점 더 폐쇄적 구조를 갖추는 추세라 비슷한 일들은 늘어날 것이다. 행정안전부 통계를 보면 2021년 10월 현재 전국의 어린이 놀이시설 7만 7,578개 중 51.9%인 4만 312개가 사유지인 주택 단지 안에 있다. 공공이 관리하는 도시공원의 놀이터는 1만 982개로 전체의 14%밖에 안 된다.

경쟁과 이익이 지상과제일 때 가장 먼저 사라지는 장소는 공적인 삶이 이뤄지는 곳이기 십상인데 그 대가는 크다. 동네의 놀이터와 골목길은 아이들이 공적인 삶을 배우는 공간이다. 그 무엇을 위해서가 아니라 목적 없이 놀면서 아이들은 낯섦에 대한 두려움을 이기고 차이를 협상하고 갈등의 타협점을 모색한다. 그렇게 민주적인 마음의 습관을 키운다. 그런 물리적 공간이 아이들에게 필요하다.

예컨대 영국은 2008년 놀이정책을 국가 전략으로 채택하고 경제적 여건, 장애 등 어떠한 이유로도 놀이 기회에 차별이 없어야 한다는 '균등한 놀이 기회' 보장을 선언했다. 각 지역에 놀이터 조성위원회, 건축위원회를 설치하여 안전하고 접근이 쉬운 놀이터를 새로 짓고, 학교와 어린이집의 놀이시설을 개선

1. 가족은 정말 울타리인가

하며 이 모든 과정에 지역 주민과 아이들이 참여하여 의견을 내도록 했다.

영국이 이런 정책을 편 데에는 여덟 살 소녀 빅토리아 클림비가 학대로 숨진 사건 이후 아이들조차 제대로 보호하고 배려하지 못하는 나라라는 자각과 반성이 계기가 됐다. 우리는 어떤가. 잇따른 아동학대 사망사건들과 세월호의 비극 이후 아이들의 삶이 어떤 환경에 처해 있는지, 과연 이대로 좋은지에 대해 우리는 어떤 반성과 자각을 하고 있나.

사회가 함께 도와줄 것이라는 신뢰 없이, 남을 이겨야만 살아남을 수 있다는 불안으로 모두들 하나의 목표를 향해 달려간다. 그 과정에서 아이들은 놀지도 못한 채 일찌감치 떨려나거나 부모의 소망은 충족시켰을지언정 자기 인생을 위해서는 아무 결정도 하지 못하는 사람이 되어간다. 아이들에게 맘껏 놀며 자기 속도대로, 원하는 방향으로 힘껏 가보라고 격려해줄 수 있는 사회를 만들기가 그토록 어려운 걸까.

'일가족 동반자살'이라는
불가능성에 관하여

한국 사회에서 부모가 자신의 뜻대로 자식을 '처분'하는 가장 극단적인 행위가 지금도 간간이 발생하는 부모의 자녀 살해 후 자살이다. 언론은 이를 곧잘 '가족 동반자살'이라 부른다. 행위 자체에도 그렇고 이를 '동반자살'이라고 부르는 표현 둘 다에 아이들을 부모와 분리된 존재로 바라보지 못하고 부모가 세상을 버릴 때 데리고 갈 정도로 처분이 가능한 소유물처럼 여기는 관점이 배어 있다.

나는 아동인권단체에서 일하기 이전에는 신문기자였는데 당시에 부모가 미성년 자녀를 살해하고 스스로 목숨을 끊는 행위를 '동반자살'이라고 부르는 언론의 관행에 부끄럽게도 별다른 문제의식을 느끼지 못했다. 오죽하면 저런 극단적인 선택을 했을까 하는 안타까운 마음으로 기사를 읽은 뒤 곧 잊었을 뿐이다.

'가족 동반자살'이라는 용어에 심각한 문제가 있다고 생각하게 된 것은 단체에서 일하던 2014년 초, '송파 세 모녀'가 생활고에 시달리다 스스로 목숨을 끊은 사건 이후였다. 한 유형의 자살 사건이 센세이셔널하게 보도되면 비슷한 유형들의 사건이 잇따르곤 한다. 당시에도 빈곤과 복지사각지대에 시달리던 가족들의 죽음 소식이 이어졌는데, 언론은 이를 계속 '동반자살'이라는 제목을 붙여 보도했다. '송파 세 모녀' 사건이 보도되기 시작한 2월 27일부터 3월 5일까지 검색이 가능한 국내 매체에서 부모가 미성년 자녀를 살해한 뒤 자살했거나 그런 시도를 한 사건을 '동반자살' 또는 '동반투신'이라는 제목하에 보도한 기사가 1주일 사이에만 모두 33건이었다.

이건 좀 지나치다는 생각을 할 즈음, 우연히 페이스북 친구들과 이에 대한 의견을 주고받을 기회가 있었다. 사람이 다른 사람의 죽음을 '동반'하는 것은 있을 수 없는 일이다, 부모가 자녀를 숨지게 한 뒤 자살한 사건들을 어떻게 계속 '동반'이라고 부를 수 있느냐는 의견이었다. 페이스북 담벼락에서 화만 낼 것이 아니라 관행을 바꿔보자고 생각했고, 동료들과 논의하여 언론사에 '동반자살'이라는 용어를 쓰지 말 것을 요청하는 의견서를 보냈다. 당시 보낸 의견서 골자는 다음과 같다.

자살 자체가 있어서는 안 되는 일이지만, 부모가 미성년자 자녀를 살

해한 뒤 자살하는 것은 아동의 인권을 심각하게 침해하는 더욱 참혹한 사건입니다. 그러한 사건을 언론이 '동반자살'이라고 보도하는 것은 아래와 같은 잘못된 인식을 유포할 위험을 지니고 있습니다.

1. '동반자살'이라는 표현은 명백한 살인과 아동인권 침해를 온정의 대상으로 만들고 부모가 자기 뜻대로 자녀의 죽음을 결정할 수 있다는 잘못된 인식을 퍼뜨립니다.

한 연구에 따르면 '일가족 동반자살'로 보도된 사건의 절반 이상은 부모가 미성년 자녀를 살해한 뒤 자살한 사건입니다. 자녀는 부모가 마음대로 처분할 수 있는 재산도, 소유물도 아닙니다. 부모의 처지가 아무리 절망스럽다고 해도 부모가 자녀를 죽일 권리는 없습니다. 한국 정부가 비준한 <유엔아동권리협약> 6조는 "모든 아동은 생명에 관한 고유한 권리를 가지고 있다"라고 규정하고 있습니다.

극단적인 상황에서 부모가 도저히 살 수 없다고 해도 남겨진 자녀가 반드시 생존 불가능의 상태에 빠지는 것도 아닙니다. 설령 개인이 자신의 목숨을 끊는 잘못된 선택을 하더라도 자녀의 목숨까지 끊게 하는 것은 명백한 살인이며 자녀를 부모의 소유물로 바라보는 뒤틀린 문화의 극단적 표현입니다.

이를 '동반자살'이라고 부르는 것은 명백한 살인과 아동인권 침해를 온정의 대상으로 만들고 부모가 자기 뜻대로 자녀의 죽음을 결정할 수 있다는 잘못된 인식을 퍼뜨립니다.

더 이상 '동반자살' 또는 '일가족 집단자살'이라는 표현은 쓰지 말아야 합니다. 부득이하게 그러한 사건을 보도할 경우 언론은 "부모가 자녀를 살해한 뒤 자살했다"라고 써야 합니다.

2. '동반자살'이라는 표현은 사회적 안전망의 부재라는 사회적 문제를 개인의 비극으로 잘못 인식하도록 만듭니다.

부모에 의한 자녀 살해가 지속되는 이유는 부모가 자녀를 소유물로 생각할 뿐 아니라 이웃과 사회에 대한 불신이 뿌리 깊기 때문입니다. 부모의 보살핌을 받지 못하는 아이들이 제대로 살아갈 수 없으리라 예측하기 때문에 자신의 목숨을 끊을 때 자녀를 살해하는 것입니다.

이러한 사건이 발생했을 때 사회가 고민해야 할 일은 사회적 안전망이 제대로 갖춰지고 작동하는가 점검하는 것입니다. 그러나 '동반자살'이라는 표현은 관심의 초점을 개인의 비극에 맞추고 "오죽했으면…"이라는 반응에서 드러나듯 부모의 안타까운 심정을 동정하고 끝나도록 만듭니다.

이상과 같은 이유로 우리는 여론을 선도하는 언론매체가 부디 아동의 인권을 침해하고 자녀는 부모의 소유물이라는 잘못된 인식을 은연중에 유포하며 사회적 안전망의 부재에 대한 관심을 무디게 하는 '동반자살' 또는 '일가족 집단자살'이라는 표현을 사용하지 말아주시기를 강력히 호소합니다.

이런 내용으로 "부모와 자녀의 '동반자살'은 없습니다. 자녀 살해 후 부모 자살만 있을 뿐입니다"라는 기나긴 제목의 의견서를 25개 언론사 사회부에 보내고 페이스북에도 올렸는데, 예상외로 찬반이 열렬했다. 찬성과 동의가 많았던 것만큼 "아무리 그래도 '자녀 살해 후 자살'이라는 표현은 끔찍하다", "그럴 수밖에 없었던 부모 심정도 이해 못 하는 냉정한 의견"이라는 비판도 꽤 받았다.

나는 한 동료에게 매일 아침 출근하면 기사를 검색해 '동반자살'이라는 표현이 쓰였는지 찾고 해당 기자와 부서에 연락해 그 표현을 쓰지 말아달라고 요청하고 의견서를 보내는 일을 해달라고 했다. 그 후 1년간 그 동료는 거의 매일 아침 출근 직후 기사를 검색한 뒤 '동반자살'이라는 표현을 쓴 기자에게 전화를 걸어 입씨름하는 피곤한 일로 하루를 시작했다.

처음에는 "대안을 내놓아라", "그게 왜 문제냐"라는 기자들의 반박이 만만치 않았다고 한다. 반면 《경향신문》 등 일부 언론은 편집국 내부에서 이 문제를 진지하게 논의했다는 의견을 전해주었고 《국민일보》, 《매일경제》 등 지면을 통해 이 표현을 쓰지 말아야 한다는 데에 동의를 표한 언론들도 나타났다.

아주 오래된 비극

극도의 절망에 빠져 세상을 버릴 결심을 한 부모들이 왜 자녀를 살해하는 걸까. 부모의 자녀 살해 후 자살 사건들을 다룬 기사들을 읽다 보니 죽음의 유형 자체를 '서양에는 없는 현상'이라고 설명한 경우가 꽤 많다. 그러나 서양에도 부모의 자녀 살해 후 자살 사건들이 없지는 않다. '가족 동반자살'이라는 온정적 표현으로 부르는 경우가 없을 뿐이다. 서양은 부모의 자살에 자식이 함께 사망하는 경우를 자녀 살해의 관점에서 아동 살해child homicide 혹은 자녀 살해filicide로 구분해 다뤄왔다. 그 후 부모가 자살을 하는 것은 별도의 문제다.

최근에는 '가족 몰살family annihilation'이라는 용어가 등장했다. 영국에서 1980년부터 2012년까지 일어난 '가족 몰살' 사건을 분석한 연구에 따르면 대체로 가장의 역할에 대해 틀에 박힌 고정관념을 갖고 있는 남성들이 '가족 몰살'의 가해자다. 그런 남성들이 가족 해체나 경제적 파탄을 맞게 됐을 때, 자신의 종교나 문화적 관습을 아내나 아이들이 따르지 않을 때, 또는 외부의 위협에서 가족을 보호하겠다는 과대망상으로 가족을 몰살한다.[31]

가족 살해자의 전형적 특징은 대체로 가족에게 헌신적이고 충실해 보였지만 친구가 별로 없고 사회적으로 고립돼 있던 중년 남성들이라고 한다. 가족 구성원을 독립된 개체라기보다 그들 자신의 일부로 여겼던 사람들이 배우자와의 이별이나 파산 등 위기가 닥치면 자살을 저지를 때와 비슷한 심리 상태에서 자아를 구성하던 모든 것을 지워버리는 행위로서 '가족 몰살'을 자행한다는 것이다. 그냥 가족만 몰살하는 게 아니라 애

완동물도 죽이고 집에 불을 지르는 경우가 많다는 것이 그러한 예다.[32]

한국 사회에서 부모의 자녀 살해 후 자살은 오래된 비극이다. 『고려사절요』나 『조선왕조실록』에도 생활고에 시달리거나 세금이 과중하여 감당할 수 없던 하층민들이 이러한 죽음의 방식을 택했다는 기록이 나온다고 한다.

부모의 자녀 살해 후 자살이 사회적 문제가 된 것은 한국전쟁 직후부터였다. 1950년대 신문에선 부모의 자녀 살해 후 자살이 빈번하게 보도되었다. 1957년 10월엔 첩살이에 정신이 빠진 남편과 시어머니 학대를 원망하여 한강에 투신했으나 둘째와 함께 구조된 여성이 관대한 판결을 받았다는 기사가 신문에 실렸다. 재판에서 그 여성은 "제가 죽는 이상 어린 자식들만 세상에 남겨놓는 것은 오히려 죄스럽게 생각되어 같이 죽어버릴 것을 결심하고 말았습니다"라는 말을 했다고 한다.

사회학자 정승화는 "남편의 외도와 시집살이의 구박 속에서 인간으로서의 존엄성이나 존중을 받지 못한 여성의 왜소해진 자아감이 자식을 개별적 인격체로 분리하지도 못하고 다른 친족이나 사회에 자식의 부양을 의탁하지도 못했다"라면서 "전후 급증한 가족 동반자살은 개인들의 안전과 생존에 대한 책임이 전적으로 가족에게 내맡겨진 현실과 가족을 넘어선 공동체에 대한 결속이나 연대감이 해체되어버린 사회에 대한 소외 의식과 불신감을 반영한다"라고 해석했다.[33]

1. 가족은 정말 울타리인가

1960~1970년대에도 부모의 자녀 살해 후 자살은 끊이지 않았다. 1963년 5월 1일《경향신문》은 '일가족 집단자살'이 종종 일어나는 가운데, 10대 자녀가 "집단자살하려는 가장의 뜻을 거역하고 경찰에 신고"한 일을 〈거절당한 저승 동반-아빠 횡포서 여섯 식구 살린 10대 이성理性〉이라는 제목으로 사회면 톱기사에 대서특필하기도 했다.

놀랍게도 기성세대들이 곧잘 좋았다고 추억하는 '박정희 시대'가 사실은 오늘날과 크게 다르지 않을 정도로 자살률이 높은 시대였다.[34] 박정희 집권 초기인 1965년의 자살률은 29.81명(이하 10만 명당), 10년 뒤인 1975년에는 31.87명으로 정점을 찍었다. 1960~1970년대의 자살률은 거의 내내 인구 10만 명당 25명 이상의 높은 수치였다고 한다. 이는 한국이 OECD 국가 자살률 1위인 오늘날의 통계(2015년 25.8명)와 거의 비슷한 수준이다.

사람들은 종종 현대사회의 병폐를 이야기할 때마다 '좋았던 옛날'을 떠올리곤 한다. 부모의 자녀 살해 후 자살이 끊이지 않는 이유를 분석한 숱한 기사들도 과거엔 이렇지 않았다는 투의 전문가 코멘트를 곧잘 인용했다. 한 매체에는 "한국전쟁 직후인 50년대부터 80년대까지는 '이웃사촌'이라는 말이 실감날 정도로 이웃이 서로 돕고 고민을 나눴지만, 경제적으로 풍요로워진 요즘 오히려 옆집과 인사만 나누거나 아예 누가 사는지도 모를 만큼 사회안전망이 붕괴됐다"라는 정신건강전문가의 코멘트도 실렸다.

그러나 실제 현실은 그렇지 않았음을 죽음의 숫자가 보여 준다. 한국전쟁, 성장 위주 경제와 '빨리빨리'를 앞세운 압축적 근대화, 그 후 신자유주의 시대를 거치며 한국 사회는 자살률이 낮았던 시기가 거의 없다시피 했다. 어쩌면 대한민국은 지금까지 내내 '자살 공화국'이었던 셈이다.

자료를 찾다 보니 1978년부터 2015년까지 부모의 자녀 살해 후 자살 사건들의 통계를 잇달아 보게 되었는데, 1978~1994년엔 연평균 9.6건, 그 뒤 1994~2005년엔 연평균 18.3건, 2006년 이후 2015년까지는 연평균 7.2건 가량이었다. 한 건당 목숨을 잃은 자녀의 수가 두 명 이상인 경우도 있으니 이러한 유형의 죽음으로 숨진 아이의 수는 더 많았을 것이다.

부모의 자녀 살해 후 자살 사건이 특별히 많았던 해는 1998년이었고, 이후 낮아졌다가 다시 2002, 2003년을 지나며 치솟았다. 그때 무슨 일이 있었을까. IMF 외환위기와 금융위기, 카드대란이다. 자녀 살해 후 자살 사건이 가장 많았던 1998~2005년에 이 사건들의 유추 가능한 원인 중 가장 큰 것도 경제적 곤란이었다. 부모가 생명을 앗아 간 피해자들 중에서는 19세 미만 아동 및 청소년이 66.7%로 가장 많았다.[35]

자기 손으로 자녀를 거두는 심리

경제적 곤란과 처지 비관 등으로 극도의 절망에 빠진 사람들이 세상을 버릴 때 자녀를 먼저 살해하는 행동은 어떤 상황과 심리에서 비롯되는 것일까. 사실 이러한 행동은 상당수의 한국 부모들이 가진, 자기 자신보다 자녀를 더 중시하는 정서를 생각하면 의외다. 어떤 상황에 처했기에 이들은 자신보다 소중한 아이의 목숨을 자기 손으로 거두겠다는 생각을 하게 된 걸까.

부모의 심리는 자살자들이 남긴 유서나 자살 미수로 그친 사람의 진술로 미루어 짐작해볼 수 있다. 2006년 중학생 남매에게 청산가리를 먹이고 자살한 남성(38세)은 "세 식구 영원히 함께할 수 있도록 줄로 묶고 갑니다. 같이 있게 해주세요"라는 내용의 유서를 남겼다. 다섯 살 아들을 목 졸라 죽이고 자살한 여성(27세)은 "아들이 고생할 거 생각하면 내가 못 견뎌. 그래서 데려가"라고 유서를 썼다.

또 2014년 자녀 살해 후 자살을 시도했으나 아이만 목숨을 잃고 본인은 목숨을 건진 엄마는 수사 과정에서 "남편이 재혼하면 새엄마가 얼마나 잘해줄까 싶었다. 시어머니도 아이들을 별로 예뻐하지 않았다. 내가 죽고 나면 아이들을 돌봐줄 사람이 없을 것 같아 동반자살을 결심했다"라고 말했다. 자살 시도 전 메모에는 이렇게 썼다. "○○를 당신(남편)에게 주기에는 아까워 데려간다. 당신 때문에 내 인생 망쳤다. 내가 당신에게 할 수 있는 마지막 복수다."[36]

배우자에 대한 복수심마저 아이에게 투영할 정도로 아이

를 독립된 인격체가 아닌 자신의 소유물로 바라보는 가족주의적 심리의 극단적 표출이다.

우리 사회엔 가족을 운명공동체로 바라보고 부모는 자녀에 대해 무한책임을 져야 한다는 강박이 지나치게 뿌리 깊다. 부모는 항상 모든 것을 바쳐 자녀를 위해 희생하고 뒷바라지해야 하고 만약 그렇지 못하면 부모 자격도 없다는 식의 강박관념 말이다. 자신과 자녀의 자아를 분리하지 못하고 내 아이들의 인생이 따로 있다고 바라보는 인식이 희박하기 때문에 자신의 생을 끝낼 때 자녀를 거두는 것이 끝까지 책임을 지는 부모의 태도라고 생각해버리기 십상이다. 이를 '가족 동반자살'이라는 온정적 표현으로 부르고 '오죽하면…'이라고 관용적으로 바라보는 시선도 여기에서 비롯됐을 것이다.

그런데 부모 이외에 어느 누구도 아이를 돌봐주지 않는 것이 또 사실이기도 하다는 데에 문제의 심각성이 있다. 앞의 유서에서 한 엄마가 썼듯 "내가 죽고 나면 아이를 돌봐줄 사람이 없다"라는 의식은 꽤나 만연하다. 내가 자랄 때 삶이 힘든 동네 아주머니들의 푸념에 섞여 나와 자주 듣던 말이기도 하다. 그만큼 다른 사람들이, 사회가 남겨진 아이들에게 최소한의 인간 대접을 하며 성장할 수 있도록 해줄 것이라는 믿음이 없다. 근대화의 전 과정에 걸쳐 이는 불행하지만 사실이기도 했다.

뒤에서 살펴보겠지만 한국의 가족은 압축적 근대화가 낳은 온갖 부작용의 해결사 역할을 해왔고, 지금도 하고 있다. 한

I. 가족은 정말 울타리인가

국 사회에서는 오랜 기간 동안 복지를 가족이 해결해왔다. 사회는 급격히 변화하는데 사회적 안전망은 없는 상황에서 살아남으려면 가족이 똘똘 뭉쳐야 했다. 집단주의의 약화를 불러오기 마련인 근대화 과정에서 거꾸로 직계가족 중심의 배타적 가족주의는 더 강력해졌다. 전쟁 체험과 극단적 빈곤, 생존의 위협, 분배는 안중에 없던 경제성장의 그늘에서 '믿을 건 가족밖에 없다'라는 가족주의적 심리가 강고해졌다.

그렇게 성장을 밑바닥에서 떠받치고 국가를 대신해 온갖 문제를 간신히 해결해온 가족, 특히 만성적 생활고에 시달리던 가족은 IMF 외환위기 같은 외부적 충격이 가해지면 무너져 내리기 십상이다. 자녀 살해 후 자살 사건들은 경제적 위기 상황일 때 급증한다. 내가 없으면 내 아이가 제대로 살아갈 수 있도록 아무도 도와주지 않을 것이라는 사회적 안전망에 대한 불신은, 실제로 그러한 안전망이 결여된 데다 자녀를 키우고 가르치는 것이 순전히 부모의 능력과 자원에 의해 결정되는 한국 사회의 구조적 특징에서 기인한다.

또 하나 눈여겨봐야 할 지점은 자녀 살해 후 자살하는 가해자 중 압도적으로 어머니가 많다는 점이다. 서양에서도 1세 미만 영아살해의 경우 산후 우울증을 겪는 어머니가 가해자인 경우가 많지만 자녀가 유아 이상일 경우 가족몰살의 가해자는 대부분 남성이다. 그러나 국내의 경우 영유아기를 넘어선 뒤에도 부모 중 한쪽이 자녀 살해 후 자살을 시도할 경우 어머니가 압도적으로 많았다.

　더불어 특이한 점은 인류학자 이현정의 분석에 따르면 아버지 단독에 의한 자녀 살해 후 자살의 경우 가장 중요한 원인은 시대 변화와 상관없이 '배우자의 가출'이었다.[37] 이 글을 쓰는 시점인 2017년 2월에도 아내와 협의이혼 후 9세, 4세 자녀를 살해한 뒤 스스로 목숨을 끊은 40대 남자의 비극이 발생했다.[38] 협의이혼이든 가출이든 한국 남성들이 자녀 살해 후 자살을 시도하는 첫 번째 원인은 아내의 부재와 관련이 있다.

　즉, 어떤 '친엄마'는 자녀의 생존을 자신과 분리시켜 생각하지 못하며, 어떤 아버지들에겐 자녀 양육을 전담해줄 '친엄마'가 없는 것이 자녀 살해와 죽음을 선택할 만큼 고통스러운 상황인 거다. 개인이 자신뿐 아니라 자녀의 생사를 선택하는 무서운 결정을 할 때조차 한국 사회에서 어머니의 역할에 대한 고정관념은 이토록 짙게 배어 있다.

　이는 한국 가족의 일그러진 현재를 가장 끔찍한 방식으로 보여주는 것만 같다. 경제적 이유로 비극적 선택을 하는 것은 상상해보지도 않았을 중산층에서도 어머니가 된 여성들은 여전히 '독박육아'의 짐을 짊어진 채 비명을 지르고 있다. 경제적, 정신적 고통에 잠식되어 자녀 살해 후 자살이라는 끔찍한 결말을 선택하는 엄마들. 그리고 혼자 애태우며 일터와 집을 동동거리는 발걸음으로 오가면서도 '맘충'이라는 비난이나 듣는 중산층 가족의 엄마들. 서로 마주칠 일이 없을 것만 같은 여성들이지만 가족이, 특히 엄마가 모든 짐을 다 짊어져야 하는 우리 사회의 그림자가 둘 다에서 어른거린다.

유교문화권 특유의 가족주의?

부모가 자녀를 살해한 뒤 자살하는 참극을 자녀의 인권유린과 폭력, 범죄의 관점으로 바라보지 않고 '동반자살'이라고 부르며 동정하는 시선에는 가족주의가 진하게 배어 있다. 살해의 비윤리성보다는 가족이 운명공동체이므로 부모가 끝까지 책임을 지기 위해 자식의 목숨을 처분하는 것이 가능할 수 있다는 전제를 갖고 있는 것이다. 한국의 가족주의는 이처럼 부모의 무한책임 정서 위에 구축되어 있다. 여기에 자녀의 독립적 인격과 개별성은 없다.

그런데 이게 흔히들 가족주의가 강하다고 하는 동아시아의 유교문화권에서 공통적으로 나타나는 현상일까? 부모의 자녀 살해 후 자살 사건을 '동반자살'이라며 온정적으로 바라보는 것은 일본에서도 마찬가지다. 일본도 한국처럼 부모의 자녀 살해 후 자살을 오야코 신주親子心中(부모 자녀 동반자살)라 부르며 온정적으로 대해왔다.

『유년기 인류학』에는 자녀 살해 후 자살 사건을 바라보는 일본인들의 집단적 심리를 선명히 보여주는 사례가 실려 있다. 1985년 미국 캘리포니아에서 한 일본인 이혼 여성이 각기 생후

4세와 6개월 된 두 명의 자녀를 데리고 태평양에 투신했다. 그녀는 구조됐지만 아이들은 익사했다. 엄마는 두 아이를 살해한 혐의로 재판에 회부됐는데, 당시 일본계 미국인 단체들은 미국과 일본에서 받은 2만 5,000명의 서명과 함께 이 사건은 살인이 아니라 '부모 자녀 동반자살'에 해당한다는 탄원서를 제출했다고 한다. 이들은 "그녀가 결코 악의를 갖고 아이들을 죽인 것이 아니며, 오히려 그들을 사랑했기 때문에 그랬다"라고 호소했다. 아이들을 '엄마에게 순종하는 아이' 정도가 아니라 엄마와 한 몸이나 마찬가지라고 생각한 나머지 아이의 목숨을 앗아 간 행동조차 살인이라고 생각하지 않는 것이다.

흥미로운 점은 같은 유교문화권 중 일본, 한국, 대만, 홍콩은 이러한 유형의 사건을 모두 '가족 동반자살'이라고 부르며 마치 가족 구성원 전체의 자발적 결정인 양 다루지만 중국 본토는 그렇지 않다는 점이다.

중국 본토에서는 부모의 자녀 살해 후 자살 사건이 거의 발견되지 않으며, 그런 사건이 발생해도 언론은 이를 한국·일본과 달리 '가족 자살'로 부르지 않고 '윤리참극'이라는 단어를 사용한다. 중국 본토에서는 엄격히 살인임을 강조하고 자녀는 부모의 소유물이 아니며 함부로 부모가 그의 생사 여부를 결정할 수 없는 국가의 성원이라는 점을 강조한다고 한다. 한국과 일본에서는 '가족' 윤리가 우위지만 중국에서는 '개인' 윤리가 우선이라는 것이다.[39]

1. 가족은 정말 울타리인가

인류학자 이현정은 이 차이에 대해 다음과 같이 설명했다. 중국의 경우 부모와 자녀를 개별적 개인을 넘어 하나의 집단적 정체성으로 바라보는 사고가 매우 약하다. 이는 "49년 사회주의 혁명 이후 국가가 유교주의적 전통 사상을 반혁명적인 것으로 비판하고 개인의 생산활동 및 사회정체성을 가족이나 종족이 아니라 집체를 중심으로 재구성한 역사적 경험에서 비롯된 것"이다.

게다가 사회주의 국가인 중국의 새로운 형태의 공동체 관계에서는 자녀의 운명이 반드시 부모에 의해 결정되지도 않았다. 이러한 맥락에서 중국 사회에서는 부모와 자녀가 운명 공동체라는 시각이 한국보다 약하다는 것이다.

또 하나의 이유로 이현정은 핵가족과 확대가족이라는 구조의 차이를 들었다. 1920~1950년대 통계자료로 한중일 3국을 비교한 결과에 따르면 일본과 한국은 이미 그 시절에 핵가족이 전체 가족 유형의 80%였지만 중국은 60%가 안 된다고 한다. 핵가족 구조가 지배적인 일본과 한국에서는 부모의 위기는 곧 가족 전체의 존립 문제로 인식되기 쉽다. 반면 중국의 경우 확대가족의 성격이 강하고 핵가족 외부의 상호의존관계인 가족 밖 네트워크가 튼튼해 자신이 죽더라도 자녀를 다른 가까운 누군가가 돌봐줄 것이라는 믿음이 있다. 이 점은 한국이나 일본의 부모들이 자녀의 불확실한 미래를 염려하여 혼자 놔두기보다 차라리 함께 세상을 떠나는 것이 낫다고 생각하는 것과 대비

된다.

　결국 같은 유교문화권 내에서도 부모의 자녀 살해 후 자살을 바라보는 시각의 차이는 부모가 자녀를 독립된 개인으로 바라보느냐, 그리고 위기 상황에서 가족의 바깥에 기댈 언덕이 있느냐 여부에 놓여 있다. 체제의 차이를 감안하더라도 한국 사회에서 이 두 질문에 대한 답은 부정적이다.

　한국 사회에서 부모의 자녀 살해 후 자살은 사회적 안전망이 부족하고, 생존의 책임을 떠맡은 핵가족이 위기 상황에서 해결 능력을 발휘하지 못하고 있는 상황, 그리고 공고한 가족주의로 인해 부모 자녀 사이에 자아가 분리되지 못한 자아혼란이 함께 만들어내는 참극이라 할 수 있다.

　사회 양극화와 가족에게 모든 걸 떠넘기는 구조, 자녀 양육이 거의 전적으로 핵가족 내 부모의 성별 분업에 달려 있고, 위기 상황에 직면했을 때 부모가 없는 자녀는 정상적 사회 성원으로 자라기 힘든 사회구조. 이 구조의 가장 밑바닥에 아이들이 깔려 목숨을 잃고 있다.

친권은
권리가 아니다

"신데렐라는 어려서 부모님을 잃고요. 계모와 언니들에게 놀림을 받았더래요. 샤바샤바 하이샤바 얼마나 울었을까~"

이 노래를 지금도 부르는지 궁금해 검색해보니 포털사이트와 유튜브에 동요로 떠 있다. 부부 다섯 쌍 중 한 쌍이 재혼 가정인 요즘에도 이 노래를 실제로 가르치고 부르는지는 모르겠지만 말이다.

학대하는 계모와 학대당하는 의붓자식 구도는 〈신데렐라〉나 〈백설공주〉 같은 서양 동화는 물론이고 〈장화홍련〉, 〈콩쥐팥쥐〉 같은 전래 동화에서도 단골 소재였다. 여전히 TV 드라마에서 새엄마는 온갖 못된 짓을 일삼는 악역으로 그려지곤 한다.

재혼 가정이 흔한 요즘에도 계모에 대한 부정적 시각은

매우 강하다. 추위가 한창이던 2017년 2월, 읽는 이들을 분노하게 만든 기사가 신문에 실렸다. 계모가 아홉 살 난 의붓딸이 말을 듣지 않는다고 플라스틱 밥주걱으로 뺨을 때리고 열 살인 오빠랑 같이 엄동설한에 집 밖으로 내쫓았다가 경찰에 입건됐다는 소식이었다. 이 사건을 알리는 기사들은 죄다 "무정한 계모", "아직도 팥쥐 엄마가" 등의 제목으로 비정한 계모를 부각시켰다. 그런데 기사를 읽다가 피식 웃지 않을 수 없었는데, 계모뿐 아니라 함께 아이를 폭행한 친아버지도 같이 입건된 사건이었기 때문이다. 그런데도 부부가 함께 입건됐다는 것을 알리는 제목은 없었다. 내친 김에 종합뉴스 데이터베이스인 카인즈KINDS를 검색해봤더니 당시 이 사건을 알린 기사 15건 중 '계모, 친부 입건'을 같이 제목에 넣은 기사는 단 한 건에 불과했다.

아동학대 사망사건에 계모가 관련되어 있을 경우 언론은 꼭 '~ 계모 사건'이라고 부른다. 2016년 초의 '평택 계모 사건', 그 전 2013년의 '울산 계모 사건' '칠곡 계모 사건'이 그렇다. '울산 계모 사건'의 경우 소풍 가고 싶다는 아이를 폭행해 숨지게 한 사실이, '칠곡 계모 사건'의 경우 여덟 살 의붓딸을 숨지게 한 뒤 열두 살인 언니에게 누명을 씌우려고 했던 사실이 알려지면서 더 분노가 커졌다. "내 속으로 낳은 자식이라면 그렇게 했겠느냐"라는 공분이 일었다. 이런 감정에는 친엄마라면 그러지 않았을 거라는 전제가 깔려 있다. 친부모의 가혹한 학대 사례도 그 못지않게 많은데도 말이다.

I. 가족은 정말 울타리인가

계모의 가혹한 행위를 부각시킴으로써 재혼 가정에서 자신이 낳지 않은 아이를 양육하는 여성이 받는 상처와 그런 가정에 대한 편견도 덩달아 커진다. 울산 아동학대 사망사건 진상조사를 할 때에도 나는 이 사건을 '계모 아동학대 사건'이라고 부르지 말아달라고 언론에 여러 차례 요청했으나 별무소용이었다.

계모는 더 많이 학대할까?

아동학대 가해자로 언론이 자꾸 계모를 부각시키자 중앙아동보호전문기관과 정부가 나서 학대 행위자 중 대다수는 친부모임을 강조했다. 중앙아동보호전문기관의 집계에 따르면 2016년 아동학대 행위자 중 76.3%(1만 4,158명)가 친부모로, 학대 행위자 세 명 중 두 명꼴이었다. 이 비율은 해마다 비슷하다. 신고된 아동학대 행위자 중에서는 늘 친부모가 절대다수를 차지한다.

하지만 사실 이 수치는 각 모집단의 크기와 그중 학대행위자의 비율에 대한 정보를 포함하고 있지 않기 때문에 일반적으로 친부모가 더 많이 아이를 학대한다고 말하기에는 빈약한 근거다. 재혼 가정이 전체 혼인 가정의 대략 20% 선을 차지한다는 추정치를 감안하면 친부모나 계부모나 아이들을 학대하는 빈도에 큰 차이는 없어 보인다. 정확하게 알려면 전체 친부모 중 몇 %가 아이를 학대하고 계부모 중 몇 %가 아이를 학대하는지 누적된 수치를 비교해봐야 한다.

정치적 올바름을 추구하는 사람들에겐 불편할 이야기이겠지만 짚고 넘어갈 문제는 계부모의 아동학대는 실제로 꽤 빈번하다는 것이다.

진화심리학자 전중환은 『본성이 답이다』에서 캐나다의 진화심리학자들이 1974~1990년에 일어난 영아살해 사건을 분석한 결과를 소개했다. 이 조사에서 친부모 가정에서 자란 5세 이하 아이들 100만 명 가운데 친부에게 살해당한 아이는 2.6명인 반면, 계부모 가정에서 자란 같은 연령대의 아이들 100만 명 가운데 계부에게 살해당한 아이는 321.6명이었다. 후자가 120배 높았다. 이 조사에서도 숫자만 단순 비교하면 친부모 가정에서 자란 아이 2,830만 명 중 74명이 살해당했고 계부모 가정에서 자란 아이 17만 명 중 55명이 목숨을 잃었다. 가해자의 숫자만 놓고 보면 친부모가 더 많지만 계부모보다 더 위험하다고 말할 수는 없는 것이다.

전중환은 이 결과를 소개하면서 "대다수의 선량한 계부모들을 잠재적 아동학대 가해자로 낙인찍기 위함이 아니다. 폭력범죄는 젊은 남성들이 압도적으로 많이 저지르지만 그렇다고 해서 모든 젊은 남성들을 잠재적 범죄자로 취급하면 안 되는 것과 마찬가지"라고 썼다.

유사한 연구가 국내에서 이뤄진 적은 없다. 중요한 것은 아동학대의 행위자로 계부모를 비난하는 것이든 그에 맞서는 논리든 '집단'을 도덕적으로 평가하는 것은 위험하고 폭력적이라는 점이다.

친부모든 계부모든 아이를 학대하면 동일한 처벌을 받아야 한다. 내가 보기에 아동학대는 가족의 형태보다 사회적 환경과 더 깊숙이 연관돼 있다. 중앙아동보호전문기관 통계에 따르면 학대 행위자 특성 중 가장 많은 유형은 '양육지식 및 기술 부족'이고 '스트레스, 사회적 고립, 경제적 사정'이 그다음이다. 아이를 낳았어도 부모 노릇을 할 줄 모르는 사람이 많다는 뜻이고 경제적 어려움과 고립 등으로 스트레스가 가중될 경우 취약한 곳에서 학대가 일어날 가능성이 높다는 뜻이다.

친부모냐 계부모냐보다 더 중요한 것은 아동학대 발생 현장 중 가장 많은 곳이 아이들이 살고 있는 집이라는 점이다. 아동권리보장원 통계를 보면 2019년에 신고된 아동학대 중 77.5%가 아이들이 살고 있는 집에서 일어났다. 이 숫자가 더 중요하다. 집에서 아이들과 함께 생활하는 보호자, 아이의 친권을 가진 사람이 가장 아이를 학대할 가능성이 높다.

학대 신고를 받고 조사를 하러 간 아동보호전문기관 상담원이나 아동학대 전담공무원, 경찰에게 "내 자식 내 맘대로 키우겠다는데 웬 상관이냐"며 조사에 저항하는 행태는 친부모든 계부모든 다르지 않다.

문제는 계부모냐 친부모냐가 아니라 친권이다. 계부모도

입양절차를 거치면 아이의 친권자가 된다. 아이를 키우는 부모가 친권을 앞세워 개입을 거부하면 밖에서 개입할 수 있는 권한이 부족한 것이 문제다. '계모라서 잔혹하다', '친부모가 더 학대를 많이 한다'와 같은 논의는 아동학대의 본질과 상관없는 이야기일 뿐이다.

너무나도 강력한 친권

아동학대 사건 대처에서 가장 큰 걸림돌은 부모의 친권이다. 부모가 자신이 낳은 자녀에 대한 양육의 권리를 가지는 것은 천부적으로 부여된 자연권이며 당연한 기본권이다. 문제는 부모가 자녀를 제대로 양육·보호하지 못할 때 발생한다. 부모가 아이를 제대로 돌보지 못해 더 이상 집이 아이에게 안전한 곳이 아닐 때, 아이는 어떻게 자신의 권리를 보호받을 수 있을까?

〈유엔아동권리협약〉은 이런 경우 국가가 개입해야 한다고 규정하고 있다. 아이는 원래 태어난 가정에서 친부모와 함께 자랄 수 있는 권리를 최우선적으로 보호받아야 한다. 그러나 친부모가 되레 아이에게 해로울 때, 부모와 아이를 분리하는 것이 아이의 안전과 삶의 질을 위해 더 낫다고 판단될 때 국가는 그렇게 할 수 있는 제도를 갖고 있어야 한다. 그럴 때 필요한 것이 국가의 아동보호제도다.

하지만 한국의 아동보호제도는 지나치게 강력한 친권의

벽에 부딪혀 제대로 작동하지 못하는 경우가 허다하다. 2016년 1월 아동학대 현장모니터링 결과를 발표한 국가인권위원회는 친권에 의한 인권 사각지대를 학대 대응을 어렵게 하는 위험요인 중 하나로 꼽았다.

예컨대 부모에게 학대를 당해 긴급보호조치로 집을 떠나 시설에서 살게 된 아이의 경우 국가로부터 수급자로 지정받아 의복비, 식비 등 필수적 비용을 지원받을 수 있다. 문제는 수급비를 받기 위한 통장을 개설해야 하는데 미성년자인 아이의 명의로 통장을 만들려면 친권자인 부모의 동의가 필요하다는 점이다. 아이를 학대해 결국 격리를 당하기까지에 이른 부모가 통장 개설에 순순히 동의해줄 리가 없다. 동의를 하지 않거나 동의를 전제로 돈을 요구하는 경우도 있다. 심지어 계좌를 만든 뒤 아이 명의 계좌에서 마음대로 돈을 인출해 가기도 하는데, 친권자이므로 그를 막을 방법이 없다.

학대피해아동뿐만 아니라 시설, 위탁 가정에 맡겨진 아이들에게도 대부분 친부모가 있다. 아이를 돌보는 위탁부모가 아이들의 통장을 만들거나 휴대폰을 만들어주려고 해도 친권자가 아니기 때문에 불가능하다. 하는 수 없이 위탁부모가 자기 명의로 개설한 휴대폰을 아이에게 쓰라고 주는 경우가 많다.

단체에서 일할 때 들은 이야기로는 한 위탁부모가 아이와 함께 해외여행을 가려고 하는데 여권을 만들지 못해 그 꿈이 무산된 경우도 있었다고 했다. 지금은 다소 개선되어 단수여권은 만들 수 있지만 여전히 친권자의 동의 없이 복수여권은 만들지 못한다. 전학도 가기 힘들고 상급학교 진학도 불편하다. 위탁 가정에서 자란 아이가 입시 과정에서 대학이 요구한 가족관계증명서를 제출하지 못해 대학에 떨어진 경우도 있었다.[40]

친권 때문에 부모와 분리된 아이들의 위탁양육만 불편한 게 아니다. 자녀를 데리고 살지만 친권이 없는 한부모도 마찬가지다. 취학통지서도 직접 받지 못할 뿐 아니라 병원 진료도, 여권 발급도 어렵다. 겨우 먹이고 재우는 일만 할 수 있을 뿐이다.[41]

그뿐인가. 해마다 1학기에 모든 학교에서는 학생정서행동특성검사를 실시한다. 이 검사에서 '자살 고위험군'으로 나오는 학생은 해마다 전국 1만 명에 육박한다. 이 경우 학교는 전문기관에 검사를 의뢰하는 등의 2차 조치를 취해야 하는데 친권자인 부모가 거부하면 불가능하다. "정신과 상담이나 치료를 받는 게 알려지면 이상한 사람으로 낙인찍힌다"라며 부모가 극구 거부하는 경우도 종종 있다고 한다. 고위험군 학생의 신속한 상담과 치료를 위해 친권을 제한해야 한다는 지적이 나오는 이유다.[42]

학대로 인해 부모와 자녀를 분리해도 영구적 격리를 일삼을 수는 없는 노릇이다. 학대를 한 부모의 태도를 최대한 개선시켜서 아이들이 부모와 함께 살 수 있도록 만드는 것이 아동보호전문기관의 궁극적 목표다. 하지만 보호시설에서는 아이

1. 가족은 정말 울타리인가

를 집에 보내려고 하는데도 부모가 변화하려는 노력을 전혀 하지 않을 때 마땅한 제재 방법이 없는 실정이다.

아동보호전문기관 상담원들이 많이 호소했던 난감한 상황 중 하나는 학대 신고를 받고 출동한 뒤 아이를 직접 면담해야 하는데 부모들이 자기가 동석하지 않으면 아이에 대한 조사를 허용하지 않겠다고 강짜를 부리는 경우다. 부모가 동석한 자리에서 부모의 학대 사실을 순순히 털어놓을 아이가 있겠는가. 비협조적인 부모가 훼방을 놓을 경우 아동보호전문기관과 경찰은 혐의점을 찾아내기 어렵고 이 경우 아이는 더 큰 학대의 위험에 놓이게 된다.

2014년 9월 〈아동학대범죄의 처벌 등에 관한 특례법〉 시행 이후 경찰이나 아동보호전문기관이 아이가 위험하다고 판단할 경우 부모의 의사와 상관없이 아이를 격리하고, 긴급보호를 위해 친권을 일시적으로 제한하는 조치도 가능해졌다. 그러나 눈에 띄는 심각한 외상이 발견되지 않는 한, 임시조치를 취하는 것은 여전히 어렵다. 절차가 복잡한 다단계여서 72시간 시한을 넘겨버리는 경우도 종종 발생하는데 그렇게 되면 아이가 2차 학대의 상황에 놓일 위험도 크다.

친권을 바라보는 시각의 차이

친권은 부모가 자녀를 보호하고 가르칠 '의무'지 자녀에 대한 처분 '권리'가 아니다. 그런데도 우리 사회는 '친권'을 지나치게 넓게 해석한다. 법률상의 친권은 '자녀를 보호하고 교양할 의무'에 방점이 찍히는 것이고 친권자인 부모가 이러한 의무를 소홀히 할 경우 친권은 박탈될 수 있는데도 말이다.

사실 친권에 대한 국가의 공적 개입은 매우 민감한 문제다. 전통적 가족관계에서 보자면 부모 자녀 관계는 '천륜'과 사생활의 영역이다. 이 관계를 어떻게 바라보고 국가가 어디까지 개입할 수 있다고 보는가는 해당 사회의 가치관에 따라 약간씩 다르다.

이와 관련하여 흥미로운 비교를 들은 적이 있다. 〈국제입양에서 아동권리의 국제법적 보호〉를 주제로 논문을 쓴 이경은 박사는 호주와 한국의 판결을 비교하면서 한 사회의 친권에 대한 서로 다른 시각을 들려주었다.[43]

호주 사례는 지적 장애를 지닌 14세 소녀 마리온의 불임 수술을 부모가 청구한 경우에 대해 1992년 대법원이 내린 판결이다. 한국 사례는 부모가 종교적 신념 때문에 신생아 수혈을 거부하자 병원이 의료진의 수혈행위를 부모가 방해하지 못하도록 해달라는 가처분 신청을 낸 것에 대한 동부지방법원의 판결이다. 두 사례의 공통점은 아이가 자신의 의사를 스스로 밝힐 수 없다는 점이다. 그렇다면 이 경우엔 친권을 가진 부모의 결정을 따라야 할까?

두 사건에서 법원의 판단은 달랐다. 호주 대법원은 이건 친권자인 부모라도 마음대로 결정해서는 안 되고 국가가 결정해야 한다고 보았다. 대법원은 여러 분야 전문가가 참여해서 논의하고 이를 바탕으로 '아동 최상의 이익 원칙the best interest of the child'에 근거하여 법원이 판단하라고 결정했다.

반면 한국의 경우는 법원이 의료진의 가처분 신청을 받아들였는데, 호주의 경우와 미세하지만 큰 차이가 있다. 이 박사는 "한국 법원 판결의 취지는 친권자인 부모가 결정할 수 있지만 그 내용이 틀렸다는 것"이라고 설명했다. 즉, '아동 최상의 이익'에 대한 판단 주체가 국가라고 결정한 호주와 달리 한국은 부모가 잘못된 판단을 내리기는 했지만 판단 주체는 여전히 부모라고 본 것이다.

그 결과는 어찌 됐을까? 법원의 결정이 나자 부모는 병원을 옮겨버렸고 결국 안타깝게도 아이는 1주일 뒤 사망했다. 호주처럼 아동 최상의 이익을 결정할 주체는 부모가 아니라 국가임을 분명히 하고 친권을 제한하면서 수혈 집행 명령을 내렸더라면 일어나지 않았을 일이다. 그렇게 했더라면 어느 병원을 가든 부모가 수혈을 방해할 수 없었을 테니까 말이다. 결국 권한이 너무 큰 친권을 국가가 제어하지 못한 탓에 아이의 죽음을 막지 못했다고 해도 과언이 아닌 셈이다.

아동학대 사망사건이 크게 이슈화되면서 검찰의 친권상실청구, 법원의 친권정지명령이 이전보다는 늘어났다. 2015년 말 인천에서 가스배관을 타고 탈출한 12세 소녀의 친부에게 법원은 친권정지명령을 내렸고, 2016년 발견된 부천 초등생 시신 훼손 사건 부모의 친권도 정지됐다.

친권이 권리가 아니라 의무라는 시각이 가장 또렷하게 반영된 제도는 2007년 유럽가족법위원회가 만든 '유럽연합 친권법 원칙principles of European Family Law Regarding Parental Responsibilities'이다. 제목에서부터 부모의 권리parental rights 대신 부모의 의무parental responsibilities라는 용어를 썼다. 권리보다 의무에 방점을 찍고 친권을 바라보는 것이다.[44]

유럽연합 친권법 원칙이 부모의 의무 중 하나로 자녀와의 정서적 관계 유지 의무를 규정했고, 아이에게 직접적으로 폭력을 행사하지 않더라도 배우자에게 폭력을 휘둘렀다면 친권이 상실되도록 한 것도 눈에 띈다. 일본에서도 배우자에 대한 폭력이 '자녀의 심신의 성장, 인격의 형성에 중대한 영향을 준다'라고 해석하면서 아동학대에 포함하는 등 폭력에서 아이들을 보호하는 범위를 확대해가는 추세다.[45]

과거 친권은 물건에 대한 사람의 지배권처럼 부모가 자녀에 대해 갖는 일종의 지배권이었다. 아이들은 스스로 권리의 주체가 아니라 부모 권리의 객체였을 뿐이다. 그렇게 친권을 '권리'라고만 표현하다가 '자녀를 보호, 교양할 권리·의무'라고 정의한 〈민법〉 조항처럼 '권리이자 의무'로 부르게 된 것도 과거에 비하면 큰 진전이다.

그러나 앞에서 살펴본 것처럼 여전히 우리 사회에서는 친권이 아이들을 보호하기는커녕 아이들의 권리를 침해하는 경우가 숱하게 많다. 가족이 그 안에 속한 개개인, 특히 아이들의 차별 없는 권리와 평등을 보호해줄 수 있으려면 친권이 권리보다는 의무로 자리 잡을 수 있도록 보다 많은 공공의 역할이 필요하다.

2.
한국에서 '비정상' 가족으로 산다는 것

가족 바깥 - 정상만 우리 편

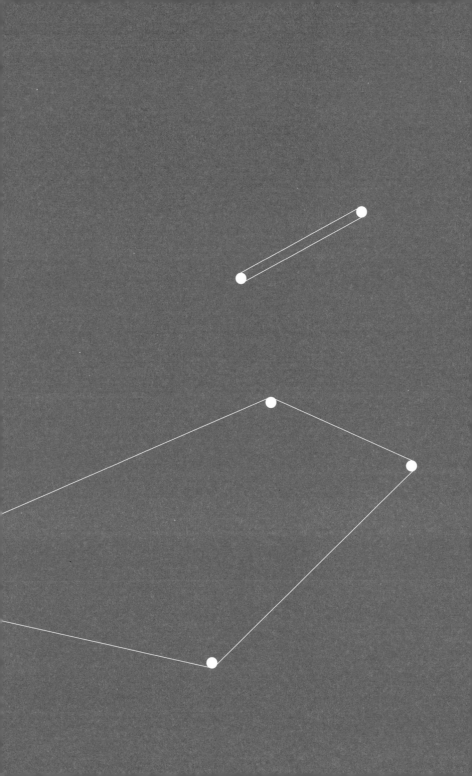

왜 미혼모만 있고
미혼부는 없을까

저출생을 걱정하는 이 나라에서 아이들이 귀하게 다뤄지지 못하는 일이 끊이지 않는다. 보건복지부의 〈보호대상아동 현황보고〉에 따르면 2016년에서 2020년까지 5년간 발견된 유기 아동은 모두 1,251명. 한 주에 4.8명꼴의 아이가 길바닥에서, 베이비박스에서, 주차장에서, 심지어 쓰레기장에서 발견됐다.

누가, 왜 아이의 손을 놓아버리는 걸까? 2011~2016년 경찰에 입건된 영아유기 피의자의 79.3%가 여성이었다. 이들 대부분은 미혼모로 추정된다. 《국민일보》가 입수한 베이비박스에 담긴 편지 100통 중 63통도 미혼모가 놓고 간 것이었다고 한다.[1] 2020년에는 홀로 경제적, 정신적 어려움을 겪던 20대 미혼모가 중고물품 거래 애플리케이션에 36주 된 아이를 20만 원에 판매한다는 글을 올린 충격적 사건도 있었다.

벼랑 끝에 몰린 미혼모가 영아유기라는 범죄를 저질렀을 때 처벌은 여성만 받는다. 현행법이 직접 아이를 유기한 행위를 한 사람만 처벌하기 때문이다. 친부에게 임신 사실을 알렸지만 도움을 거절당해 아이를 유기했을 때도 친부는 법적 책임이 없다. 2020년 초에는 아이를 낳자마자 창밖으로 던진 23세 여성이 영아살해 혐의로 구속됐다. 이 여성은 아기의 아빠에게 임신 사실을 알렸지만 "마음대로 하라"라는 답변만 들었다고 한다. 경찰은 임신부터 출산까지 모두 외면한 아기 아빠를 범행을 방조한 혐의로 구속영장을 신청했으나 법원은 이를 기각했다.[2] 아이는 남녀가 함께 있어야만 만들 수 있는데 왜 여성에게 모든 책임이 전가되는 걸까.

영아유기 사건을 보도한 기사 제목에는 거의 늘 "비정한 모정母情"이라는 표현이 등장한다. 〈한 해 버려지는 영아 100여 명… 무지해서 비정한 母情〉, 〈생활 어렵다, 갓난아기 3명 버린 비정한 母〉와 같은 제목들이 잇따른다. 이런 유형의 보도에 달리는 댓글에는 으레 그렇듯 인명을 경시하는 각박한 심성과 무분별한 성적 방종에 대한 개탄이 무성하다. 그러나 정말로 그럴까? 생명에 대한 미혼모들의 책임의식이 그토록 희박한가? 젖먹이를 외면한 비정한 엄마를 비난하기 이전에 이러한 상황을 만든 '주범'은 과연 누구인지 따져봐야 하지 않을까?

'정상가족'이 내치는 미혼모

한국 사회 가족의 형태가 다양해지고 있다고들 하지만 미혼모와 그 자녀를 '비정상'으로 바라보며 내치는 문화는 여전하다. 출산의 합법성을 결혼제도 틀 내에서만 인정하는 가족주의가 여전히 강력하기 때문이다.

혼전성관계에 대한 우리 사회의 태도는 꽤 많이 바뀌었다. 2020년 통계청 사회조사 결과에 따르면 국민의 절반 이상(59.7%)이 혼전동거에 찬성했다. 혼전동거로 일어날 수 있는 일의 목록 중 가장 쉽게 떠올릴 수 있는 것은 임신이다. 그러나 결혼하지 않은 상태의 임신과 출산에 우리 사회는 아직 적대적이다. 통계청 조사에서 '결혼하지 않고도 자녀를 가질 수 있다'라는 혼외출산에 대해서는 69.3%가 반대하는 것으로 나타났다. 혼전성관계에 대한 사회적 규범은 상당히 완화됐는데도 출산과 가족에 대한 규범은 여전히 완고하다. 미혼모는 그런 가족규범의 일탈자로서 사람들의 반감을 불러일으키는 것이다.

가족규범의 일탈자에 대한 거부감은 그저 혼외출산에 반대하는 정도로 끝나지 않는다. 소수자에 대한 사람들의 차별의식을 조사한 연구[3]에 따르면 성소수자에 대한 사람들의 차별의식이 가장 높았고 그다음이 미혼모였다. 가족이나 주변 사람들의 결혼상대자로 받아들일 수 있는지에 대한 질문에서도 미혼모에 대한 거부감은 성소수자 다음으로 높았다. 과거 동거를 했거나 이혼하고 자녀를 둔 여성에 대한 거부감보다 높았다.

나는 미혼모가 양육을 선택하지 못하고 아이를 포기하게 되는 첫 번째 이유로, 출산은 가부장적 가족제도의 테두리 안에서 일어나야만 정상이라고 규정하고 이를 벗어나면 '비정상'과 '부도덕'으로 몰아세우는 한국의 가족주의를 꼽겠다.

　　한국의 가족주의는 소위 '정상가족'인 가부장적 가족만 인정하는 일종의 이데올로기다. 법적 혼인절차가 수반되지 않은 임신과 출산, 양육에 대한 사회적 보호와 인정은 거의 없다시피 하다. '결혼=출산'이라는 등식이 지나치게 확고한 탓에 제도 바깥에서 출산했다는 이유로 가족의 순수함을 훼손했다고 여겨지는 미혼모와 그 자녀들은 제도적, 사회적 차별에 시달린다.

　　이 완강한 '정상가족' 이데올로기가 미혼모들의 가슴에 주홍 글씨를 찍어온 탓에 지금까지 그 많은 미혼모 자녀들의 해외입양이 진행되어왔다. 흔히 해외입양이 한국전쟁 직후 오갈 곳 없던 전쟁고아들을 대거 선진국으로 보낸 일이라고 알고 있는데, 해외입양은 한국의 경제가 초고속으로 발전하던 1980년대에 가장 많았다. 그 대다수는 미혼모의 자녀들이다. 근대화가 진행될수록 '결혼한 부부와 자녀'로 구성된 가족 형태가 '정상가족'의 표본이 되면서 그 외의 모든 가족은 비정상으로 간주됐기 때문이다. 해외입양보다 국내입양이 늘어난 요즘에도 상황은 크게 달라지지 않았다. 2020년에도 국내와 해외를 모두 포함해 입양된 아이들의 90.9%가 미혼모의 아이들이었으며, 이 중 해외입양의 경우 한 명을 제외하고는 전부 미혼모의 아이들이었다.

　미혼모가 낳은 아이들을 대거 입양 보내는 일은 한국에서만 일어났던 게 아니었다. 자본주의 산업국가의 정점에서 미혼모의 자녀들을 입양에 의해 중산층 가정으로 대거 재배치하는 일은 서구에서도 벌어졌다.

　1940~1980년대에 미국, 뉴질랜드, 호주 등에서는 선^先주민의 자녀들은 열등하다는 인종적 이유로, 미혼모의 아이들은 부도덕하다는 이유로 친생부모와 강제로 분리시켜 백인 중산층 가정으로 대거 입양을 보내는 강제입양이 횡행했다. 아이스크림을 떠내듯 아이들을 원가정에서 떼어냈다고 해서 이 시기는 '베이비 스쿱 시대'[4]라 불린다.

　미혼모 아이들의 강제입양은 주로 서구 자본주의에서 핵가족이 강화되던 시기에 일어났다. 결혼제도 안의 임신과 출산만 합법적이라고 인정했기 때문에 미혼모의 직접 양육은 고려조차 되지 않았고 유일한 선택지는 입양이었다.

　이후 여성 인권운동의 강화, 성과 결혼에 대한 인식 변화를 통해 서구의 많은 나라들에선 미혼모가 직접 아이를 키우며 살아가는 게 이상할 것 없는 일이 되었지만 과거 강제입양으로 인한 상흔은 오랜 시간이 지나도 쉽게 치유되기 어려운 일이다.

　2013년 3월 호주 정부는 무지막지한 강제입양으로 "어머니에게서 아이를 분리하도록 강요했던 정책과 관행들이 그들에게 평생 고통을 남긴 것"에 대해, 많은 이들이 끊임없는 고통과 정체성 갈등, 상실감에 시달리며 살아가도록 한 사실에 대해 공개 사과했다.[5] 한국에선 누구도 사과하지 않았다. 미혼모와 해외입양인들의 오래된 고통으로 남아 있을 뿐이다.

원가족의 냉대와 미혼부 '실종'

이상한 것은 가족주의 문화가 매우 강력한데도 딸이 미혼모가 되면 다수의 부모들은 딸을 내치기 십상이라는 점이다. 그토록 가족이 중요하다면 더 감싸 안아야 할 것 같은데 그렇지 않다.

대개의 부모들은 결혼하지 않은 딸이 임신하면 딸을 보호하기보다 가족의 수치로 간주하고 임신중절이나 입양을 종용한다. 가족주의 가치를 내면화한 기성 부모세대에게 딸이 미혼모가 된다는 소식은 엄청난 충격이다. 임신과 출산은 누군가의 '아내'가 된 후에 해야 하는 일이라는 가족주의의 원칙을 위반하는 일이기에 그 충격이 큰 것이다.

원가족의 반응을 조사한 한 설문에 따르면 출산 전에는 임신중절 권유가 38.2%로 가장 많았고, 출산 후에는 입양 권유가 35%로 가장 많았다. 미혼모들은 대체로 아버지와의 관계 악화를 겪었는데 조사 결과 네 명 중 한 명의 양육 미혼모가 아버지와 관계가 단절된 상태라고 응답했다. 부모가 강한 거부감을 보이거나, 미혼모가 알리지 못하거나, 이게 알려지면 원가족도

이웃에서 곤란해진다는 피해의식 때문이다.[6]

2021년 6월 개봉한 영화 〈포겟 미 낫-엄마에게 쓰는 편지〉는 해외입양 당사자인 감독이 한국의 미혼모시설에 머물며 미혼모의 일상을 담은 다큐멘터리다. 이 영화에서도 부모들은 마찬가지 반응을 보인다. 여러 차례 언급돼 귀에 꽂혔던 대목은 부모들이 딸에게 아이를 입양 보내자고 권유하며 "남들이 어떻게 보겠느냐"처럼 남들의 시선을 그 이유로 들던 장면이었다. 실제 양육의 어려움이나 미혼모로 살아갈 딸의 앞날에 대한 걱정도 크겠지만, 그보다 다른 사람들의 평가를 먼저 신경 쓰는 것은 곧 미혼모와 혼외출산이 매우 강력한 도덕적 판단의 대상이라는 이야기다.

앞에 인용한 조사에서 흥미로운 것은 미혼모가 급할 때 가장 먼저 도움을 청하는 대상은 원가족이었지만 정서적 위로나 조언을 주는 사람은 친구가 압도적(34.4%)으로 많았다. 기능적 도움은 원가족에게서, 정서적 도움은 친구에게서 받는 것이다. 연구를 진행한 김혜영은 이는 도구적 가족주의로 인해 가족 간 소통과 친밀성이 낮은 우리 가족의 현실을 반영하는 것이기도 하다고 지적했다.

그런데 미혼모가 혼자 이 고생을 하는 동안 미혼부는 대체 어디로 갔을까. 한국미혼모지원네트워크 박영미 전 대표에 따르면 파트너의 임신 사실을 알게 되면 절반가량의 미혼부들이 그 사실을 부정하거나 종적을 감춘다고 한다. 미혼부나 그들의 가족은 자녀에 대한 권리를 미혼모에게 쉽게 떠넘겨버리거나 부모 자녀 관계를 부정해버린다. '가족제도' 주변에 둘러진 금 밖으로 한 발만 나가면 그 강력한 핏줄 중심주의가 이렇게 어처구니없이 무너져 내리는 것이다.

출산에 동의한 미혼부조차 출산 후에는 소식을 끊거나 책임을 방기한다. 아무도 미혼부의 책임을 묻지 않는다. 여성들에게 성관계는 임신, 출산, 육아까지 이어지는 고민을 안겨주지만 많은 경우 남성들에게 성관계는 그저 욕망일 뿐이다.

이런 불균형을 보면 한국의 가족주의는 매우 남성 편의적인 가족주의라는 생각이 든다. 미혼모지원네트워크의 2016년 연구에 따르면 미혼모가 미혼부와 관계가 완전히 단절된 경우가 78%이고, 미혼부로부터 양육비를 지원받는 경우는 9.4%에 불과하다고 한다.

친자확인소송을 하고 양육비 청구를 하면 받아낼 수는 있겠지만 아이를 빼앗길까 봐 미혼모가 지레 포기하는 경우도 많다. 양육비이행관리원이 있지만 미혼부의 양육비 지급을 강제하는 수단에까지는 이르지 못했다. 〈양육비 이행확보 및 지원에 관한 법률〉이 개정돼 2021년 7월부터는 법원의 감치명령까지 무시하고 양육비를 주지 않는 친부 또는 친모에 대해 형사처벌, 출국금지 등이 가능해졌다. 그러나 아이를 키우는 친모 또는 친부가 양육비 채권을 가진 경우에만 적용되는 법이라 대다수의 미혼모들은 여기에 기대기도 어렵다.

미혼모에 대한 사회적 차별

온갖 난관을 뚫고 아이를 낳아 키우기를 선택하는 미혼모들도 늘고 있지만 사회적 차별은 어마어마하다.

어린 임산부의 학업 중단은 예고된 수순이다. 한국청소년정책연구원에 따르면 청소년 한부모 중 학업을 지속하지 않는 비율이 66.4%(2013년)였다. 다행히 2021년부터 청소년 미혼모의 학업이 중단되지 않도록 임신과 출산을 사유로 한 학업 유예와 휴학을 허용하고, 미혼모 거점기관과 연계해 지원을 받을 수 있도록 제도가 개선됐다. 그러나 차별이 여전한 현실에서 나이 어린 청소년 한부모가 아이를 키우고 스스로를 챙기며 살아가기란 쉽지 않다.

미혼인 성인 임산부는 해고되거나 사회적 차별을 우려하여 임신 5~6개월 때 직장을 그만두기 일쑤다. 한국여성정책연구원의 조사 결과 2018년을 기준으로 미혼모 중 임신과 출산 때문에 경력단절을 겪은 사람의 비율은 94.4%였다.[7] 같은 해 통계청이 조사한 기혼 여성의 경력단절 비율(20.5%)과 비교하면 4배가 넘는다. 한국의 노동시장에서는 결혼하지 않고 임신한 여성을 부당해고 하는 일이 아무렇지도 않게 행해지고 있다.

사회와 가족으로부터 동시에 차별받고 배제당하는 미혼 임산부가 노동현장에서 부당해고를 당할 경우 기본적 의식주 해결이 어려우므로 이는 배 속 아이의 생명을 위협하는 직접적 원인이 된다. 하지만 다수의 미혼모들이 영세사업장에서 비정규직으로 일하고 있는 상황이라 임신을 이유로 해고되어도 부당하다고 문제제기 하는 것이 거의 불가능한 상황이다.

어렵사리 혼자 아이를 낳아 키우기로 결심해도 출산휴가는 꿈도 못 꾸고 미혼모라는 게 알려지면 노골적 성희롱과 해고 위협에 시달리기 십상이다. 한국여성정책연구원의 조사에서 출산 후 편견과 차별로 인해 취업을 거부당한 경험이 있는 미혼모는 조사 대상자의 42%였다.[8]

심리적으로 불안한 미혼 임산부들은 어떤 정보를 제공받느냐에 따라 출산과 양육에 대한 선택이 달라진다. 2014년 1월 혼자서 딸을 출산한 지혜 엄마(가명)의 경우 미혼모가 되자 원가족이 연락을 끊었고 태어난 지 1주일도 안 된 아이를 베이비박스에 맡겼다가 견딜 수 없어 이틀 뒤 다시 찾아왔다고 했다. 대학에 복학해 혼자 아이를 키우는 그는 "생각지도 않은 상황에서 아이 엄마가 되는 경우들도 많은데 예비 엄마들에게 미혼모 관련 단체에서 알려주는 지원 정보들이 좀 더 쉽게 전달되면 좋겠다"라고 했다. 접하는 정보에 따라 아이를 키울지 포기할지를 결정하기 때문이다.

단체에서 일할 때 나와 함께 일하던 동료들이 미혼모에 대한 정보 제공 실태를 조사하려고 미혼 임산부를 가장하여 중앙정부와 지방자치단체의 콜센터에 전화를 돌려본 적이 있다. 미혼인데 임신했다고 하면 위기임신과 출산, 양육 지원 정보를 안내하기는커녕 대뜸 당시 입양알선기관이 운영하던 미혼모시설을 안내하는 경우가 가장 많았다.

그 뒤 입양기관의 미혼모시설 운영이 금지되고 필요한 지원을 안내하는 정부의 상담 전화 서비스도 생겼지만, 여전히 정보를 찾기가 쉽지 않다. 앞에 인용한 한국여성정책연구원 조사에서 50.8%의 미혼모들은 필요한 서비스에 대한 정보를 알기가 너무 어렵다고 지적했다. 주민센터에 찾아가도 담당자가 미혼모 지원 서비스를 숙지하지 못해 도움을 받지 못하는 경우가 있다고 한다. 출생신고를 할 때 아이의 아빠와 관련된 사항을 질문해 미혼모를 곤혹스럽게 하는 경우도 종종 있다. 임신 단계에서 미혼 임산부에게 미혼모가 받을 수 있는 지원, 관련 정책 등의 정보를 체계적으로 제공하고 비밀을 보장하며 상담해주는 코디네이터와 같은 제도가 절실하다.

일자리를 얻기 힘든 저소득 미혼모에 대한 정부의 지원은 어떨까. 2017년 문재인 정부가 출범한 뒤 대폭 확대된 정책 중 하나가 미혼모를 포함한 한부모의 아동양육에 대한 지원이다.

이 책의 초판을 쓸 당시인 2017년 초만 해도 아이를 홀로 키우는 저소득 미혼모는 월 12만 원(엄마가 청소년일 경우 17만 원)의 양육비를 받았다. 그러나 2021년 현재 미혼모를 포함한 한부모들은 아동양육비로 월 20만 원(청소년 한부모일 경우 35만 원)을 받는다. 양육비를 지원하는 아동의 기준도 12세 미만에서 18세 미만으로 확대됐다. 또 예전에는 한부모가 기초생활수급자가 될 경우에는 중복급여 금지 규정이 적용돼 아동양육비 지원을 받을 수 없었다. 이 역시 개선돼 2021년 5월부터는 생계급여를 받는 한부모도 월 10만 원(청소년 한부모일 경우 25만 원)의 아동양육비를 받을 수 있다. 25~34세의 청년 한부모도 아이의 나이에 따라 월 5만~10만 원의 추가 아동양육비를 받는다. 2022년부터는 저소득 한부모 가족 지원 대상이 되면 근로·사업소득의 30% 공제를 적용받게 된다.

그러나 여전히 미혼모가 직접 양육할 수 있도록 지원하는 것보다는 아동양육시설에 대한 정부의 지원이 더 크다. 2015년 보건복지부의 〈대안양육제도 양육비 실태조사연구〉에 따르면 아동 1인당 공동생활가정은 월 128여만 원, 양육시설은 166여만 원의 지원금을 정부에게서 받는다.

시설의 경우 인건비와 운영비가 포함되므로 이를 미혼모에게 직접 지원하는 양육 지원비와 단순 동등비교를 할 수는 없겠으나 정부의 지원이 아직도 시설 우선으로 맞춰져 있는 것은 사실이다. 부모의 돌봄을 받지 못하는 아이들을 보호하고 키우는 대안양육제도 운영은 보건복지부 소관인 반면, 미혼모를 포함한 한부모 가족 지원은 여성가족부 소관으로 담당 부처가 나뉘어 있는 것도 이와 같은 상황의 개선을 어렵게 만든다.

2009년 유엔총회 결의를 비롯한 국제인권규범은 아이를 원래의 가정에서 분리하는 것은 모든 방법을 다 써본 뒤 가장 마지막에 선택하는 수단이어야 한다고 규정한다. 그런데 아이를 직접 키우는 미혼모보다 아이를 포기했을 때 그 아이를 대신 키우는 양육시설에 더 많은 지원을 하는 한국 사회는 어떤가. 시설에 대한 지원의 일부라도 직접 아이를 키우는 미혼모 지원으로 돌린다면 양육을 포기하는 미혼모가 훨씬 줄어들지 않을까?

미혼모의 권리가 곧 아동의 인권

2016년 대구의 입양 가정에서 학대로 숨진 세 살배기 은비(가명)의 사건은 아무도 도와주지 않는 상황에서 코너에 몰린 미혼모의 처절한 현실을 보여준다. 이 사건에서도 국회의원들과 민간단체들이 자발적으로 진상조사위원회를 구성했는데, 위원회 구성 준비회의에서 들은 은비 친엄마에 대한 이야기가 몹시 마음이 아파 잊히지 않았다.

은비 엄마는 17세에 미혼모가 되어 홀로 생계를 꾸리며 고졸 검정고시를 준비하느라 딸을 24시간 어린이집에 보내야 했다. 보육료가 벅차 전전긍긍하던 그는 하는 수 없이 보육료 부담이 없는 고아원에 딸을 맡겼다. 은비 엄마는 본인도 외할머니에게서 자랐기 때문에 딸이 시설에서 자라는 걸 마음 아파했다고 한다. 주변에서 입양을 보내면 아이가 새로운 가정에서 행복하게 자랄 수 있다고 해서 은비 엄마는 입양을 결심한다. 그러나 결국 딸은 싸늘한 주검이 되어 돌아왔다.

만약 은비 엄마가 아이를 키우며 고졸 검정고시를 치르고 적절한 생계를 찾을 만큼의 사회적 지원을 받았더라면, 공공기관이 양육의 어려움에 처한 은비 엄마의 상황을 파악하고 양육 지원 관련 정보를 제공하고, 시험을 볼 때까지만이라도 위탁 가정 같은 곳에 아이를 일시적으로 맡기도록 주선해주었더라면, 그랬더라면 과연 은비 엄마가 딸의 양육을 포기하는 결정을 했을까?

이렇게 구조적으로 아이 버리기를 부추기는 사회에서 아동 유기의 '주범'이 여전히 미혼모라고 말할 수 있을까? 나는 이른바 '정상가족'이 아닌 다른 삶은 잘못되었다고 차별하고 배제하면서 교육받을 권리와 일자리까지 위협하는 한국의 가족주의에 그 혐의를 두고 싶다.

아동인권의 관점에서 보아도 미혼모의 권리 보장과 지원은 절실하다. 사람을 차별해서는 안 된다는 비차별 원칙은 모든 사람에게 동일하게 적용되지만 아동인권의 경우 조금 다르게 적용된다. 성인과 달리 취약한 특징을 가진 아이들의 인권에 있어서는 '부모'의 지위에 대한 차별이 곧 아이에 대한 차별이다. 따라서 양육 미혼모에 대한 차별은 곧 미혼모의 자녀에 대한 차별이나 마찬가지다. 유엔아동권리위원회도 한국 정부에게 청소년 미혼모의 차별이 곧 그들의 자녀에 대한 차별로 이어진다는 점을 계속 지적하고 있다. 또한 부모의 법적 지위가 아이의 출생신고에까지 영향을 끼치는 상황도 아이에 대한 차별이라고 지적하고 있다.

아이의 인권을 위해서라도 미혼모 가정이든 입양 가정이든 재혼 가정이든 동성 가족이든 가족의 형태를 불문하고 모든 가족 안에서 자라는 아이들이 누릴 혜택과 권리, 그런 아이들을 키울 양육자를 지원하는 일에 있어서는 어떠한 차별도 없어야 한다.

수년째 세계 최저 수준을 면치 못하고 있는 저출생과 연계해 보아도 미혼모에 대한 차별을 없애는 일이 시급하다. 출산율이 높은 나라와 그렇지 않은 나라의 가장 특징적인 차이는 혼외출산 비율이다. 한국의 혼외출산 자녀 비율은 세계에서 가장 낮다. 2019년 한국의 혼외출산율은 2.3%였다. 이 수치도 한국에선 역대 최고 수치이기는 하지만 OECD 평균은 40.7%(2018년 기준)다. 서구 국가들은 프랑스 60.4%, 스웨덴 54.5%, 영국 48.4%, 미국 39.6%, 독일 33.9% 등으로 우리보다 월등히 높다.

한국과 일본, 터키처럼 혼외출산 비율이 낮은 나라들은 대체로 출산율이 낮다. 반면 혼외출산 비율이 출산의 절반을 넘는 프랑스는 물론이고 칠레와 아이슬란드, 노르웨이도 출산율이 OECD 평균을 뛰어넘는다. 그 이유는 혼외출산에 대한 차별과 멸시가 없고, 양육을 지원하는 정부 정책이 도덕적 판단 따위와 무관하게 중립적이기 때문이다. 부모가 다 있는 가정보다 일과 양육을 동시에 유지하는 것이 아무래도 불리한 미혼모가 가난의 수렁에 빠지지 않도록 직업 교육, 훈련 서비스를 제공하고 보육시설 이용에서도 우선권을 부여한다.[9]

초저출생을 경험한 많은 국가들이 종전에 가족이 책임지는 복지를 이제는 사회투자라는 관점으로 바꿔가고 있으며, 이를 위해 가족복지에 대한 국가의 개입과 책임 또한 강화되는 추세다. 국내에서도 미혼 임산부에게 제대로 된 정보를 제공하고 미혼모의 양육과 취업이 가능하도록 하는 보육 지원 확대와 주거 지원, 미혼모에 대한 제도적·사회적 차별 철폐 등 양육 미혼모에 대한 사회적 관심과 지원이 절실하다. 박영미 한국미혼모지원네트워크 전 대표는 "비혼과 무자녀 가족이 늘어난 요즘 결혼이 출산으로 잘 이어지지 않는다면 차라리 출산과 양육을 잇는 정책이 필요하다"라고 말했다.

2015년 인구주택총조사에서는 한국의 미혼모가 2만 4,487명, 미혼부가 1만 601명이라는 결과를 발표했는데, 이는 미혼모에 대한 국내 첫 통계였다. 그동안은 이런 조사도 이뤄지지 않았던 것이다. 미혼모 단체들이 '통계 없이 정책 없다'라는 의지로 꾸준히 개선을 요구해온 결과 이 통계가 만들어질 수 있었다.

다행히 최근 들어 아이를 키우기로 선택한 미혼모들이 늘어나는 추세다. 한 조사에 따르면 양육 미혼모들은 아이를 키우며 자신들도 정신적으로 성장하고 있고, 어려움에도 불구하고 양육 포기 욕구를 느낀 적이 전혀 없다는 응답이 81.8%에 달했다. 양육 미혼모의 증가는 한국 사회에서 다양한 가족 구성과 삶의 방식이 공존하는 방향으로 이어지고 가족문화의 주요한 변화 동인으로 작용할 수 있다. 그런 점에서 전문가들은 양육 미혼모에 대한 사회적 관심과 지원이 매우 중요하다고 말한다.[10]

다만, 우려되는 점 하나는 짚고 넘어가고 싶다. 나는 아이가 원가정에서 자랄 수 있도록 해야 한다는 원가정우선의 원칙, 그리고 양육 미혼모에 대한 사회적 지원 확대에 대한 강조가 자칫 아이는 무조건 친엄마가 키워야 한다는 식으로 혈연을 강조하고 모성에 대한 환상을 부풀리는 방향으로 나아가면 안 된다고 생각한다.

미혼모를 위한 제도적 지원을 강조하는 이유가 오로지 '핏줄' 때문이라면 그러한 인식은 거꾸로 핏줄로 연결된 '정상가족' 이외의 모든 가족에 대한 편견을 되레 강화할 위험이 있다. 아이를 키울 수 없게 된 미혼모는 혈육을 버린 사람들이라고, 의붓부모나 입양부모는 남의 자식을 키우는 사람들이라고 멸시하고 차별하는 '핏줄 강박'을 부추기게 되는지도 모른다.

중요한 것은 친부모의 양육과 입양 중 무엇이 더 좋은지를 떠나서 여성이 출산과 양육을 스스로 선택할 수 있어야 한다는 것이다. 다른 사회구성원들처럼 미혼모에게도 자신과 아이에게 가장 좋은 방법을 고를 수 있는 선택지가 열려 있어야 한다. 그러려면 말뿐인 다양한 가족이 아니라 현실에서도 차별 없이 다양한 가족이 공존할 수 있도록 가족 구성을 둘러싼 법 제도의 개선, 여성의 양육권과 아이의 인권 등에 대한 사회적 논의가 더 활성화되어야 할 것이다.

덧붙이는 말: 이 장에서 내내 '미혼모'라고 썼지만 나는 사실 이 용어가 부적절하다고 생각한다. '미혼'은 '아직 결혼하지 않았다未婚'라는 뜻을 담고 있어서 정상가족 이데올로기에 갇힌 용어이기 때문이다. 책을 쓰면서도 '비혼모'로 바꿔야 하지 않을까 생각했지만, 고민 끝에 '미혼모'를 선택했다. 미혼모에 대한 차별을 철폐하는 운동을 벌이는 활동가들이 '미혼모'라는 용어를 쓰는 중이고, 그들과 보조를 맞춰야 하겠다고 생각해서다.

언젠가 한 활동가에게 '미혼모'라는 용어를 계속 쓰는 이유를 물어봤는데, '비혼모'라고 부를 경우, 마치 아무 문제가 없는 것인 양 현실을 가릴 수도 있기 때문이라는 답을 들었다. '비혼모'라고 하면 한 유명 방송인처럼 자기 의지로 아빠 없이 아이를 낳기로 선택하는 경우를 떠올리기 쉬우나 이는 차별과 편견에 시달리는 미혼모들의 현실과 다르기 때문이다. 차별의 실상을 드러내려고 편견이 밴 용어를 쓰는 것도 좋은 선택은 아니지만, 현실과 정체성을 정확히 반영하는 더 나은 용어가 나올 때까지 이 책에서는 '미혼모'라는 용어를 사용할 것이다.

2. 한국에서 '비정상' 가족으로 산다는 것

입양, '정상가족'으로
수출되는 아기들

1. 세 살 현수. 지적 장애를 안고 태어나 친부모로부터 외면당했지만 위탁 가정에서 3년간 돌봄을 받으며 곧잘 말도 하기 시작했다. 그러나 2013년 10월 세 살 때 미국에 입양됐고 4개월 만인 이듬해 2월 양아버지의 폭행으로 숨지고 만다. 해병대 출신 공무원인 양아버지는 1급 아동학대 혐의로 2015년 징역 12년 형을 선고받았다. 현수는 2017년 한국계 입양인이 만든 추모 동상으로 돌아와 서울 내곡동 다니엘 사회복지법인 정원에서 손끝에 나비를 얹고 서 있다.

2. 마흔두 살 김상필 씨 또는 필립 클레이. 열 살 때 미국에 입양됐다가 27년 만에 한국으로 추방됐던 그는 2017년 5월 한국의 한 아파트에서 몸을 던졌다. 그는 미국에서 폭행 사건에 연루됐는데, 입양부모가 시민권 신청을 하지 않아 30년간 자신이 무국적 상태였다는 사실

을 그제야 알게 됐다. 한국에 온 뒤 자신에 대한 기록과 친생부모를 찾기 위해 애를 썼으나 실패했고, 결국 자살을 선택했다.

3. 세 살 은비(가명). 2016년 입양체험 중이던 대구의 한 가정에서 심장이 멎은 상태로 병원에 실려 왔고 뇌사판정을 받은 지 석 달 만에 숨졌다. 은비의 온 몸에는 멍과 화상 자국이 나 있었다. 은비는 첫 번째 예비 입양 가정에서 "정이 안 간다"라는 이유로 반환됐고 두 번째 예비 입양 가정에서 학대로 생을 마감했다. 은비가 뇌사 상태로 누워 있던 동안 경기도 포천에서는 여섯 살 여자아이가 입양부모의 학대로 숨진 사건이 발생했다. 학대로도 모자라 시신을 훼손하고 암매장한 양아버지는 전과 10범이었다.

4. 생후 16개월 정인이. 장기간에 걸친 입양부모의 학대로 2020년 10월 서울 양천구에서 숨졌다. 놀랍고 비통하게도 정인이의 16개월 짧은 삶에는 아동보호 책무를 지닌 국내 거의 모든 기관이 한 번 이상 개입한 흔적이 있었다. 입양기관, 어린이집, 의료기관, 경찰, 아동보호전문기관 등 손을 맞잡고 지켜보는, 지켜봐야 했던 수많은 눈이 있었고 모두 세 차례의 아동학대 의심 신고가 있었는데도 아이를 구하지 못했다.

입양된 아이들의 시간은 흐르지 않는다. 이들은 모두 국가와 법의 보호가 제대로 작동하지 않는 사각지대에 갇혀 있다

　　　　　　　　2. 한국에서 '비정상' 가족으로 산다는 것

가 세상을 떠났다. 입양으로 새로운 가족을 만난 아이들에게 삶과 죽음은 곧잘 복불복이다. 좋은 부모를 만난 아이들도 있지만 끝내 죽음으로 끝나거나 성인이 되어도 방황에서 벗어나지 못하는 사람들도 있다. 이는 그저 각자의 운으로 맡겨둬야 하는 일일까?

현수가 숨지기 1년 전쯤엔 한국계 입양인으로 프랑스 장관이 된 플뢰르 펠르랭이 한국에 왔고 요란한 환대를 받았다. 마치 오갈 데 없는 천애고아를 선진국 프랑스에 보내 성공할 기회를 준 모국이 매우 훌륭한 일을 한 듯한 착각을 불러일으킬 정도였다. 반면 무국적자로 방황하다 스스로 목숨을 끊은 김상필 씨의 사건은 눈에 잘 띄지 않은 채 조용히 지나갔다.

성공한 입양인은 덥석 끌어안고 환호하고 불운한 입양인은 부적응자 취급을 하는 우리 사회. 이래도 되는 것일까. 오해가 없기를 바라건대 나는 해외입양에는 반대하지만 입양제도 자체가 사라져야 한다거나 모든 입양부모가 문제가 있다고 생각하지 않는다. 정성을 다해 아이를 키우는 대다수의 입양부모들은 마땅한 인정을 받아야 한다. 그러나 오갈 곳 없는 아이에게 '가족'을 선물했으니 됐다고 국가가 돌아선 사이, 그야말로 '후진' 제도는 입양된 일부 아이들을 사지에 몰아넣었다. 이제 달의 이면을 보듯 입양제도의 진면목을 봐야 할 때다. 앞서 말한 입양인들은 그저 불운한 운명이었던 걸까?

가장 오래, 가장 많이 해외입양을 보낸 나라

해외입양 맥락에서 한국은 희한한 나라다. 예전에 비하면 많이 줄었지만 해외입양은 여전히 현재진행형이다. 코로나19 여파로 입양 자체가 대폭 줄어든 2020년에 해외입양된 아이는 232명. 그 전해인 2019년에는 317명으로 하루가 멀다 하고 아기들이 비행기를 타고 해외로 갔다. 이만큼 발전한 나라에서 부모가 돌보지 못하게 된 300명 안팎의 아이들을 보호할 시스템조차 없어 여태 해외로 입양을 보내야만 하는지 도무지 이해할 수 없다. 한국은 OECD 회원국 중 아이를 해외로 입양 보내는 유일한 나라다. 보건복지부 통계에 따르면 2020년까지 한국에서 태어나 해외로 입양된 사람은 총 16만 8,096명에 이르며, 이는 같은 기간 국내입양된 사람(8만 1,124명)의 2배를 뛰어넘는다.

원래 입양은 제2차 세계대전 이후 난민아동보호대책으로 유럽에서 대대적으로 진행됐지만, 입양부모와 입양된 아이 사이에 인종적 차이가 뚜렷한 국제입양이 중개기관에 의해 민간의 사업으로 시작된 것은 한국전쟁 이후부터라고 한다.[11]

한국은 전 세계에서 해외입양을 가장 많이, 가장 오래 보낸 나라다. 입양에 대한 여론이 어떻게 달라져왔는지를 보려고 1954~1999년 옛날 신문의 해외입양 기사들을 검색해봤는데, 마치 출구 없는 무한루프를 빙빙 돌고 있는 듯한 착시현상마저 느껴졌다.

한국전쟁 직후 한동안은 전쟁고아와 혼혈아가 주로 입양

되었다. 초창기에 여론은 칭찬 일색이었다. 1957년 3월 《동아일보》는 〈새 이름 얻고 행복한 생활, 여왕 같은 차림, 소꿉장난으로 소일〉이라는 제목하에 미국에 입양된 아이의 생활을 이렇게 전한다.

"화려한 옷으로 몸을 휘감은 '킴' 양은 한국에 있을 때와는 딴판으로 생기가 있어 보였으며 어린이들 틈바구니에 앉아 있는 품이 마치 조꼬만 '여왕'처럼 보였다고도 한다."[12]

1970년대 들어서면서 해외입양은 빈곤아동과 미혼모 자녀 위주로 바뀌며 급증했는데 무분별한 입양에 대한 비판적 여론도 이때 함께 증가하기 시작했다. 당시엔 아버지가 친권을 포기하면 어머니의 동의를 구하지도 않고 아이를 해외로 입양 보냈고[13] 홀트는 입양을 보내는 아이들을 두 명씩 빨랫줄로 묶어 비행기에 태우다[14] 지탄을 받았다. 당시 법은 입양 뒤에 친권자가 나타나도 찾아가지 못하게 할 정도로 버려진 아이의 부모를 찾아주는 일보다 입양을 우선시했다.

사건 사고도 잇따랐다. 입양아가 미국 양부모에게 맞아 숨지고, 해외입양을 기다리는 아이들을 수용한 '천사의 집'에서 불이 나 영아 14명이 한꺼번에 숨지는 처참한 일도 있었다. 그러나 성행하던 해외입양에 대한 가장 비판적인 여론은 해외에서 나왔다. 1976년 영국 BBC의 시청률 1위 프로그램은 한국의 해외입양을 다루며 이렇게 소개했다.

"서울의 불우한 여성들은 그들이 낳은 아기를 파출소 앞에 버리기만 하면 두 달 이내에 아기는 안전하게 브뤼셀이나 보스턴의 고급아파트에서 안식처를 찾는 것으로 알고 있다. …(중략)… 왜 세계에서 가장 빠른 경제성장을 하고 있고 자동차를 생산할 수 있는 나라인 한국이 그렇도록 도의적으로나 경제적으로 빈곤해서 내일을 위한 가장 시급한 투자라고 할 수 있는 그들의 2세를 양육할 수 없단 말인가."[15]

이즈음 북한까지 한국의 아동 해외입양을 '새로운 수출품'이라고 부르며 비난하고 나서자 정부는 해외입양을 단속하기 시작한다. 단체로 해외입양을 보내던 관행을 중단시키고 개별로 입양해도 한 번에 세 명을 초과하지 못하도록 했다. 또 입양중개기관이 두 명을 국내입양시켜야 한 명을 해외입양시킬 수 있도록 규제하는 쿼터제를 적용했으며 1986년부터 해외입양을 없앤다는 방침을 세웠다.

그러나 쿠데타로 집권한 신정부는 1982년 "민간외교차원"이라는 황당한 이유를 내세우며 해외입양 완전개방으로 돌아섰다. 해외원조가 끊긴 시설보호 아동에 대한 재정 지원 부담을 줄이려는 꼼수였다.

그 후 5공화국은 한 해 1만 명에 가까운 아이들을 해외로 내보낼 만큼 그야말로 해외입양 전성시대였다.[16] 길거리에서 헤매는 아이가 있으면 부모를 찾아주기보다 입양기관이나 고아원에 보내버렸다. 스키선수 토비 도슨도 그렇게 시장에서 길을 잃었다가 1982년에 미국에 입양된 경우다. 심지어 남아선호

관습이 극심했던 1983년에 한 어머니가 잇따라 세 번째 딸을 낳자, 시어머니가 아이가 죽었다고 속이고 몰래 빼돌려 입양을 보내버린 사연이 뒤늦게 2015년 TV 프로그램 〈무한도전〉에 소개되기도 했다.

1980년대의 무분별한 해외입양 러시는 88올림픽 전후 해외언론으로부터 '고아수출 세계 1위'라는 거센 질타를 받았다. 거기에 해외입양 중개기관 4곳의 수익이 연 30억 원에 이르는 등 영리 목적 입양 알선이 도마에 오르자 정부는 또 1996년부터 해외입양을 전면 중단하겠다는 대책을 발표한다. 하지만 이 방침도 1994년에 백지화하고 대신 "앞으로 국외입양을 3~5% 줄여나가겠다"라고 밝혔다. 그러나 이것도 얼마 안 가 IMF 경제위기로 유보하고 만다. 해마다 발생하는 1만 명 안팎의 부모 없는 아이들을 감당할 수 없다는 이유에서다.[17]

그 뒤에도 2015년부터 해외입양을 전면 중단하겠다고 발표했지만 거듭되는 허튼 약속일 뿐이었다. 아이러니하게도 해외입양이 연간 1,000명대로 줄어든 때는 저출생 현상이 심화된 2012년부터였다.

국내입양을 활성화하고 해외입양을 그만두겠다고 했다가 뒤집는 상황이 거듭되던 무한루프 이면의 일관된 흐름은 미혼모가 아이의 양육을 포기하게끔 만드는 상황이 고착되어버렸다는 것이다.

1970년대에 미혼모의 자녀가 입양의 주류를 차지하기 시작하고 1980년대에 입양이 산업화하면서 미혼모가 아이를 포기할 수밖에 없는 구조가 정착됐다. 미혼모는 부도덕한 여성으로 이미지화[18]되면서 평범한 '어머니'일 수 있는 기회에서 배제됐다.

이 바탕에는 '결혼한 부모와 자녀'로 구성된 결합만 가족이며 이 틀을 벗어나면 해외든 국내든 입양을 통해 아이에게 '제대로 된' 가족을 찾아주는 게 더 좋다는 인식, 즉 강력한 '정상가족' 이데올로기가 깔려 있다. 사회규범을 일탈한 미혼모의 아이를 "입양하는 사람의 입장에서는 자녀의 부재를 채우고, 보내는 입장에서는 부모의 부재를 채움으로써 정상가족을 완성하려는 의도"[19]에서 한 치도 벗어난 적이 없었다.

민간에서 책임져온 입양절차

이 장의 서두에서 소개한 현수, 은비, 정인, 김상필 씨의 공통점, 이들이 불행한 죽음으로 증언하는 한국 입양제도의 가장 큰 문제는 입양절차와 제도 운영의 책임을 공적 기관, 즉 국가가 아니라 민간이 맡아왔다는 것이다.

한국이 1991년 〈유엔아동권리협약〉을 비준하면서 오랫동안 채택을 유보해 유엔아동권리위원회로부터 비판받던 항목이 있었다. 바로 21조 (a)항인데 이 조항은 책임 있는 공적 기관, 즉 정부가 입양을 결정하라는 것이다. 입양제도를 운영하면

2. 한국에서 '비정상' 가족으로 산다는 것

서 이 조항을 유보했던 나라는 세계에서 한국뿐이었다. 한국은 세계에서 가장 많은 아이를 해외로 보낸 나라인데도 2021년 현재까지 〈헤이그 국제아동입양협약〉(이하 '헤이그협약')을 서명만 하고 비준하지 않았다.

2012년 개정 〈입양특례법〉 시행으로 입양의 마지막 단계에서 법원이 허가하는 제도를 갖춘 뒤 정부는 2017년 8월, 21조 (a)항의 유보를 철회했다고 밝혔다. 그러나 입양절차의 시작이 민간기관들에 맡겨져 있다면, 마지막 단계의 법원 허가제만 갖고 입양이 공적으로 관리된다고 말할 수는 없다. 앞서 소개한 현수와 은비의 죽음은 모두 법원 허가제가 시행되고 있었지만 입양절차가 공적으로 엄격하게 관리되지 못해 벌어졌던 일이다. 오랜 세월 동안 해외든 국내든 친생부모가 아이를 입양 보내겠다는 뜻을 밝히는 그 순간부터 아이는 전적으로 민간 입양기관의 관리하에 놓여왔다.

낳아준 부모를 떠나 새로운 가족을 찾아가는 과정에서 스스로를 보호할 힘이 없는 아이들이 입양 과정에서 어떤 대우를 받아왔는지 들여다보면, 이렇게 오래 입양제도를 운영해온 나라에서 어떻게 이럴 수 있었는지 놀랄 정도다.

아이가 태어날 때부터 입양의 전 과정을 한번 쭉 따라가 보자. 우선 출생신고는 제대로 이루어져왔는가? 예전에는 출생신고도 없이 입양기관장들이 아이를 '기아(버려진 아이)'로 신고한 뒤 호적법상 아이를 호주로 만드는 서류를 꾸며 입양을 보내왔다. 그러다 2012년 개정 〈입양특례법〉 시행으로 반드시 출생신고를 하게 됐는데 이 법 때문에 영아유기가 늘어났다는 주장이 한동안 떠들썩하게 언론에 보도됐다.

출생신고는 〈입양특례법〉과 무관하게 〈가족관계의 등록 등에 관한 법률〉에 따라 이전부터 해야만 했던 의무사항이다. 개정된 〈입양특례법〉은 손쉽게 입양을 보내기 위해 출생신고를 하지 않던 불법적 관행에 제동을 건 것뿐이다. 그런데도 2021년 현재까지 출생신고를 의무화한 〈입양특례법〉 때문에 영아유기가 급증했다는 투의 게으른 언론보도는 여전하다.

이런 불성실한 보도들이 그 근거로 자주 인용하는 숫자는 서울 관악구의 한 종교단체가 만든 베이비박스에 유기된 아동의 수다. 이곳에 유기된 아동의 수는 2012년 79명에서 2013년 252명으로 급증했고 그 뒤에도 200명대를 유지했다. 그러나 이는 〈입양특례법〉 때문이 아니라 베이비박스를 둘러싼 논란으로 언론보도가 급증하면서 인지도가 높아지고 이곳이 영아유기의 안전한 대안으로 여겨졌기 때문이라고 보는 게 타당하다.

2017년 국회입법조사처가 펴낸 〈입양특례법의 입법영향 분석〉 보고서도 〈입양특례법〉의 영향으로 영아유기가 늘어났다는 것은 과장된 주장이라고 분석했다. 보고서에 따르면 2010~2016년 베이비박스에 유기된 아동의 수는 2010년부터 2016년까지 각각 4명, 37명, 79명, 252명, 280명, 278명, 223명으로 가파르게 늘었다. 한편, 같은 기간 국내에서 발견된 기아

2. 한국에서 '비정상' 가족으로 산다는 것

전체의 숫자는 해마다 각각 191명, 218명, 235명, 285명, 282명, 321명, 264명으로 증가세가 완만했다. 즉, 개정된 법 때문에 영아유기가 늘어났다고 할 수 없으며 되레 2013년 이후 대부분의 기아가 베이비박스를 통해 발생했음을 보여준다.

태어난 모든 아이들의 출생이 기록되고 존재가 증명되어야 한다는 것은 절대로 포기해서는 안 되는 인권의 기본 원칙이다. 국내에서는 거의 모든 아이가 병원에서 태어나는데도 병원에서 바로 신고가 이뤄지는 보편적 출생신고제 혹은 출생통보제가 2021년 12월 현재까지 마련되지 않았다. 2019년 정부가 발표한 〈포용국가 아동정책〉에는 출생통보제 도입을 추진하겠다는 내용이 포함됐지만 이해관계자들의 반대 등에 부딪혀 추진 속도가 더디다. 이 탓에 허위나 누락, 그로 인한 영아 인신매매와 인터넷 불법입양의 여지는 여전히 남아 있다.

입양되는 아이들의 90% 이상은 미혼모의 자녀다. 한 미혼모가 불가피하게 아이를 직접 키울 수 없는 상황에 처했다고 해보자. 원칙대로라면 정부가 나서야 한다. 엄마가 아이를 키울 방법이 정말 없겠는지를 살피고 최대한 방법을 찾아주고, 최악의 경우 엄마와 아이가 헤어지는 것이 아이에게 가장 좋은 상황이라고 판단하면 가정위탁, 국내입양, 시설보호, 해외입양 등 여러 양육방식 중 어떤 게 아이에게 가장 적합한 방식인지를 따져본 후 결정해야 한다.

〈헤이그협약〉은 해외입양은 '보충성의 원칙'에 따라 진행해야 한다고 규정하고 있다. 말인즉슨 부모와 떨어지게 된 아이의 경우 국내에서 가정위탁, 국내입양 등 모든 방법을 동원하여 보호할 방법을 찾아본 뒤 정 방법이 없거든 최후의 보충적 수단으로 해외입양을 선택하라는 뜻이다.

그런데 한국에는 이 대목에 거대한 구멍이 나 있었다. 일단 지방자치단체들은 이게 자기 일인 줄 몰랐다. 이 일을 하려면 아동복지심의위원회를 구성해야 하건만 그게 뭔지도 모르는 지방자치단체가 더 많았다. 아동인권단체들의 연대모임인 '아동인권포럼'이 2016년 지방자치단체 232곳을 조사한 결과에 따르면 아동복지심의위원회를 구성한 지방자치단체는 전체의 36%에 불과한 83곳뿐이었다. 관련 조례조차 없는 지방자치단체도 87곳(37.5%)이었고, 위원회가 있어도 회의 개최 횟수는 연평균 0.98번에 불과했다.[20]

게다가 기묘하게도 부모가 키울 수 없어 보호가 필요한 아이들을 대하는 절차가 둘로 쪼개져 있었다. 위탁 가정, 보육원, 공동생활가정에 가게 되는 경우는 지방자치단체가 관리하지만 입양은 친생부모가 곧바로 민간 입양기관에 찾아가 의뢰하는 방식으로 운영되어왔다. 절차가 이렇게 쪼개져야 할 필연적 이유는 없었다. 그냥 오랫동안 그렇게 해왔을 뿐이다. 입양의 시작과 전 과정을 민간기관이 책임지는 한 아무리 입양 마지막 단계에 법원 허가제를 배치한들 입양절차에서 '아동의 최상의 이익'을 모든 것에 우선하는 공공성이 보장될 리 없다.

이처럼 법원 허가제가 있어도 민간의 손에 입양의 시작이 맡겨져 있던 상황에서, 안타깝게도 입양아들이 목숨을 잃는 사건들이 잇따라 발생했다. 2016년 학대로 사망한 은비의 경우 법원의 허가가 나기도 전에 두 차례나 '예비' 입양 가정에 가야 했다. 아무런 공적 개입도 없이 민간기관의 자의적 판단에 따른 결정이었다. 결국 은비는 두 번째 입양 가정에 맡겨진 뒤 넉 달 만에 응급실에 실려 갔고, 학대를 의심한 병원 측이 경찰에 신고했으나 경찰의 어처구니없는 대처로 무마됐다. 석 달 뒤 다시 은비는 뇌사 상태에 빠졌는데, 그 2주 뒤 법원은 예비 입양부모에게 입양 허가 결정을 내렸다. 마지막 단계의 공적 관문인 법원 허가제도 허술하기 짝이 없음을 보여준다.

　포천에서 숨진 입양아동은 어떤가. 이 경우는 〈민법〉에 따른 '민간입양'이고 친부모와 입양부모가 합의하면 그냥 진행하는 방식이라 아무런 자격심사가 없다. 입양한 아버지는 사기와 폭력 등 전과 10범이지만 아무런 제재도 받지 않았다.

　2020년 11월에는 입양부모의 학대로 16개월 된 정인이가 목숨을 잃은 양천 아동학대 사망사건이 발생하며 전국이 분노로 들끓었다. 8개월 후인 2021년 7월에는 화성에서 양부의 폭행으로 뇌사 상태에 빠져 있던 두 살배기 입양아동이 끝내 목숨을 잃는 일이 있었다. 화성 사건의 경우 양부모들이 과연 부모로서 적절한 사람들이었는지에 대한 심사가 이루어지기는커녕 양부모들이 입양을 원하는 아이를 미리 정해놓은 뒤 민간

입양기관에 찾아가 입양에 필요한 절차를 진행하는 어처구니 없는 일이 벌어졌다.[21]

다행히 뒤늦게 〈아동복지법〉이 개정되면서 2021년 6월 30일부터는 친생부모가 아이의 입양을 의뢰하는 창구가 민간 입양기관에서 지방자치단체로 바뀌었다. 위탁 가정이나 보육원 등 다른 대안양육체계를 지방자치단체가 관리하는 것과 마찬가지로 입양 역시 공공의 아동보호체계에 통합하여 정부가 관리하라는 현장의 오래된 요구가 뒤늦게 받아들여진 셈이다.

2021년 10월 국정감사에서 남인순 의원이 보건복지부로부터 제출받아 공개한 자료에 따르면, 지방자치단체가 입양 상담을 시작한 6월 말 이후 두 달간 아이를 입양 보내려고 상담한 친생부모의 절반 이상이 생각을 바꿔 아이를 직접 키우거나 일시적으로 보호기관에 맡겼다가 이후 직접 양육하기로 결정한 것으로 나타났다.[22] 상담을 맡은 아동보호전문요원의 전문성이 더 강화되어야 하고 처우도 개선되어야 하는 문제가 여전히 남아 있긴 하지만, 친생부모가 직접 아이를 키우기로 결정하는 데에 공적인 상담 서비스가 긍정적인 영향을 미친 것이다.

허술한 절차와 사후관리

입양 신청 후 절차가 시작되면 입양부모들에 대한 사전교육은 어떻게 진행될까? 예비 입양부모교육을 개선해야 한다는

　　　　　　　　　2. 한국에서 '비정상' 가족으로 산다는 것

목소리가 높았지만 부실한 8시간짜리 교육이 오랫동안 유지되어왔다. 그러다가 학대로 인한 입양아동의 사망이 잇따르자 아동학대예방교육이 추가돼 2021년 12월 현재 10시간으로 확대된 상태다. 그러나 소그룹이나 심화된 워크숍과 같은 형태로 논의가 깊어질 틈도 없는 일회성 교육이며, 이마저도 코로나19 상황에서는 온라인 교육으로 대체됐다. 예비 입양부모에게 입양은 부모의 이익이 아니라 아동 최상의 이익을 위해 이뤄져야 한다는 점을 분명히 해야 하는데 그런 내용들은 제대로 다뤄지지 않는다.

입양부모이자 입양 가정을 위한 교육과 상담, 위기 지원 등을 진행하는 건강한입양가정지원센터 이설아 대표는 이렇게 말한다.

"예비 입양부모교육은 스스로 갖고 있던 입양에 대한 편견과 환상을 점검하고, 나는 왜 입양으로 부모 되기를 선택했는지 그 깊이 있는 동기를 점검하는 단계다. 또한 입양아동의 심리적 어려움이나 발달 과제, 입양부모가 겪는 어려움과 여러 상황을 조망해 과연 우리가 입양을 선택하는 것이 적절한지, 나는 입양아동의 상실을 이해하고 충분히 지지할 수 있는 부모인지 성찰하는 시간이어야 한다. 박제된 이미지로서 입양이 아닌 생생한 육아 현실로서의 입양, 불쌍한 아이를 구원하는 선행이 아니라 상처받은 아이의 부모가 된다는 게 무엇인지를 깨닫는 과정이어야 한다. 그러나 현재의 사전교육에는 그러한 과정들이 거의 생략됐다."

대다수의 사전교육에 '(입양을 깰 수 있는) 파양의 요건 절차 및 효과'가 포함되는 것도 문제다. 국회와 민간단체가 함께 구성한 '대구·포천 입양아동 학대·사망사건 진상조사위원회'(이하 '조사위')에 참여했던 노혜련 숭실대 교수는 "완전 입양은 친생부모와 모든 혈연관계를 완전히 단절하고 새로운 친권자를 만나는 것이므로 파양은 원칙적으로 완전 입양과 양립하면 안 된다"라고 지적했다. 파양은 부모가 자격이 없는 경우에만 국가가 결정할 수 있는 일인데 입양부모에게 파양의 요건과 절차를 교육하는 것은 부모가 아이를 쉽게 포기할 수 있는 요건을 가르치는 것이나 마찬가지인 셈이다.

입양이 성사되어 아이가 새 가족을 만났다고 해보자. 사후관리는 어떨까? 민간입양에는 아예 사후관리가 없다. 해외입양도 허술하다. 서두에 소개한 김상필 씨가 이 경우의 피해자다.

과거 한국 정부는 미국에 입양을 보내는 아이들이 안전하게 정착할 때까지 보호하지 않고 입양을 보내는 순간 자동으로 국적을 박탈했다. 그런데 아이들은 시민권을 받지 못하는 IR-4 비자를 받았기 때문에 입양부모가 시민권 취득 절차를 밟지 않으면 무국적 상태에 놓였다. 입양이 민간기관들 사이에서 이뤄지다 보니 정부가 아무런 책임을 지지 않았던 것이다. 이게 문제가 되자 미국 의회는 2000년 입양아에게 자동으로 국적을 부여하는 〈아동시민권법Child Citizenship Act〉(이하 'CCA')을 제정했다. 그러나 한국 입양아들은 〈입양특례법〉 개정으로 가정법원이 입양 허가를 시작한 2013년이 되어서야 CCA가 자동 적용되는 IR-3 비자를 받기 시작했다. 2013년 이전에 입양된 아이들 중 무국적 상태로 남아 있는 입양인은 미국에만 1만 8,603명, 미국 외 국가까지 포함하면 2만 5,996명에 달한다. 해외입양을 보내 면서 한국 정부가 아이들의 국적 박탈만 신경 쓰고 입양 국가의 국적 취득 문제는 도외시했던 결과다.[23]

사후관리는 국내입양의 경우에도 마찬가지로 허술하다. 2020년 11월의 양천 아동학대 사망사건은 세 번의 아동학대 신고에도 불구하고 16개월 된 정인이의 죽음을 막지 못해 전 국민의 공분을 샀는데, 아동보호체계의 허점 중 하나인 입양기관의 부실한 사후관리도 문제가 됐다.

정인이의 입양을 주선한 홀트아동복지회는 입양 실무 매뉴얼을 준수했다고 밝혔지만 아동인권단체들은 "정상적인 가정 방문은 1회였고 아동학대 신고에 의한 비정상적인 방문이 2회 였다. 아동학대 신고에 의한 비정상적 방문은 방문 회차에서 제외해야 하고, 확인을 겸한 정상적인 방문이 2회 이상 더 있었어야 한다"라고 반박했다. 또한 사후관리가 부실했다는 증거로 학대 의심 신고가 있었다는 사실조차 모른 채 2차 정기 방문을 했다는 점을 들었다. 이후 아동보호전문기관으로부터 아동학대 신고가 있었다는 사실을 전달받은 뒤에도 입양기관은 분리

및 보호조치나 파양 절차 등 필요한 보호조치를 하지 않았다.[24]

양천 입양아동 학대사망 사건 이후 9개월 만에 벌어진 화성 입양아동 학대사망 사건에서도 부실한 사후관리의 문제가 불거졌다. 1차 가정방문 후 2차 사후관리는 이메일과 전화로만 진행됐으며 양부모가 계속 '인지발달', '감정기복', '예민한 성격' 등 두 살배기 입양아동 탓을 하며 양육의 어려움을 말했지만, 입양기관은 아무런 도움을 주지 않았다. 주 학대 가해자였던 양부가 1차 외에는 사후관리 대상에 포함되지 않았다는 점도 문제로 지적됐다.[25]

대구, 서울 양천 등 입양아동 학대사망 사건들에서 드러난 공통점 중 하나는 경찰이나 아동보호전문기관 상담원들이 '입양까지 한 훌륭한 사람들이 아이를 학대할 리 없다'라는 강력한 선입견 때문에 제대로 된 대응을 하지 못했다는 점이다. 게다가 한국은 국내입양 활성화를 꾀한다는 명목으로 건강한 영아를 입양할 때에도 계속 현금을 지원하는 특이한 나라다. 노혜련 교수는 "입양부모는 선하고 대단한 존재라는 사회적 인식은 입양아동을 양육하는 과정에서 어려움이 생겨도 외부에 도움을 청할 수 없도록 만든다"라면서 "입양은 선한 일이라기보다 전문적 도움이 필요한 전 생애의 과정이라는 인식을 확대하고 현금 지원보다 전문적 사후 서비스를 제공하는 공적 전달체계를 마련해야 한다"라고 지적했다.

이미 한 차례 부모를 잃은 아이들

나는 아동인권단체에서 일하면서도 한동안은 입양의 여러 문제점을 잘 몰랐다. 그러다 2014년 봄 현수 사건을 알게 되었다. 해외입양인들이 홍대 앞 공원에서 숨진 현수의 추모 집회를 열었다는 인터넷 뉴스를 우연히 보게 되면서다. 검은 플래카드에 적힌 "현수야, 미안하다"라는 문구를 보는 순간, 충격과 부끄러운 감정에 휩싸였다.

현수에게 미안하다고 말하는 이들은 누구인가. 어릴 때 영문도 모른 채 미국으로, 해외로 입양을 갔다가 성인이 된 뒤 고국에 돌아와 입양제도 개선을 위해 싸우는 해외입양 당사자들이었다. 제인 정 트렌카가 이끄는 '트랙TRACK'(진실과 화해를 위한 해외입양인의 모임)을 비롯하여 국가에게 사과를 받아도 시원찮을 이들이 모여 현수에게 미안하다고 집회를 열며 눈물을 흘리고 있었다. 아무도 미안하다고 하지 않는데, 현수가 숨지기 9개월 전 네덜란드에서 〈헤이그협약〉에 서명한 정부의 어느 누구도 미안하다고 하지 않는데, 오로지 이들만 미안하다고 했다.

이건 뭐가 잘못되어도 단단히 잘못되었다는 생각이 들어 입양제도 개선을 위해 헌신해온 '뿌리의 집' 김도현 목사를 찾아갔고, 그 뒤 정부를 상대로 입양기관 조사와 제도 개선을 촉구하는 연대활동을 시작했다.

활동 결과, 당시 현수의 입양을 주선한 미국의 입양기관 가톨릭 채리티는 한국으로부터 아동 입양을 중단했다. 아울러 정부는 입양기관인 홀트에 대한 감사를 진행해 불법 사실을 밝혀내고 입양기관들에 대한 경고조치를 내렸다. 〈입양특례법〉의 소소한 개정도 있었다. 하지만 여전히 입양제도의 커다란 구멍은 메워지지 않았다.

16개월 된 입양아동이 학대로 숨진 양천 아동학대 사망사건으로 전국이 들끓던 2021년 초에는 아동보호체계 진단을 위한 국회 긴급 간담회가 열렸다. 그때 국내입양인연대 민영창 대표가 했던 말이 가슴에 와 박혔다.

"이미 한 차례 부모를 잃은 아이들이라는 점을 기억해야 합니다."

전례 없이 입양이 전국적 관심사가 되어버린 그때 이런저런 대책을 듣고 말하는 와중에도 한 살 때부터 입양인으로 살아온 민 대표의 말이 계속 귓가에 맴돌았다. '뭣이 중헌디'라는 한때의 유행어처럼, 입양이라는 복잡한 관계에서 누가, 왜 가장 중요한 사람인지를 잊지 말라는 일침처럼 들렸다.

불가피하게 친생부모가 키울 수 없게 된 아이에게 영구적 가족을 찾아주는 입양에서, 아이는 가장 중요한 당사자다. 동시에 그 과정에서 선택권이 없는 유일한 사람이기도 하다. 우리 사회는 입양아를 '가슴으로 낳은 아이'라고 부르며 아이와 친생부모의 이별은 없는 일처럼 취급하고, '행운아'라는 말을 들으며 살아가는 아이의 마음이 어떤지는 별로 궁금해하지 않는다. 그 마음을 물으러 민 대표의 소개로 성인이 된 입양인들을 만났다. 민 대표를 제외한 입양인 당사자들은 A, B, C 씨로 적겠다.

민 대표는 친생부모와의 분리는 "몸이 기억하는 상처"라고 했다. 아기가 뭘 알겠나 생각하기 쉽지만, 분리는 학대 못지 않게 큰 트라우마를 남기는 경험이라는 것이다. 생후 7개월 무렵 입양돼 평탄하게 자란 A 씨는 중학생 때 가족과 잠깐 떨어져 지내는, 별스럽지 않은 상황에서도 온몸의 세포가 덜덜 떨리는 느낌이 들 정도로 유별난 공포를 겪었다. 그 이유를 몰랐는데 입양됐다는 사실을 알게 되면서 그제야 흩어진 퍼즐 조각이 맞춰지는 듯했다고 한다. 그는 "아이에게 친생부모와 분리되는 경험은 버림받는 것이고 온몸에 화상을 입는 듯한 충격이다. 화상이 아니라고 아무리 말해도 상처는 남을 수밖에 없다"라고 했다.

일곱 살 때 입양된 B 씨는 20대가 되어도 해소되지 않는 분리불안과 함께 "엄마가 버릴 만큼 내가 나쁜 아이였나?" 하는 생각으로 성장 과정 내내 고통스러웠다. 존재 자체를 거절당했다는 아픔과 자기 불신은 입양인을 힘들게 하지만, 입양가족은 '자연스러운 가족'과 똑같다는 믿음 앞에서 입양인의 감정은 제대로 존중받지 못한다. 되레 친생부모의 양육 포기로 입양부모가 자신을 거두어준 것에 감사해야 한다는 암암리의 압박에 자기 감정을 지우려 노력해야 한다. 입양을 말하면 종종 차별받거나, 상실을 말하면 '실패한 입양인'이라는 비난을 듣기 일쑤다.

입양인에게 가장 절박한 질문은 "내가 어떤 방식으로 포기되었는가"이다. "포기할 만한 아이였어서 그렇게 되었는지, 아니면 어쩔 수 없이 헤어졌지만 소중한 존재로 다루어졌는지"를 궁금해하고, 함부로 다뤄지지 않았음을 알게 될 때 상실을 안정적으로 애도할 수 있게 된다.

그런 점에서 입양인들은 정인이의 경우처럼 빠르게 결정되는 입양에 반대한다. 입양기관과 부모들은 '초기 애착 형성'을 이유로 '더 빠르게'를 말하지만, 입양인들은 부모의 양육 편의만을 고려한 입장이 아니냐고 묻는다.

생후 30개월 때 입양된 C 씨는 "눈을 맞추고 안으면 생모도 아이도 힘들어진다고 말하는 입양기관 관계자나, 그 말만 듣고 눈을 돌린 생모나, 아이가 빨리 오기만 하면 모든 상처가 지워질 거라고 믿는 입양부모나 모두 이리저리 옮겨질 아이에 대한 예의를 갖추고 있는지 묻고 싶다"라고 말했다.

"아이는 자신과 연결되어 있던 주체에게 충분히 안겨 있어야 하고 그의 목소리를 들어야 한다. 넘치도록 미안하단 말을 들어야 하고, 잘 자라는 인사를 건네받아야 한다. 입양될 아이가 빠르게 빠르게가 아니라 느리고 천천히, 신중하게 갈 길이 정해져도 괜찮다는 사실은 믿기 힘들겠지만 많은 입양인의 생각이다."

친생부모와의 사소한 연결고리 한두 개만으로도 입양인은 자기 삶의 시작점을 긍정하고 그 힘으로 살아간다. C 씨는 생모에 대해 "며칠 모유를 먹였을 거다"라는 흐릿한 정보밖에 모르지만, 그 조각난 단서만으로도 깊은 위로를 받았다고 했다.

건강한입양가정지원센터 대표이자 세 아이를 입양해 키우는 이설아 씨도 비슷한 이야기를 들려주었다. 그는 슬픔을 힘겹게 소화하는 첫째와 둘째의 곁을 지키면서, 셋째를 입양할 때에는 아이와 친생부모에 대한 정보를 공유하고 직접 만나는 개방입양을 결정했다. "내 아이의 삶에서 중요한 누군가가 사라지기를 더는 원하지 않는 마음"에서였다.

그는 그렇게 입양부모가 된 지 9년 만에 "입양 3자가 모두 행복한 입양"을 처음 경험했다. 생모를 직접 만나니 아이가 훨씬 입체적으로 보였다. 생모는 안심할 수 있었고, 함부로 다뤄지지 않은 아이는 상황을 안정적으로 받아들였다. 한번은 셋째가 신생아일 때 생모와 손을 포개고 있는 사진을 첫째와 둘째가 보더니 "나도 이런 사진을 갖고 싶다"라고 목놓아 운 일이 있었다. 생모에게 안겨보기라도 했다는 기억과 자료를 갖는 것이 그렇지 못한 경우와 얼마나 다른지 그는 절감했다고 한다.

A 씨는 "내 삶의 시작에 대한 정보를 알기 전까진 마치 블랙홀이 나의 모든 에너지를 빨아들이는 느낌인데, 생모와 연결되어 진실을 알고 나면 고통스러워도 결국 힘을 얻고 온전한 나로 돌아오게 된다. 그것이 진실의 힘"이라고 말했다.

내가 만난 입양인들은 대체로 입양부모의 사랑을 듬뿍 받았지만, 가정폭력에 시달린 사람도 있었다. 보육원에 있던 그를 TV로 본 부모는 먼 길을 달려와 딱 두 번 만나고 그를 입양했으나, 집에서는 폭력이 빈발했고 주변에선 "그럴 리 없다"라며 아무도 돕지 않았다. 그는 운 좋게 살아남은 '정인이'였다.

부모가 '선하고 훌륭한 일'이라는 이미지에만 이끌려 입양을 선택하면 구렁으로 미끄러지는 건 순식간이다. 내가 만난 입양인 중엔 "입양 제한 사유에 '구원자적 목적'을 넣어야 한다"라고 말한 사람도 있었다. 입양은 한 아이를 구원하기 위해 "너는 나 없으면 안 돼"라고 말하는 것이 아니라, 그 아이와 가족을 이루고 싶어서 "나는 너 없으면 안 돼"라고 말하는 것이어야 한다. 환상을 깨는 성찰, 상처받은 아이를 키우는 훈련이 필요한 일이다.

내가 만난 입양인들의 생각을 일반화할 수는 없을 것이다. 그러나 이야기를 들을수록, 아이를 중심에 놓는 입양은 더 많은 입양 알선을 추구하는 민간기관들이 할 수 있는 일이 아니라는 생각이 들었다. 아니, 해서는 안 되는 일이다. 생모는 대부분 위기에 내몰려 홀로 출산할 정도로 곤경에 빠진 어린 여성이다. 누구와 상담하고 어떤 정보를 얻느냐에 따라 아이의 평생이 좌우된다. 제도를 일거에 바꿀 수 없다면 최소한 입양 동의 전 친생부모의 상담과 아이의 보호만큼은 국가가 전적으로 책임져야 한다. 수십 년간 민간에 내맡긴 제도 탓에 '입양 3자' 모두가 실패하는 '정인이들'의 비극을 이제 끝내야 한다.

저출생의 심화와 아이를 직접 키우기를 선택한 미혼모의 증가로 입양이 줄어드는 추세이지만 완전히 사라지지는 않을 것이다. 입양가족은 친생부모와 함께 살 수 없게 된 아이에게 사회가 만들어준 최후의 대안 가족이다. 그렇게 가족을 만들어준 책임이 있는 만큼 입양의 시작부터 끝, 그 이후까지 정부가 책임져야 한다. 공적 체계를 제대로 갖추지 않고 입양을 입양부모의 선의에만 맡겨두고 방치하는 것은 아이를 정성껏 돌보고 있는 입양부모들에게도 커다란 누를 끼치는 일이다.

한국에서
피부색이 다른 가족이
산다는 것의 의미

단체에서 일하는 동안 오래 영향을 받았던 그림이 있다. 2010년 가을, 열한 살 소녀가 서툰 솜씨로 그린 한 장의 그림. 도화지의 위쪽 절반에는 주먹만 한 글씨로 "다른 나라 사람을 차별하지 마세요"라고 쓰여 있다. 그 아래엔 덩치 큰 아이 세 명이 나란히 서서 혼자 멀찍이 떨어져 서 있는 작은 아이를 향해 외친다.

"저리 가! 너는 우리랑 달라!"

작은 아이는 이 덩치 큰 세 아이에게 맞서는 모양새로 이렇게 항변한다.

"아니야! 나는 너희와 같아."

작은 아이의 실제 모델이자 이 그림을 그린 소녀는 한국인 아버지와 베트남인 어머니를 둔 다문화 가정의 아이였다. 단체에서 유엔아동권리위원회에 제출할 보고서를 작성할 때 인터뷰했던 그 아이는 이렇게 말했다.

"너는 우리랑 다르다고 막 얘기하고… 어렸을 때요. 제가 발음이 많이 이상했는데, 그러다 보니까 애들이 (나더러) '너 우리랑 같은 사람 아니지? 저리 가'라고 하고, 맨날 놀리고 그랬는데… (학교에서) 다문화 가정인 사람 손 들라고 맨날 그러잖아요. 그럼 저밖에 손 드는 애가 없잖아요. 그러면 애들이 '쟤 다문화 가정인가 봐' 어쩌고저쩌고해요."

이 아이는 "똑같은 사람이고 말만 다를 뿐인데, 다문화 가정이라는 말은 필요도 없고 (듣기) 싫다"라고 했다.

그러고서 며칠 뒤에는 단체 활동가들이 인천의 한 초등학교에서 학생들의 동아리 활동을 지원한 경험을 듣게 되었다. 동아리 아이들이 직접 같은 학교 학생을 대상으로 다문화와 관련한 설문조사를 했는데, "평소 다문화 가정의 아동 하면 떠오르는 단어를 두 개만 적어보시오"라는 주관식 질문이 있었다. 가장 많이 나온 대답은 이랬다.

"따돌림, 더럽다, 외모, 의사소통, 아프리카, 초콜릿, 짜장면, 흑인, 불행…."

그 학교 학생 중엔 외모로 금방 알아차릴 수 있는 다문화 가정 아이는 없다고 했다. 설문에 응답한 학생들이 다문화 가정 아이를 직접 본 적이 있건 없건 간에 '다문화'라는 개념 자체에 따라붙는 혐오의 리스트가 놀라웠다.[26] 나와 다르게 생긴 사람에게 "너는 우리와 달라, 저리 가!"라고 외치던 우리 안의 태도가 지금은 달라졌을까? 성인들 사이에선 다를까?

유감스럽게도 그렇지 않은 듯하다. 여성가족부가 발표한 〈2015 국민 다문화수용성 조사〉 결과를 보면 국민 열 명 중 세 명(31.8%)은 외국인 노동자(혹은 이민자)를 이웃으로 삼고 싶어 하지 않는다. 국제조사전문기관 '월드밸류서베이'가 실시한 조사 결과(2010~2014년)의 같은 항목과 비교하면 외국인과 이웃해서 살고 싶지 않다는 한국 사람은 미국(13.7%)보다 2.3배, 호주(10.6%)보다 3배, 스웨덴(3.5%)보다 10배 많다.

여전히 정부와 학교의 다문화정책, 수업의 상당수는 다문화 가정 아이들로 대상이 한정돼 있다. 학교에 잘 적응하지 못해 도중에 그만두는 초등학생을 살펴보면 다문화 가정 아이들이 비非다문화 가정에 비해 4.5배나 많다. 다문화 가족이 35만 가구를 넘어선 요즘에도 이 아이들이 겪는 어려움은 7년 전과 크게 달라지지 않은 것이다.

다소나마 위안이 되는 것은 여성가족부가 3년마다 실시하는 〈국민 다문화수용성 조사〉의 2018년 결과를 보면 청소년의 수용성 지수(71.22점)가 2015년(67.63점)보다 꽤 올랐다는 점이다. 비록 성인의 2018년 다문화 수용성 지수(52.81점)는 2015년(53.95점)보다 떨어졌지만 말이다. 청소년의 수용성 점수가 일반 국민보다 월등히 높다는 점도 앞으로 달라질 수 있다는 희망을 갖게 한다.

2. 한국에서 '비정상' 가족으로 산다는 것

한국은 인종차별 공화국

한국에는 이미 220여만 명에 달하는 외국인이 산다. 그러나 이주민, 특히 피부색이 검고 '한국보다 가난한 나라' 출신 외국인에 대한 차별과 혐오는 심각하다. '혈통적 한국인'들만이 '정상가족'이 되어 '비정상'에 해당하는 다문화 가정, 이주노동자들과 그들의 자녀를 차별하는 것이다. 집단주의적 가족가치 때문에 한국인들은 외집단을 배제하고 극단적으로 비난하는 태도를 보이며, 전통적 가족가치관과 혈통적 국민정체성이 높을수록 다문화를 배제하는 태도가 높다는 연구도 있는 터다.[27]

미국처럼 인종갈등이 노골화한 적은 없지만 나는 한국이 인종차별 국가라고 생각한다. 국가인권위원회가 2017년 발표한 〈혐오 표현 실태조사 및 규제방안 연구〉에 따르면 한국에서 일하는 이주민 노동자의 절반 이상은 혐오 표현을 들은 적이 있고 이를 두려워하는 것으로 나타났다.

이 혐오 표현들에 따르면 한국 사회에서 이주민 노동자들은 '더럽고' '냄새가 나서' 기피하고 싶은, '미개하고' '무식하고' '게으르'면서도 '돈을 밝히는' 집단이다. 또 '남의 나라에 와서 일자리를 빼앗는 집단', '잠재적 테러리스트', '아이를 낳으러 팔려 온 불쌍한 사람'이다.

콩고민주공화국 출신으로 국내에서 난민 지위를 인정받은 욤비 토나 광주대 교수는 거리를 다니다 "진짜 새까매", "흑형"이라는 이야기를 하도 많이 들은 탓에 사람들이 자신에게

무관심한 외국에 나가면 이상하다고 말할 정도다.[28]

그저 다르다는 이유만으로, 그 '다름'이 한국인들이 딱지 붙인 '열등성'의 표지라는 이유만으로 이주자들을 차별하는 것도 문제지만, 내가 특히 심각하다고 생각했던 것은 스스로 부모를 선택하지 않았거니와 자기 의지와 상관없이 부모에 의해 한국에서 살게 된 이주아동에 대한 차별, 그것도 제도적 차별이 뿌리 깊다는 점이었다.

국내의 미등록 이주아동은 대략 2만 명 안팎으로 추정된다. 체류기간이 만료됐거나 외국인등록을 하지 못해 미등록 상태인 이주아동의 경우 아마 한국 땅에서 살아가는 아이들 가운데 가장 열악한 처지, '사각지대 중의 사각지대'에 놓인 아이들일 것이다. 정부가 비준한 〈유엔아동권리협약〉은 모든 아이들이 국적·인종·사회적 신분과 무관하게 어떠한 차별도 받지 말아야 한다고 규정하건만, 미등록 이주아동들은 권리는커녕 단속과 추방의 공포로 인해 가장 기본적인 권리조차 누리지 못하는 경우가 비일비재하다.

2013년에 법무부는 미등록 이주아동이 학교에 다니는 중이라면 교육과정을 마칠 때까지 강제출국을 유예한다는 지침을 확대 적용하도록 변경했다. 이전에 중학생까지만 적용하던 지침을 고등학생까지로 아주 조금 확대했을 뿐이지만 이주아동의 권익을 위해 싸우던 단체들의 연대활동이 없었더라면 이미미한 변화도 불가능했을 것이다.

당시의 변화는 한국에서 10년을 살다 갑자기 추방된 고등학교 1학년생 민우 때문이었다. 일곱 살에 부모를 따라 몽골에서 한국으로 이주한 민우는 고1이 될 때까지 10년간 한국에서 살았기 때문에 한국어가 더 유창했고, 스스로를 한국인이라고 생각했다. 어느 날 친구들 사이에 벌어진 싸움을 말리다 참고인으로 경찰서에 가게 된 민우의 인생이 한순간에 바뀌게 된다. 미등록 이주아동임이 드러나 바로 외국인보호소로 가게 된것이다. 성인들과 한 방에 갇혀 있던 민우는 범죄자도 아닌데 5일 만에 수갑을 찬 상태로 공항에 이송돼 강제 추방됐다. 그사이에 부모는 한 번도 만나지 못했다.

당시 이주민 인권단체들이 끈질기게 문제제기를 한 덕분에 법무부는 미미하게나마 방침을 변경했지만, 민우는 계속 부모와 생이별 상태로 살아야 했다.

그뿐인가. 중국에서 태어난 일함이는 어머니가 혼자 한국으로 이주한 뒤 친척들 손에서 자랐다. 일함이가 중학교를 졸업할 무렵 어머니가 일함이를 한국으로 불러 15년 만에 모자가 함께 살 수 있게 되었다. 한국에서 고등학교에 입학하려던 일함이는 '한국어 미숙' 때문에 입학을 거부당했다. 1년 반가량 한국어 공부를 한 뒤 다문화특성화 고등학교에 입학을 신청했지만 학교에서는 가족관계등록부, 주민등록등본 등 한국 국적 학생들만 제출할 수 있는 서류를 요구했다. 일함이는 '국민의 자녀임을 증빙할 수 있는 서류 미비'를 이유로 또 입학을 거부당했

다. 다문화특성화 고등학교조차 받아들여주지 않는 일함이는 어디에 가서 공부해야 할까.[29]

한국 국적이 아니라는 이유로 이주민의 아이들은 학대를 당해도 아동보호전문기관의 보호를 제대로 받지 못하고 갈 곳 없는 상황이 되었을 때 시설에도 가지 못한다. 이주민의 아이들이 단지 국적과 체류 자격이 없다는 이유 하나만으로 '정상적 한국인'들은 그들에게 너무 가혹하게 군다. 교육, 의료 서비스를 받을 권리, 폭력에서 보호받을 권리를 제도적으로 봉쇄하고 있는 것이다.

다행히 2021년 들어 미등록 이주아동의 보호를 위한 제도적 변화가 조금씩 이뤄지고 있다. 미등록 이주아동의 인권 침해 문제가 계속되자 2020년 5월 국가인권위원회는 정부에 아동 최상의 이익을 고려하여 '장기체류 미등록 이주아동 체류자격 부여제도'를 마련해야 한다고 권고했다. 장기체류 미등록 이주아동에 대한 무조건적인 강제퇴거를 중단하고 국내에 지속적인 체류를 원할 때 자격을 심사받을 수 있는 제도를 마련하며, 제도 마련 이전에라도 현행법 및 제도를 통해 체류 자격 부여 여부를 적극적으로 심사하라는 것이었다.

이에 따라 법무부는 2021년 4월 〈국내출생 불법체류아동 조건부 구제대책〉을 발표했다. 그 골자는 특정 조건이 충족된다면 미등록 이주아동이 고등학교를 졸업하거나 성인이 될 때까지 한시적으로 국내 체류를 허용한다는 것이다. 또 2021년

11월 사회관계장관회의에서는 국내에서 태어난 모든 외국인 아이들에게 신원확인용 등록번호를 부여해 미등록 이주아동의 신분을 보장하는 방안도 논의됐다.

더디지만 조금씩 바뀌어가고 있다. 제도 실행의 조건이 까다로워 혜택을 보는 이주아동이 극소수일 것이라는 비판도 있고 법률 제정이 필요한 사안도 있지만 말이다. 적어도 아이들만큼은 강제로 쫓겨날지도 모른다는 공포, 부모와 헤어질지도 모른다는 두려움으로 하루하루 짓눌리지 않도록 해야 한다.

타자에 대한 증오의 표출

이주아동들이 출생등록과 교육, 의료 등 가장 기본적인 권리에서 차별받지 않도록 하기 위해 아동, 이주 관련 단체들은 2013년 〈이주아동권리보장기본법〉 제정 추진 네트워크(이하 네트워크)를 만들었다. 나는 당시 이 활동을 하던 중 한국인이 이주민에 대한 증오를 얼마나 쉽게 아무런 필터 없이 뿜어내는지 절감한 적이 있다.

네트워크는 당시 새누리당(이하 여당)의 이자스민 전 의원과 함께 이주아동권리보장기본법안을 만들고 법안 발의를 준비하던 중이었다. 아직 법안 발의를 하기도 전인 2014년 늦가을, 난데없이 온라인에서 '불법체류자 자녀에게 특혜를 주는 한국판 이민법 논란'으로 난리가 났다. '한국판 이민법' 발의자로 지목된 이자스민 의원실에는 날선 공격이 빗발쳤다. 법안 발의도 하지 않았는데 황당한 일이었다.

알고 보니 당시 새정치민주연합(이하 야당)의 정청래 의원이 발의한 〈아동복지법〉 개정안에 미등록 이주아동의 교육권, 의료권 보장이 포함돼 있었고, 이걸 이자스민 전 의원의 법안이라고 착각한 사람들이 융단폭격을 퍼부은 거였다.

당시 이주아동의 문제에만 국한해서 보면 여당이 야당보다 앞서 있었다. 이 문제에 열심이었던 이자스민 전 의원이 여당 소속이어서만은 아니다.

19대 국회가 구성된 직후 〈이주아동권리보장기본법〉 제정을 추진하기 위해 내가 가장 먼저 접촉한 의원은 당시 야당의 유력한 중진 의원이었다. 법안 심사를 맡은 상임위원회에 속해 있었고 인지도와 영향력도 높아 가장 적임자였던 사람이었다. 당시 이자스민 전 의원이 이 법안 제정에 관심이 많다는 것을 알고 있었지만, 그가 전면에 서면 시쳇말로 이주민을 혐오하는 사람들의 '총알받이'가 될 게 뻔해서 법안 통과가 어려울 거라고 생각했다.

그런데 함께 법안 마련 작업을 하던 도중 야당의 해당 의원실에서 갑자기 발의를 할 수 없게 됐다고 연락이 왔다. 의원이 거부했다는 것이다. 당시는 성소수자에 대한 차별 금지 조항을 이유로 기독교계가 끈질기게 반대해 〈차별금지법〉이 무산된 직후였다. 차별금지법안 공동발의자로 이름을 올린 의원실마다 기독교인들의 조직적인 항의 전화 공세로 업무가 마비될 정도였다고 한다. 당시 우리가 만들던 〈이주아동권리보장기본법〉 초안에도 차별 금지의 사유로 성적 지향이 포함돼 있었다. 자라 보고 놀란 가슴 솥뚜껑 보고 놀란다더니 그 유력 의원이 법안 발의를 거부한 것은 이 조항 때문이었다. 우리는 '성적 지향'이라는 단어가 두드러져 보이지 않도록 표현을 바꾸겠다고 여러 차례 제안했지만 결국 거절당했다.

해당 의원의 법안 발의 거부를 씁쓸한 마음으로 겪었던 뒤라 더 그랬는지, 나는 당시의 '한국판 이민법' 논란을 그저 해프닝으로 치부할 수 없었다. 소동의 진원지가 당시의 야당을 지지(혹은 여당을 싫어)하는 사람들이었기 때문이다.

더 많은 민주주의와 자유, 진보를 주장하는 사람들이 보수적인 사람들보다 타자에 대해 더 관용적 태도를 지녔으리라 생각했던 나로서는 그들이 이주아동에게 보인 적대적 태도를 이해하기 어려웠다. 무슨 이유인지 알고 싶어 온라인 게시판과 SNS에 올라온 '한국판 이민법' 비판을 일일이 찾아 읽어보았다. SNS 프로필에 권위주의적 정부를 비판하고 민주주의를 바란다고 적어둔 이들이 딱 그 권위주의적 시각으로 이주민을 바라보며 "우리 권리를 빼앗아 간다"라고 비판과 혐오 발언을 쏟아냈다.

무수한 비판 중 일상생활에서 이주민에게 실제로 피해를 당한 경험에 근거한 주장은 찾기 어려웠다. 대개 '왜 내가 낸 세금으로 불법체류 아동을 돕느냐'라는 논리였다. 내가 낸 세금으로 남을 돕는 사회보장제도는 비난하지 않는 자칭 '민주주의자'들이 미등록 이주아동의 기본권 보장에 대해서는 '세금이 아깝다'라는 논리를 들이밀었다. 미등록 이주아동의 부모들도 한국에서 일하며 사는 이상 지역 경제의 한 부분을 맡고 있고 정도의 차이는 있을지언정 세금을 낸다는 것도, 간접세 비중이 50%에 육박하는 한국에서 세금을 내지 않고 생활하기란 불가능하다는 사실도 그들의 안중에는 없는 듯했다.

이런 상황에서 〈이주아동권리보장기본법〉이 통과될 리가 없다. 네트워크가 함께 준비한 법안을 이자스민 전 의원이 발의한 뒤 그해 연말 국회 입법예고 사이트에는 2주 동안 무려 1만 4,000개 이상의 반대 의견이 올라왔다. 반대의 이유는 '한국판 이민법' 소동 때와 다르지 않았다.

이주민에 대한 증오는 이주가 일상화된 현대사회에서 위험 전가, 희생양 찾기, 타자 비난의 가장 흔한 형태다. 미등록 이주아동의 처지 따위는 안중에도 없이 너무나 간단히 타자를 증오의 대상으로 삼는 것은 그만큼 불안과 위기감이 사람들의 일상과 마음 깊숙이 스며들었다는 방증이기도 할 것이다.

자기가 살아가는 사회에 위기가 닥쳤을 때 그 위험을 타자와 관련짓는 반응은 근대 이전부터, 세계 곳곳에서 발견되어 온 현상이다. 사회심리학자 헬렌 조페Helene Joffe의 『위험사회와 타자의 논리』에 따르면 매독이 유럽을 휩쓸던 15세기에 매독은 영국에선 '프랑스 두창'으로, 프랑스에선 '독일병'으로, 플로렌스인들에겐 '나폴리병', 일본인에겐 '중국병'으로 불렸다. 매독뿐 아니라 콜레라, 흑사병, 나병에 이르기까지 집단적인 불치의 질병은 늘 '타자'와 연관되어왔다.

흥미로운 것은 위험을 '타자'와 관련짓는 반응이 서양 사회 혹은 지배집단에서만 드러나는 특성이 아니라는 것이다. 타히티에서 매독은 '영국병'으로 불렸다. 아프리카 줄루족에 대한 인류학적 연구에서도 질병의 발생을 '타자'와 연관지어 이해하는 반응이 드러난다. 결국 위기에 처했을 때 '타자'는 지배집단이든 아니든 누구나 비난할 수 있는 잠재적 대상이 되는 것이다.

더군다나 지금처럼 인권이 하찮고 허무맹랑한 가치로 취급당하며, 잘못된 정보에 기반을 둔 증오가 인터넷을 타고 순식간에 증폭되는 사회에서는 이주민에 대한 과장된 공포가 더욱 쉽게 확대 재생산된다. '한국판 이민법' 소란이 더 우려스러웠던 것은 이주아동이 그러한 외부의 희생양이 됐다는 점이었다.

그 뒤 20대 국회에서는 〈이주아동권리보장기본법〉은 아예 거론조차 되지 않았고 21대 국회에서도 2021년 12월 현재까지 마찬가지다. 2012년 대선에서는 〈이주아동권리보장기본법〉과 〈차별금지법〉이 대통령 선거공약이었지만 2017년 5월 대선에선 거론조차 되지 않았다. 아니, 〈차별금지법〉 제정을 주장한 일부 사람들은 '다 된 선거에 재뿌린다'라는 비난까지 들어야 했다. 이 상황은 2022년 대통령 선거를 앞둔 2021년 12월 현재에도 크게 달라지지 않았다. 국회 법제사법위원회는 10만 명이 동의한 〈차별금지법〉 제정 청원의 심사기한을 21대 국회 마지막날인 2024년 5월 29일로 연장하는 데에 만장일치로 동의했다. 본인들 손으로는 이 법을 제정하지 않겠다는 뜻이다. 나와 다른 사람, '정상적 한국인'들이 '비정상'이라고 딱지를 붙인 대상, 타자에 대해 우리 사회는 점점 더 배타적으로 변해간다. 아이들에 대해서까지도 그렇다.

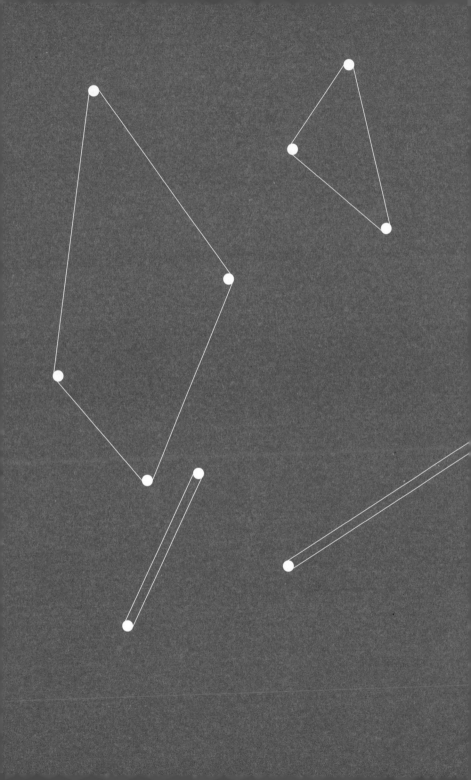

3.
누가 정상가족과
비정상가족을
규정하나

믿을 건 가족뿐이라는
만들어진 신념

한국에서 가족은
왜 이렇게 중요해졌을까

　　가족 안팎에서 아이들을 둘러싼 폭력과 차별의 배후에 똬리를 틀고 있는 '정상가족'주의를 들여다보면서 나는 두 가지 질문을 품게 됐다. 첫 번째, 왜 우리 사회의 가족은 개별성을 존중하지 못할까. 아이의 개별성에 대한 존중이 없으니 과도한 통제와 체벌, 학대, 과보호 등 관계에서 신체적, 정서적 폭력이 잦다. 두 번째는 왜 다양성을 수용하지 못할까 하는 점이다. 나와 다른 사람을 내치는 배타적 태도와 차별, 편견은 왜 약화되지 않을까.

　　보통은 사회가 근대화되면 가족이나 집단에 대한 의존도가 줄어들고 개인화도 같이 진행된다. 한국은 이만큼 사회가 복잡해지고 분화됐는데도 여전히 가족주의의 영향력이 뿌리 깊은 걸 보면 한국의 근대화 과정은 서구의 이론으로 설명하기 어려운 대상인 듯하다.

이 대목에서 약간 갸우뚱할 수도 있겠다. 앞에서 살펴본 아이들의 문제, 가족과 떼어 생각하기 어려운 아이들의 상황이야 그렇다 쳐도, 현실에서 우리는 비혼, 1인 가구의 증가, 개인주의의 가속화, 가족 해체 등의 이야기를 더 많이 접하기 때문이다. 비혼과 만혼, 저출생 등이 이슈가 될 때마다 언론에는 개인주의의 확대로 인한 가족 해체를 걱정하는 탄식이 곧잘 등장한다.

2000년대 초반 소위 X세대가 결혼할 나이에 진입한 뒤 만혼과 저출생 경향이 시작되었을 때, 그러한 위기의식은 더욱 심했다. 오죽하면 2004년 초 〈건강가정기본법〉이 제정됐겠는가. 당시 '개인'을 중시하는 트렌드의 중심에 섰다고 주목받은 X세대. 그들은 정말 개인주의자들로 살아가고 있을까?

X세대의 주역인 1975년생 50명을 심층 면접한 사회학자 김혜경은 그렇지 않다고 말한다. "심층 면접한 50명 모두 남성은 제도적 부계 가족주의를, 여성은 정서적 가족주의를 내면화했다"라는 것이다. 자녀를 키우는 맞벌이 부부들 사이에선 (효도와 부양이 아니라) 부모에게서 자녀 양육 지원을 받는 도구적 가족주의가 유지되고 있었다. 비혼 집단에서도 개인주의적 성향이 뚜렷이 드러나지 않았으며 가족주의와 큰 갈등이 없었다. 개인주의화가 가장 뚜렷하게 나타났을 거라고 예상했던 대졸 비혼 집단에게도 가족은 탈피의 대상이 아니라 사회적 안전망을

3. 누가 정상가족과 비정상가족을 규정하나

대신할 피난처였다. 연구자는 이 같은 결과를 "가족 지향적 개인화"라 불렀다.[1] 개인화가 가족과의 강력한 규범적, 정서적 관계를 유지하며 진행되었기 때문이다.

내 주변에는 우연찮게 자발적인 무자녀 가족이 여럿 있다. 자신의 삶에만 충실하기 위해 자녀를 갖지 않기로 결정했으나 그렇다고 가족주의에서 자유롭지도 않다. 딩크DINK, Double Income No Kids족이라는 말의 경쾌한 어감처럼 '내 삶을 즐기기' 위한 선택이라기보다 한국 가족의 현실과 자신의 상황, 부모의 책임과 자격을 고민하다 내린 '포기의 결단'에 더 가깝다.

동아시아 3개국의 가족, 결혼, 동거, 이혼 등 가족가치에 대한 태도를 비교한 연구에서도 한국은 중국과 일본보다 더 보수적인 것으로 나타났다. 2015년 3국의 가족가치관 비교에서 한국인의 가족가치가 가장 보수적이었고 가정생활만족도는 가장 낮았다. 결혼에 대한 가치관과 가정생활만족도는 중국과 일본에 비해 한국인의 행복감에 더 큰 영향을 끼쳤다.[2] 한마디로 한국인에겐 여전히 가족이 너무나 중요한 거다.

가족을 둘러싼 가치는 변화의 속도가 전부 제각각이라 한마디로 말하기 어렵다. 젊은 세대를 중심으로 개인주의적 가치가 확산되는 것도 사실이고 집단주의적 가치관도 여전히 완강하다. 서로 다른 시간을 살아온 사람들이 한집에서 살고 가족을 이룬다. 한편에선 보수적 가족가치를 내세우지만 다른 한편에선 가족의 형성 자체가 회피의 대상이다.

내게도 가족은 중요하다. 그러나 가족이 친밀한 사람들의 정서적 공동체와 공동생활공간 이상으로 사회의 많은 문제를 야기하는 상황, 그리고 처음에 품었던 질문인 가족 내 개별성과 다양성의 실종을 생각하면서 점점 더 궁금해졌다. 우리 사회에서 가족은 왜 이렇게 지나치게 중요해졌을까.

압축적 근대화의 해결사, 가족

한국 사회의 엄청나게 빠른 근대화 속도는 세계 유래를 찾기 어려울 정도다. 서구에서 길게는 300~400년, 짧게는 100~200년에 걸쳐 진행된 근현대화가 한국에서는 1960년대부터 지금까지 약 50여 년에 걸쳐 진행됐다.

뭔가를 높이 쌓아 올릴 때에는 자칫 발을 헛디뎌 추락할 경우를 대비해 안전망이 필요하다. 그런데 한국은 그런 안전망 없이 오로지 더 높이 쌓는 일에만 몰두해왔다. 일례로 1934~1960년 사회보험제도를 살펴보면 그 기간 중 개발도상국과 선진국을 모두 포함하여 사회보장제도 실시 경험이 전혀 없는 나라는 세계에서 딱 5개 나라밖에 없었는데 그중 하나가 한국이었다고 한다.[3] 말 그대로 한 손에 꼽을 만큼 세계에서 사회보장이 가장 열악한 나라 중 하나였던 셈이다.

위기의 나락으로 굴러떨어지는 개인을 받쳐줄 사회적 보호제도가 전무한 상황에서 개인이 부여잡을 지푸라기는 뭐였

3. 누가 정상가족과 비정상가족을 규정하나

을까. '사회적 안전망'이 없는 사회에서 개인이 기댈 유일한 언덕은 '사적 안전망'인 가족이었다. 가족은 부계혈연 중심의 유교적 가족규범이 지배적이었던 조선 후기부터 일제강점기, 한국전쟁, 근대화, 도시화, 산업화를 거치며 줄곧 사회적 위기상황에서 개인을 지켜주는 거의 유일한 울타리였다.

전근대사회에서 가족주의가 지배적이었던 건 그럴 수 있겠다 싶지만, 한국 사회의 특이한 점은 흔히들 가족주의가 약해지기 마련인 근대화 과정에서 가족주의가 더 강력해졌다는 점이다. 근대화 과정 내내 국가가 '선 성장, 후 분배'의 논리하에 거의 모든 사회문제를 가족에게 떠넘겼기 때문이다. 사람을 먹이고, 키우고, 보호하고, 가르치고, 치료해주고, 부축해주는 그 모든 일들이 전부 가족의 책임이었다.

나도 성장 과정 내내 귀에 못이 박히도록 들었던 이야기, "믿을 건 가족뿐"이라는 말은 1960~1980년대의 근대화 과정을 통과해온 거의 모든 한국인이 공유하던 신념이었다. 사회학자 김덕영이 『환원근대』에서 가족을 근대화의 '해결사'라고 불렀던 것처럼, 한국의 '선 경제개발' 전략은 모든 사회보장 및 복지 서비스에 해당하는 일들을 가족에게 떠넘기는 바탕 위에서, 가족의 희생 위에서 이뤄졌다.

1970, 1980년대 내내 사회보장제도는 거의 없다시피 했다. 의료보험제도는 있었지만 적용이 제한적이었다. 1973년 〈국민복지연금법〉이 제정됐는데 이때도 이미 70개국의 개발도

상국을 포함하여 세계 127개국이 도입했을 정도로 보편화된 제도를 뒤늦게 들여온 것[4]이었다. 이마저 1988년까지 시행이 보류됐다.

그나마 공공의 사회적 보호제도가 도입된 것은 1987년 민주화 대항쟁 이후의 일이다. 미뤄뒀던 국민연금이 1988년 시행됐고 같은 해 의료보험이 5인 이상 사업장에까지 확대됐다. 이듬해에는 의료보험이 전 국민 대상으로 확대됐고 〈모자복지법〉(1989년), 〈영유아보육법〉(1991년) 등 사회적 취약계층을 보호하는 법안들이 잇따라 만들어졌다.

이후 1990년대에는 노동자들의 실질 임금이 오르고 중산층이 늘어나면서 가족의 친밀성과 소통이 중시되기 시작했으며 개인화 경향도 뚜렷해졌다. 만약 IMF 경제위기로 이 흐름이 단절되지 않았더라면 지금쯤 한국은 어떤 사회가 되었을지 가끔 궁금해진다.

1990년대의 개인화가 더 발전하지 못하고 가족주의의 영향력을 벗어나지 못하게 된 것은 우리 사회의 지층을 뒤흔든 IMF 경제위기의 영향이 크다. 국가 경제가 파탄 나면서 모두 불안해졌다. 개인의 자유로운 성장은커녕 가족이 뭉쳐 살아남거나 흩어져 죽거나 둘 중 하나였다. 추락은 공포가 아니라 현실이 되었다. 명예퇴직이 증가하고 일자리가 불안정해지면서 기혼 여성들도 생계전선에 나서고 청년들이 열악한 일자리를 전전하며 생계를 해결해야 했다.

취업이 어려우니 연애와 결혼, 출산은 유예 혹은 기피 대상이 됐다. 비혼의 급증은 개인화의 결과가 아니라 불안정해진 삶의 표현이라고 해야 할 것이다. 결혼을 해도 삶은 여전히 불안정했다. 모든 것을 일터에 바쳐야 하는 상황에서 가족에겐 '저녁이 없는 삶'이 일상화됐다. 시간이 있으면 '가족과 함께'는 커녕 몸값을 올리기 위한 '자기계발'이 시급했다.

노동시간은 세계 1위에 등극할 정도로 길어져만 갔고 맞벌이는 계속 늘어나는데 그때까지 가족이 도맡아온 돌봄을 해결해줄 공적 지원은 없었다. 중산층 이상은 알아서 사람을 사서 쓰는 '시장경제'의 방식으로 해결했지만 저소득층에선 자녀의 방임이 증가했다. 버려지는 아이들도 늘었고 생활고를 견디다 못한 부모가 자녀를 살해하고 목숨을 끊는 비극도 급증했다.

신자유주의적 경제구조에서 모든 부와 계층의 양극화가 진행되는 동안 가족의 양극화도 함께 진행됐다. 중산층 이상은 어릴 때부터 스펙과 경쟁력 향상을 위한 가족의 '팀플레이'에 총력을 기울이며 가족이기주의로 더 심하게 치달아갔다. 반면 대다수 중하위 계층과 노동계층은 가족 구성으로 인한 위험을 피하기 위해 결혼과 출산을 포기해야 하거나 가족을 구성했더라도 돌봄을 감당하지 못해 비명을 지르는 상황이 되었다.

국가가 조장한 가족주의

가족에게 모든 짐을 떠넘긴 채 '모르쇠'로 일관하던 국가가 어떨 때 어떤 방식으로 가족을 호명하는가를 지켜보는 것도 흥미로운 일이다. 이를테면 1960년대에는 산업화가 막 시작된 시점인데도 이미 핵가족 용어가 일반화되었다고 한다. 대가족을 '농촌 근대화의 암'으로 묘사하거나 전통가족과 관련된 용어들을 '봉건잔재'라고 지목하고 핵가족을 '개명, 진화, 중류 이상'으로 묘사하는 맥락에서였다.

그런데 핵가족을 찬양하던 흐름이 1970년대에는 정반대로 바뀌어 핵가족이 '한국 고유의 전통 대가족 붕괴'의 원인이자 더 나아가 '여성일탈'의 원인이라고 비판하는 맥락에서 자주 쓰였다.[5] 왜 그랬을까.

사실 핵가족은 근대의 발명품이 아니다. 흔히들 생각하는 것과 달리 한국의 전근대 사회에서도 확대가족, 대가족은 드문 현상이고 부부 중심의 핵가족이 보편적이었다고 한다. 수명이 짧아 3대 이상이 공존하는 가족 형태는 드물었고 확대가족 유지에 필요한 경제력을 갖추기도 어려웠기 때문이다. 줄곧 핵가족 체제였는데도 핵가족을 이상화했다가 10년도 지나지 않아 비판하는 담론이 출몰했던 이유는 뭘까.

사회학자 김혜영은 이를 가족을 통한 국가의 통치이데올로기와 관련이 있다고 분석한다. 경제발전과정에 노동력, 특히 값싼 저임금 노동력이 필요했던 국가는 핵가족을 찬양하면서

3. 누가 정상가족과 비정상가족을 규정하나

농촌 자녀의 도시 이주를 장려하고 여성의 노동시장 유입, 산아 제한을 골자로 한 가족계획을 장려했다. 그러다가 산업화의 진전으로 농촌의 공동화 및 노령화가 문제가 되고 노인 부양의 필요가 제기되자 이번에는 핵가족을 비판하고 전통적 가족 부양의 윤리를 찬양했던 것이다.

상반된 두 사례의 공통점은 국가는 아무런 사회적 비용도 지불하지 않고 노인 부양 문제를 비롯한 사회문제의 원인을 핵가족에서 찾았다는 점이다. '바람직한 가족상'을 내세우며 국가가 가족을 이용했다고 해도 과언이 아니다.

국가가 가족을 이용한 또 하나의 사례로 1997년 외환위기 이후 금 모으기 운동을 들 수 있다. 당시 '제2의 국채보상운동'을 내걸고 진행된 금 모으기 운동을 보며 그 어마어마한 규모, 그 간절한 사연들에 거의 매일 놀랐던 기억이 생생하다.

이 운동은 1997년 12월 새마을부녀자회의 '애국 가락지 모으기 운동'에서 시작해 김대중 당시 대통령 당선인이 국민운동으로 제안하면서 본격화했다. 금가락지부터 시작해 금목걸이, 금니, 금메달 등이 쏟아져 나왔다. 불과 다섯 달 만에 227톤의 금이 모였고 무려 21억 3,000만 달러를 모았다. 한국에서 한꺼번에 쏟아져 나온 금 때문에 국제 시세가 폭락할 정도였다.

개인들이 앞다퉈 국가에 금을 바치는 광경이 뭔가 기괴했지만 매우 감동적이었던 것도 사실이다. 나라가 망하면 내가 잘 산들 무슨 소용이랴 하는 마음으로 자발적 운동으로 확산되었고 금을 들고 나온 개인들의 사연은 모두 눈물이 나올 만큼 간절했다. 이 운동은 지금도 일치단결하여 환난을 극복한 위대한 국민의 미담으로 회자된다.

사실 따지고 보면 금 모으기는 기묘한 운동이다. 국가와 재벌의 잘못으로 야기된 외환위기였고 국민의 혈세로 부실기업과 부실금융기관에 공적 투입을 한 것도 모자라 국가가 국민에게 손을 벌린 것이니까 말이다.

사회학자 김덕영은 『환원근대』에서 금 모으기 운동을 "국가와 가족의 관계에서 쌍방성이 결여된 일방적 증여"라고 묘사했다. 그도 그럴 것이 이 관계에서 가족은 장롱 깊숙이 간직한 할머니의 금가락지를 내놓을 정도로 헌신적 모습을 보였다. 그런데 국가는 외환위기와 더불어 실직한 사람을 전적으로 가족에게 떠맡겼다. 이 과정에서 많은 이들이 노숙자로 전락하거나 스스로 목숨을 끊기도 했다.

가족주의의 제도화, 양극화

개인의 삶에 영향을 끼치는 이념적 가족주의의 영향력이 이전보다 약화되었다고 해도 한국의 많은 사회제도들은 개인이 아닌 가족을 전제로 설계되었으며 가족주의 원리로 작동하고 있다.

코로나19 와중에서도 가족주의가 행정 제도의 근간에 얼마나 깊이 스며들어 있는지를 보여준 사례가 있었다. 2020년 3월, 정부는 전 국민을 대상으로 재난지원금을 지급했는데, 4인 가족을 기준으로 지원금 지급 방식이 만들어졌다. 각 개인이 신청하는 것이 아니라 가구별 인원수에 따른 금액을 세대주가 신청해서 한꺼번에 받는 방식이었다. 이러다 보니 이혼소송 중인 세대원, 별거 중인 세대원, 가정폭력 피해자, 탈脫가정 청소년 등은 지원금을 받기 어려운 상황이 됐다. 결혼이주여성도 처음엔 배제돼 있어서 여성가족부가 각 지방자치단체로 공문을 보내 지급 방식을 바꿔달라 요청했던 기억이 난다. 이의신청이 쏟아져 2021년에는 지급 방식을 바꾸었지만, 이 사례는 가족주의가 행정 절차의 설계에 얼마나 깊게 스며들었는지, 사회복지 행정이 전 국민을 대상으로 할 때도 얼마나 단순하게 전 국민을 '가족'으로 바꿔 부르는지를 극명하게 보여주었다.

제도화된 가족주의의 가장 대표적 사례는 2021년 10월 폐지된 기초생활수급제의 부양의무제였다. 이 제도는 기초생활보장 수급 자격을 정할 때 최저생계비에 소득이 미치지 못해도 부양 의무자가 없는 경우 혹은 부양 의무자가 있어도 능력이 없거나 부양을 받을 수 없을 때에만 자격을 부여했다. 이 때문에 허울뿐인 가족이 있다는 이유로 국가의 지원을 받지 못해 극빈층으로 전락하거나, 극심한 생활고에 시달리다가 자살을 택하는 비극적 결과가 종종 발생했다.

2016년 6월 중증장애인인 아버지의 기초생활수급비가

줄어들까 봐 아버지와 함께 살면서도 임대아파트 전입신고를 하지 않았던 26세 아들이 아버지 사망 이후 강제퇴거 명령이 떨어지자 스스로 목숨을 끊었다. 2015년 2월에는 여수시에서 발달장애인 자녀의 부모가 가족에게 가중된 부양의무의 고통을 호소하다 스스로 목숨을 끊었다. 부양의무제로 인한 부작용이 많은데도 이 제도가 오래 유지됐던 이유는 "가족이 부양을 책임져야 한다는 강한 가족주의 전통"이 우리 사회에 여전히 강력했기 때문이다.[6]

문재인 대통령은 2017년 8월 이 제도의 단계적 폐지를 약속했지만, 현실의 절박함에 비해 속도가 더뎠다. 2018년 주거급여의 부양의무제가 폐지됐으나, 생계급여의 부양의무제는 남아 있던 2020년 말 이른바 '방배동 모자 사건'이 일어났다. 서울 방배동의 한 다세대주택에서 30대 발달장애인 아들과 함께 살던 60대 여성이 숨진 지 반년 만에 발견된 것이다. 그는 이혼 후 연락이 끊긴 전남편이 아들의 부양 의무자라는 이유로 필요한 복지혜택을 받지 못했고, 아들은 어머니가 숨진 뒤 7개월 동안 시신을 수습하지도 못한 채 노숙생활까지 했다.

부양의무제의 맹점을 충격적으로 보여준 이 사건이 일어난 후에야 서울시는 2021년 5월 전국 최초로 부양의무제를 전면 폐지했고, 보건복지부도 생계급여의 부양의무자 기준을 2021년 10월 앞당겨 폐지했다. '복지의 가족 책임'을 가혹하게 강요해온 제도적 관행이 60년 만에 사라진 것이다.

3. 누가 정상가족과 비정상가족을 규정하나

교육, 아이 돌봄과 관련된 거의 모든 정책들도 가족주의를 전제로 설계됐다. 가족이 짊어져야 할 어마어마한 교육비 부담은 결혼과 출산을 기피하게 만드는 주요 요인이 되기도 한다. 막대한 사교육비는 제쳐두고 공교육비만 놓고 봐도 유치원, 초중고교, 대학교 등 학교 교육에 대해 민간이 부담하는 금액인 공교육비 민간부담률이 OECD 평균의 3배(2016년 기준)이고 전체 OECD 회원국 중 세 번째로 많다.[7] 중학교까지만 의무교육에 해당되기 때문에 고등학교 및 대학 등록비는 가족이 책임져야 할 영역이었다. 2017년 이후 초·중등 교육비의 민간부담률은 많이 내려가서 〈OECD 교육지표 2020〉을 보면 OECD 평균에 근접했다. 2021년 고등학교 전면 무상교육이 시행됐으니 초·중등교육의 민간부담률은 이후 더 완화될 것으로 보인다. 그러나 사립대가 많아 고등교육의 민간부담률은 여전히 높다. 2020년에도 OECD 평균의 2.5배로 나타났다.

학교에서 기본적인 학교생활 및 교육활동에 학부모의 역할을 과하게 요구하는 것에서도 가족 의존적인 제도의 단면이 드러난다.[8] 자녀의 사교육 스케줄을 관리하고 온갖 준비물을 챙기며 숙제를 도와주고 학군 맞춰 이사 다니느라 쉴 틈 없는 학부모들이 얼마나 많은가.

보육에서도 마찬가지다. 보육 지원은 2000년대 이후 가장 빠른 속도로 확대된 사회정책이지만 보육비 지출 급증에 비해 국공립어린이집을 이용한 어린이의 비율은 12%에 불과하다. 거주지 인근 국공립 보육시설을 이용하려면 임신과 동시에 대기자 명단에 등록해야 한다는 말이 나올 정도로 가족이 다른 가족과 경쟁해야 하는 상황이 생겨났다. 공공보육 이용률 40% 달성은 문재인 정부의 공약이었는데 2020년에는 32%까지 올랐다.

주로 여성이 사용해온 육아휴직의 경우에도 고용보험에서 지급되는 급여가 통상임금의 40%로 제한돼 있었다. 따라서 맞벌이부부 중 한 명의 임금이 절반 이하로 깎이면 생계유지가 어려운 가족의 경우 이 제도 사용이 쉽지 않았다. 아이 돌봄의 일차적 책임을 여성에게 지우는 가부장적 가족주의의 풍토가 반영돼 있으며, 제도 자체가 중산층 가족을 전제로 운영되어왔다.[9] 이러한 문제점을 개선하기 위해 2017년 이후 육아휴직 급여 수준이 단계적으로 인상돼 2021년 12월 현재 첫 3개월 동안에는 통상임금의 80%, 4개월부터 끝날 때까지는 50%의 급여를 받는다. 부모가 순차적으로 육아휴직을 쓸 경우 두 번째 휴직자에게 3개월간 통상임금의 100%를 주는 '아빠 육아휴직 보너스제'도 도입됐다.

그러나 2019년 통계청 조사 결과 만 8세 이하 자녀를 양육하는 상용직 부모 중 육아휴직을 사용한 비율은 8.4%에 그쳤다. 육아휴직을 쓰는 부모가 열 명 중 한 명도 채 되지 않는 셈이다. 남성 육아휴직자가 꾸준히 늘어나는 추세이기는 해도 여전히 여성의 육아휴직(18.5%)이 남성(2.2%)보다 8배 이상 많았다.

3. 누가 정상가족과 비정상가족을 규정하나

게다가 중소기업의 육아휴직 사용 비율은 공공기관과 대기업의 절반가량에 불과하다. 자영업자, 한부모는 육아휴직을 거의 사용할 수 없는 실정이기도 하다.[10]

사회정책이 가족 단위로 설계되는 방식이 지속되면 가족을 형성하지 못한 개인, 가족에게서 충실한 지원을 받지 못하는 개인에게는 사회가 또다시 불이익을 가하는 셈이 된다.

또한 소득보장, 교육, 돌봄의 양과 질 등이 가족에게 의존적일 경우 계층에 따라 받을 수 있는 서비스의 질이 달라지므로 양극화가 심화되는 현상이 일어난다. 양질의 교육과 돌봄 서비스가 충분치 않은 상황에서 가족에게 주어진 자유선택이란 곧 개별경쟁을 의미하기 때문이다. 〈제도적 가족주의의 진단과 함의〉를 연구한 장경섭 등은 "이처럼 가장 기초적 부분에서 발생하는 격차는 가족을 통해 재생산되어 개인과 가족의 삶의 계층화, 양극화를 점점 더 심화시킨다"라고 지적했다.[11]

가족의 삶이 양극화될수록 그 최대 피해는 아이들이 받는다. 사교육 과열 양상이 보여주듯 중산층은 계층 하락을 하지 않으려는 몸부림으로 자녀가 어릴 때부터 총력 경쟁에 나선다. 저 높은 곳을 향해 나아가야 하므로 아이의 자율성, 개별성이 고려될 여지는 희박하다. 반면 소득과 경제적 유지가 불안정한 저소득층은 아이들을 돌보지 못하는 '돌봄 공백' 상태에 빠진다. 이 탓에 아이들은 자주 방임 상태에 놓이고 스트레스 해소의 대상이 되어 학대에 시달리는 아이들도 늘어난다. 국가가 모든 책임을 가족에게 전가해버린 탓에 가족이 각자도생으로 살아남아야 하는 현실에서 가장 약한 자인 아이들이 늘 피해자가 된다.

개인 아닌 가족 단위로
사다리에 오르는 사회

쓸쓸한 현실이지만 이제 우리 사회가 부모의 신분이 자녀에게 세습되는 곳이 되어버렸다는 데에 이견을 달 사람은 없을 것이다. 금수저, 흙수저와 같은 '수저계급론'은 그저 비아냥이 아니라 실제 현실에서 점점 신분 세습이 강력해지는 것을 반영한 자조적 표현이다.

얼마 전에 이를 데이터로 입증한 연구를 읽었다. 2004년 중학교 3학년이었던 2,000명의 한국교육고용패널 데이터를 10년간 추적한 결과 부모의 교육과 소득 수준이 자녀의 기회에 어떤 영향을 끼치는지를 분석한 논문[12]이었다. '수저계급론'을 실증적으로 보여준 연구라고 해야 할까.

이 연구에 따르면 부모의 교육 및 소득 수준이 높을수록 자녀의 4년제 대학 진학률도 높다. 소득이 상위 20% 이내에 속하는 부모의 자녀들이 대학에 갈 확률은 소득이 하위 20%에 속하는 부모의 자녀들보다 38.3% 높았다.

단순히 대학 진학률만 달라지는 게 아니다. 부모의 교육 및 소득 수준이 높을수록 자녀의 수능성적 1~2등급의 비율이 높았다. 상위권 대학에 갈 가능성이 더 높은 것이다. 부모의 교육 및 소득 수준은 자녀가 취업했을 때 임금 수준에도 영향을 끼쳤다. 부모의 교육 수준이 전문대졸 이상인 경우 고졸 이하 학력에 비해 자녀의 임금이 20%가량 더 높았다.

연구진이 기회 불균등을 추정한 결과, 개인의 노력과 무관하게 부모의 사회·경제적 배경 변수가 개인의 수능성적 불균등을 9.7% 정도, 임금 불균등을 3~3.5% 정도 설명해준다고 한다. 이처럼 부모세대의 교육과 소득이 자녀의 교육 수준에 계승되고 임금 격차를 만들어낸다면 사회계층의 세습은 더 심해질 것이다. "개천에서 용 나는" 가능성은 점점 더 희박해져 가는 것이다.

언론학자 강준만은 『개천에서 용 나면 안 된다』라는 도발적인 제목으로 '개천에서 용 나는' 모델을 발전이라고 간주하면서 용이 되기 위해 모든 고난을 감내하라는 식의 희망고문을 비판한다. '개천에서 용 나는' 모델은 '억울하면 출세하라'와 본질적으로 다를 바가 없다는 것이다.

나는 모두가 '용 키우기'에 달려드는 대신 미꾸라지들이 사는 개천도 살 만한 곳으로 만들자는 강준만의 문제의식에는 전적으로 동의한다. 그러나 태어난 계급의 격차가 삶의 여러 기회를 차단하고 아무리 '노오력'해도 소용없는 '헬조선'이 굳어질수록 가장 큰 손해를 보는 사람들은 개천의 미꾸라지들, 가난한 집의 아이들이다. 빈부의 양극화가 교육, 주거, 생활의 모든 면에 걸쳐 분리를 가속화할수록 그에 따른 희생은 가난한 아이들에게 집중된다. 인권과 평등의 가치를 앞세운 민주주의도 '겉만 번지르르한 말'로 전락하고 말 것이다.

개천도 살 만한 곳이어야 하고 미꾸라지가 용이 될 기회가 폭력적으로 차단되어서도 안 된다. 그런데 우리 사회는 그 문이 점점 닫히고 좁아져만 가고 있다. 코로나19로 이는 더 심각해졌다. 서울시교육청 산하 서울교육정책연구소가 2021년 4월 학교 내 학력격차 실태를 분석한 결과 서울시 내 중학교 382곳에서 코로나19 이후 국·영·수 과목의 중위권이 줄어든 사실이 확인됐다. 상위권과 하위권이 동시에 느는 '양극화' 현상이 심해진 것이다.[13] 사교육 등 다른 기회를 갖지 못해 친구와 선생님을 만날 유일한 기회가 학교뿐일 아이들이 겪을 내적 성장의 지연은 또 어찌할 것인가. 안타깝게도 가장 위와 가장 아래의 격차는 점점 더 커져만 간다.

"남들도 다 하니까…" 불안이 낳은 사교육 과열

신분 세습이 점점 고착화되어가는 만큼 중산층 사이에서

자녀를 한 칸이라도 더 사다리의 위쪽에 올려놓으려는 경쟁도 치열하다. 가장 대표적인 것이 사교육비 지출이다. 사교육비 지출은 부부가 출산을 망설이게 하는 이유 1위에 꼽힐 정도로 '가족'을 구성하는 데에 엄청난 부담으로 작용한다.

2017년 초 교육부와 통계청이 발표한 2016년 사교육비는 1인당 월 25만 6,000원으로 역대 최고라고 한다. 현실 체감 액수는 이보다 몇 배인데 이게 역대 최고라니, 믿기지 않았다. 알고 보니 이건 반쪽짜리 수치였다. 사교육을 전혀 받지 않는 학생들까지 포함해서 평균을 냈기 때문이다. 사교육을 받는 학생(전체 학생의 67.8%)만 대상으로 평균을 내면 37만 8,000원으로 12만 원이 더 많다. 게다가 여기엔 방과 후 학교 수강비, EBS 교재비, 어학연수비는 빠져 있다. 자녀가 초등학교 때부터 고등학교 때까지 드는 비용만 측정했기 때문에 취학 전 영유아 사교육비도 다 빠져 있다.[14] 만 5세 아이 열 명 중 여덟 명(전체 아동의 84%)이, 만 2세 아이 열 명 중 세 명(전체 아동의 36%) 이상이 사교육을 받는 현실[15]은 반영되지 않은 수치인 셈이다.

남들이 다 하니까 안 하면 늦는다는 '공포마케팅'으로 돌도 되기 전의 아이들이 학원에 떠밀려 간다. '3세에 뇌 발달이 끝난다'라는 식의 근거도 불투명한 '3세 뇌발달' 마케팅이 번지면서 생후 6개월부터 시작하는 이른바 '0세 사교육'도 등장했다.[16] 사교육비의 계층별 격차도 심하다. 교육부와 통계청 발표에서 월평균 소득 700만 원 이상인 가구는 2015년 대비 5.6%

증가한 44만 3,000원을 사교육비로 썼다. 이것도 평균치라서 현실에서 체감하는 비용보다 훨씬 낮은 수치다. 월 소득 600만 원 이상 가구에서는 사교육비 지출이 늘었고, 월 소득 600만 원 미만 모든 계층에서는 사교육비 지출이 1년 전보다 줄었다. 경제 불황 속에서 고소득층만 사교육비를 늘린 셈이다.

해마다 역대 최고를 갱신하던 사교육비는 2020년의 경우 코로나19 여파 때문에 학생 1인당 월 28만 9,000원으로 전년도에 비해 10% 줄어들었다. 사교육 참여율도 7.9% 줄어든 66.5%를 기록했다. 그러나 사교육을 받는 학생들만 대상으로 놓고 보면 1인당 월 43만 4,000원으로 전년도(43만 3,000원)와 비슷했다. 월평균 소득 800만 원 이상인 가구의 사교육 참여율(80.1%)과 200만 원 미만인 가구의 사교육 참여율(39.9%) 차이는 40.2%p로, 전년도(38.3%p)보다 가구 소득에 따른 격차가 더 크게 벌어졌다.

지인들과 사교육 이야기를 나눌 때 가장 자주 듣는 말은 "나도 시키고 싶지 않지만", "남들이 다 하는데 우리 애만 안 할 수 없다", "사교육 안 시키면 학교에서 못 따라가는 상황이 되어버렸다"라는 말들이다. 근본적으로는 공교육이 부실해서 비롯된 상황이지만 남들도 다 하니까 어쩔 수 없다는 마음의 바탕엔 불안의 심리가 자리 잡고 있다. 이거라도 안 하면, 나만 안 하면 치열한 경쟁구조에서 내 아이만 낙오할지도 모른다는 불안함. 어느 영화의 제목처럼 불안이 '영혼을 잠식'하는 시대다.

개인이 아니라 가족의 경쟁

날로 커져가는 사교육 부담, 좁아져가는 대학 입학 관문 때문에 더 심해지긴 했지만, 한국 가족은 늘 자녀교육, 자녀의 성공을 위해 가족이 총력전을 펼쳐왔다. 한국 사회에서는 개인이 아니라 가족이 경쟁단위다.

앞서 살펴보았듯 근대의 전 과정에 걸쳐서 그러했다. 해방과 한국전쟁, 급격한 산업화 등으로 사회가 극심하게 변화하는 와중에 사회적 안전망이라곤 찾으려야 찾을 수 없는 상태에서 개인을 보호하는 유일한 안전망은 혈연 및 직계가족뿐이었다. 가족이 친밀한 사적 생활영역이라기보다 거의 공적 영역을 뒷받침하는 준準공적 성격을 갖게 되어버렸다. 최근에 그렇게 된 게 아니라 오래전부터 그랬다. 가족을 둘러싼 사회 환경의 변화에 맞춰 양상만 달라졌을 뿐이다.

나는 흔히 '386'으로 분류되는 세대에 속하는데 우리 세대도 그런 직계가족 중심의 가족주의가 지배하는 환경에서 자랐다. 공부를 잘하는 아들이 있으면 집안을 일으킬 재목으로 간주됐고, 여자 형제들을 희생해가면서 '개천의 용'이 되길 기대하며 대학에 보냈다. 1992년 MBC에서 방영된 드라마 〈아들과 딸〉이 그려낸 후남이 같은 딸들, 공부를 잘했지만 남자 형제를 위해 희생해야 했던 딸들이 1970, 1980년대에 부지기수였다. 딸들을 희생시키지 않아도 될 정도의 경제력을 갖춘 집들에서도 '부모의 헌신'이 늘 자녀들의 뒤통수에 달려 있었다.

3. 누가 정상가족과 비정상가족을 규정하나

멀리 갈 필요도 없이 나 자신이 그런 사례다. 지방의 소읍에서 태어났지만 내 부모가 가까운 중소도시로, 서울로 계속 옮겨 온 유일한 이유는 우리 형제들의 교육이었다. 대학을 졸업하고 자립한 지 오랜 세월이 지났지만 내 선택으로 삶을 만들어 왔다는 생각의 이면에는 나를 위해 헌신한 부모의 기대를 번번이 배반하며 살아왔다는 죄책감이 여전히 남아 있다. 가족주의가 문제라고 생각하지만 나 역시 가족주의에서 자유롭지 못한 셈이다.

386세대의 뒤를 잇는 X세대라고 다를까. X세대의 주역인 1975년생 50명을 만나 개인화 정도를 면접조사 한 연구[17]에 따르면 1970년대에 소 팔아서 자식 대학 보낸다는 뜻의 '우골탑'이 1990년대에는 적용되지 않을 줄 알았는데 그렇지 않았다. X세대의 남자 대졸자 집단 중 넉넉지 않은 집안에서 자란 경우, 그의 대학 학력은 여자 형제의 희생을 포함, 가족 자원을 총동원한 결과물이었다는 것이다.

그런 상황이니 내가 속한 세대뿐 아니라 현재 30~40대들도 대체로 부모에게 정서적 친밀감을 갖고 자란 사람이 많지 않다. 그들의 부모는 자녀교육과 경제적 지원을 위해 고군분투하던 세대였고 부모 자녀 사이에선 친밀한 애정보다 '공부'가 가장 중요한 화두였다.

자녀의 수가 줄어든 요즘에도 교육을 중심으로 한 '부모의 희생과 헌신, 자녀의 보답'을 아름다운 관계로 바라보는 오래된 가족주의의 경향은 약해진 것 같지가 않다. 되레 가족이 더욱 응집돼 자녀를 두고 '너의 성공=우리의 성공'이라고 바라보는 등식이 더 심해진 듯하다. 세대가 바뀌어도 달라지지 않는 '부모의 헌신'과 '자식의 보답' 구조는 아이들이 사회에 나가기도 전에 부채의식을 갖도록 만든다. 헌신과 보답의 도덕적 의무로 서로에게 짐을 지우는 이 가족주의의 구조 안에서 행복한 사람은 과연 누구일까.

자녀의 성공을 위해 똘똘 뭉쳐 분투했던 가족의 중심에 늘 '헌신적 어머니'가 있었다는 것도 한국 가족주의의 특징 중 하나다. 사회제도가 개인을 보존하지 못하는 상황에서 실질적 생존은 가족과 그 소우주의 주연출자인 여성에 의해 이끌려갔다.[18] 중산층 전업주부들이 '가정'이라는 성역을 유지할 의무를 수행했고, 가족 집단의 이익을 극대화하기 위한 경쟁에 뛰어들었다. 과거 엄마들의 '치맛바람'과 촌지, 부동산 투기 열풍 등이 상징하듯 사회적 지위의 상승이 학벌과 기회의 포착에 좌우되면서 중산층 전업주부가 중심이 된 성공지향적 가족이기주의, 소시민적 가족지상주의는 그 어느 때보다 심해졌다.

그런 환경에서 자라서 그런 것인지, 공부와 학벌로 성공한 경험이 뒷받침되어서 그런 것인지는 모르겠지만 교육 투자를 핵심으로 한 중산층의 가족주의를 강화시킨 사람들은 386세대다.

자신의 엄마를 보며 "나는 엄마처럼 살지 않겠다"라고 기

3. 누가 정상가족과 비정상가족을 규정하나

를 쓰고 공부했건만, 이 세대의 엄마들도 자녀를 위해 자신을 희생한다. '매니저 엄마'들이 등장해 자신의 지적 능력을 온통 양육에 쏟아부었다. 특히 1990년대 말 경제위기 이후로 가속화된 경쟁에서 탈락하지 않기 위해 중산층의 교육 투자는 더욱 강화됐다. 사교육비 지출도 높아졌고 '기러기 아빠'라는 신종 사회적 집단도 등장했다.

지금까지 지속되는 '기러기 아빠'라는 한국적 현상이 기괴해 보였던지 한국에 거주하는 한 일본인은 신문 칼럼에 이렇게 썼다.

"'기러기 아빠'라는 말은 일본어에 없다. 단어만 없는 것이 아니라 영어를 가르치겠다고 애들을 외국에 보내는 일 자체가 없다. 일본인에게 외국에서 유학하는 것은 대학생이나 대학원생이고 더러 고등학생이 있다 해도 엄마가 따라가지 않는다. … (중략)… 교육 아니 출세에 대한 한국인의 욕심은 나 같은 외국인의 상상을 뛰어넘는다. 초등학생들이 학원을 전전하다가 밤이 늦어서야 집에 들어간다는 말을 처음에는 믿지 않았다. 쏟아붓는 교육비가 한국과 일본의 소득 수준을 고려하면 2배에 가깝다는 얘기도 들었다. 한참 놀고 싶은 나이에 학원에만 다니는 아이도, 아이를 위해 밤새도록 돈을 버는 부모들도 내 눈에는 정상이 아니다. 만약 내가 한국에서 자랐다면 버티지 못했을 것이다."[19]

한발 떨어져서 바라보면 기괴할 정도로 한국의 가족은 자너교육에 명운을 걸고 있건만, 문제는 의외의 곳에서 발생한다. 정신과 의사 하지현은 『대한민국 마음 보고서』에서 스스로 아무것도 결정할 줄 모르거나 계속 결정을 지연하는 청년들이 양산된 현상을 이렇게 설명한다.

"자녀가 경쟁에서 이기기를 바라는 부모는 아이 대신 최선이라고 생각하는 모든 것을 선택해왔다. 덕분에 아이는 시행착오를 거치지 않고 더 많은 것을 가진 성인이 됐지만 결정하고 판단하는 능력을 갖출 기회를 놓쳤다. 결국 스스로 생각하지 못하고, 무엇을 결정하지도 모험하지도 못하는 어른이 되어 세상에 나갈 문 앞에 서게 된다. 아이를 위한다는 명분으로 했던 일들이 사실은 아이에게 독이 되어버린 아이러니한 상황을 맞게 된 것이다."

내비게이션에 의존해서 운전하는 데에 익숙해져 버리면 내비게이션이 없을 때 혼자 힘으로 길을 찾지 못하듯, 모든 것을 다 해주고 앞길의 돌부리를 치워주는 부모에게 익숙해져 버린 아이들은 성인이 되었을 때 자기 앞길을 스스로 닦지 못하는 상황에 처한다.

그런 상황에서 상당수의 청년들은 독립을 유보한다. 부모의 과도한 기획과 권력관계에서 벗어나고 싶지만 거기서 벗어나는 것이 곧 계층하락을 의미하는 세계에 진입하는 것이기도 하므로 독립을 포기하고 끊임없이 의존하기를 선택하는 것이다.

　　　　　3. 누가 정상가족과 비정상가족을 규정하나

그렇게 경제적 지원을 해주는 부모가 있다는 것은 안정감을 제공하는 원천이지만 자녀들의 가장 취약한 지점이기도 하다. 부의 세습을 당연시하는 요즘 사회 분위기에서 여유로운 부모를 둔 청년들은 부모의 후광에 '우쭐한' 감정을 느끼기도 하지만, 가족 내 부모와 자녀의 구도에서는 결국 부모를 만족시킬 수 없는 '민망한' 자식이 되어버리는 것이다. 그들은 '자부심'과 '주눅'이라는 이중적 감정 사이를 오간다.[20] 그렇게 중산층 가족 내에서 부모 자녀 관계의 도구적 의존성이 강화되고 가족주의는 더 견고해져 간다.

대를 잇는 가족주의적 심성

가족주의가 대를 이어가면서 자녀의 성공을 모든 것의 중심에 놓고 바라보며 자녀를 독립적 존재로 인정하지 않는 태도는 변치 않고 지속된다.

1970년부터 2014년까지 《동아일보》, 《조선일보》의 가족의 달 5월 기사에서 드러난 가족가치를 분석한 연구[21]에 따르면 부모의 과잉보호, 무분별한 사랑, 모든 것을 대신해주려는 양육 태도를 비판하는 기사들이 꾸준히 게재됐다. 언론기사가 당대의 모습을 비추는 거울임을 감안하면, 이는 역으로 과잉보호하거나 무분별하게 애정을 쏟으며 모든 것을 대신해주는 부모의 양육태도가 변하지 않았다는 사실을 유추하게 해준다.

2000년대 이후로는 '자녀를 소유하려 들지 말고 독립적 인격체로 보라'라는 내용들이 추가로 등장했다. 이 역시 거꾸로 자녀에게 집착하고 자녀를 소유하려 드는 부모의 양육태도가 심해졌다는 사실을 짐작할 수 있게 한다. 연구 결과, 시대와 무관하게 40여 년간 변치 않은 양육태도는 과잉보호와 출세를 지향하는 태도였다.

요즘은 출세는 고사하고 다만 추락하지 않기만을 바라는 지도 모르겠지만, 30~40대의 젊은 부모들 사이에서도 자녀를 소유물로 바라보는 태도는 여전하다.

2016년 초 경기개발연구원이 경기도 거주 30~40대 부모 800명을 대상으로 실시한 〈자녀양육실태조사〉에서 자녀는 '돌봐줘야 할 소유물'이라고 대답한 비율은 전체의 14.8%로 나타났다. 부정적 가치관을 드러내길 꺼리는 설문 응답자 속성을 감안하면 실제 자녀를 소유물로 생각하는 부모의 비율은 이보다 높을 것이라는 게 연구진의 해석이다.

자녀를 '소유물'로 인식하는 부모의 응답률은 첫째 자녀가 초등학생인 부모(15.1%)와 중학생인 부모(14.5%) 집단 간에 큰 차이가 없었다. 자녀가 어리기 때문에 소유물로 생각하는 것은 아니라는 이야기다. 그보다는 독립된 인격체로서 자녀의 자율적 판단력과 생존력을 인정하지 못하는 부모가 적지 않다는 사실을 시사한다. 특히 '외동 자녀', '외벌이 가정'의 부모들이 자녀를 통해 느끼는 행복감은 낮은 반면 자녀를 '소유물'로 인식

3. 누가 정상가족과 비정상가족을 규정하나

하는 경향은 더 강한 편으로 조사됐다.[22]

압축적 근대화 과정을 거치며 중요성이 커진 가족은 이제 개인 삶에서도 중심을 차지하기 시작했다. 그 과정에서 상호의 존성, 귀속성이 굳어지고 자녀 양육에도 반영되어 자녀를 소유물로 바라보는 관념이 더욱 공고해진 게 아닐까 싶다.

철학자 권용혁은 『한국 가족, 철학으로 바라보다』에서 "한국의 근대적 자아는 자유와 자율, 권리의 담지체인 개별적 존재로서 형성됐다기보다 가족주의 가치의 테두리에 둘러싸여 있는 자아"라고 분석했다.

자아를 형성하는 가장 기초적 공간인 가정에서부터 자기 가족만 아는 폐쇄적 분위기, 자녀의 자율성을 무시하는 분위기가 형성되어 있다면 그런 환경에서 자란 사람이 독립적인 근대적 자아를 형성하긴 어려울 것이다. 사회는 경쟁의 장이고 누군가가 이겨서 무언가를 얻으면 다른 사람은 잃는 게 세상 이치라는 제로섬의 논리가 부모의 태도에 배어 있다면 자녀들에게도 그러한 행태가 강요되기 쉬울 터다. 가족 내에서 부모의 권위가 강할수록 구성원들 사이의 존중과 배려, 민주적 의사결정도 그만큼 더 어려워진다. 부모의 신분이 세습되고 사회에서 개인이 아닌 가족 단위로 경쟁해야 하는 상황에서는 더더욱 개인이 자신의 정체성을 수립할 때 가족과의 분리를 생각하기 어렵다.

가족주의를 떠나서 보편적으로 부모와 자녀의 심리적 분리는 부모뿐 아니라 자녀에게도 어려운 일이다. 자신 안에 내면화한 부모의 모습과 싸우고, 달래고, 도망치고, 협상하고, 이해하는 과정이 곧 자기 자신이 되어가는 성장의 과정이다. 나이가 든다고 끝나는 일도 아니고 어쩌면 평생 지속해야 하는 과제다.

나는 그 과정을 어떻게 치러내는가가 어떤 사람이 되는지에 큰 영향을 끼친다고 본다. 각자도생의 경쟁 속에 이기적 가족주의의 강력한 영향이 모든 사람의 삶에 어른거리는 한국 사회에서, 우리는 도대체 어떤 사람들이 되어가고 있는 것일까.

왜 가족주의는
회사, 학교, 사회로까지
퍼졌나

내가 과장되게 느끼는 건지는 모르겠지만 가족 호칭이 점점 더 사회 전반으로 깊숙이 퍼져나가는 것 같다. 사람들이 결혼을 기피하고 전통적 가족가치가 무너져간다고들 하는데 가족 호칭의 확산은 그 반대인 듯하다.

재래시장의 야채가게에 과일을 사러 가도, 대형마트에 가도, 점원은 결혼 적령기를 지난 듯한 여성 손님을 거의 늘 '어머님'이라고 부른다. 지인들 중 비혼인 30~40대 여성이 시장에서 '어머님'이라고 불려 기분이 나쁘다고 불평하는 것을 본 적이 꽤 잦다. '아주머니'란 호칭이 비하적 뉘앙스를 진하게 띠기 시작한 요즘엔 '아주머니'가 쓰여도 좋을 상황에 점점 더 자주 '어머님'이 쓰인다. 내가 일하던 단체의 직원들은 청소 업무를 맡은 비정규직 직원을 '청소 어머님'이라는, 다소 이상한 호칭으로 불렀다. 직장에서 친해지면 금세 '언니', '형'은 예삿일이다. 고깃집에서는 늦수그레한 중년 남자들이 서빙하는 직원들을 '언니'라고 부르질 않나, 좀 덜한 경우에도 '이모', '어머님'이라는 호칭을 아무렇지도 않게 쓴다.

2021년 도쿄올림픽에서 메달을 휩쓴 양궁팀의 성과를 보도하면서 "막내인데 대단하다"라는 보도와 해설이 쏟아져 나왔다. 이어진 패럴림픽의 양궁 경기 보도에서는 급기야 〈막내들이 일으킨 양궁 열풍, 패럴림픽 맏이들이 잇는다〉라는 제목까지 나왔다. 스포츠 선수들의 기량에 대한 감탄과 응원을 넘어, 막내와 맏이로 엮어 올림픽을 마치 집안을 일으킬 가족 과업처럼 바라보는 모양새다.

회사에서도 '우리 ○○가족 여러분', '○○가족 체육대회' 같은 표현을 접해보지 않은 사람은 아마 거의 없을 것이다. 회사 구성원들끼리 친밀하고 직원에 대한 배려가 많아 좋다는 묘사를 할 때에도 '가족적 분위기의 회사'라는 표현이 흔하게 쓰인다. 수출 실적이 좋은 회사를 묘사할 때 언론은 곧잘 '효자 기업'이라고 부르곤 한다.

급변하는 사회지만 가족적 문화에 대한 미화는 여전하다. 공동체 의식과 배려, 책임을 강조하고 싶을 때 자주 가족적 관계에 대한 비유가 호출되고, 친밀감을 전제로 한 집안의 인간관계가 사회관계로까지 확장된다. 우리는 왜 중립적 호칭을 놔두고 굳이 가족적 거리를 암시하는 표현들을 점점 더 많이 쓰게

3. 누가 정상가족과 비정상가족을 규정하나

되었을까?

회사, 학교, 사회의 가족주의

한국 가족주의의 특징적 면모 중의 하나는 가족주의적 의식과 행위, 관계가 사회 영역으로 확대되어 사회적 관습이 되어 버렸다는 것이다. 회사나 학교 모임 등 자신이 속한 내(內)집단의 구성원들을 마치 가족 구성원처럼 대하는 경향이 두드러진다.

이러한 경향이 가장 두드러지는 영역은 회사가 아닐까 싶다. 직장가족주의는 직장을 가정의 확장된 장소로 보고, 가족 내에서 나타나는 중요한 속성이 조직과 구성원들의 의식과 행태에서도 나타나는 현상이다. 기업에서는 흔히들 주인의식을 고양시킨다는 명목으로 가족주의를 표방한다. "종업원을 가족처럼, 회사를 내 집처럼", "우리는 모두 한 가족" 등과 같은 흔한 사훈(社訓)에서 나타나듯 직장가족주의에는 가족과 유사한 관계를 중심에 놓는 유교적 이념이 내포되어 있다.

직장가족주의를 통해 구성원의 충성, 헌신, 공동체, 집단성, 소속감을 강조하며 부모-자녀의 수직적 관계가 직장에서는 상사-부하의 서열구조로 나타난다. 구성원과 경영진의 관계에서도 가족 내에서 자녀가 부모를 공경하는 식의 태도를 기대하고 요구하기도 한다.

가족을 기본단위로 하는 한국의 재벌이야말로 기업의 영

역에서 보이는 '확대된 가족 시스템'의 대표 격이라 할 것이다. 일터에서 가족주의는 1970, 1980년대 고도성장의 시기에 자주 호출되어왔다. 기업은 '가족 같은 기업'을 내세우며 노동자들의 한없는 희생과 헌신을 요구했다. 법인과 사인의 계약 대신 가족의 논리를 일터에 끌어들여 권위적, 수직적 인간관계로 노동자들을 통제해왔다. 1987년 6·29 선언 이후 노사 대립을 완화하기 위한 경영수단이 필요할 때에도 기업은 화합을 강조하는 문화적 전략으로 가족주의를 끌어들였다. 물론 이런 가족주의는 구조조정을 하거나 해고를 할 때에는 언제 그랬냐는 듯 자취를 감추지만 말이다.

학교에서도 가족주의적 비유가 곧잘 쓰인다. 1990년대 초반과 2010년대 초반을 대비하여 담임학급제도에서 나타나는 가족 비유를 분석[23]한 인류학자 정향진은 "가족 비유에 있어서만큼은 20년 전이나 지금이나 달라지지 않았다는 것에 놀랐다"라고 썼다. 농업이 사멸해가는 요즘도 부모가 자식을 키우는 것을 '자식농사'라고 부르는데 2010년대에 연구자가 면접조사 한 교사들은 "교육은 농사다", "농사의 식물을 가족처럼, 사랑하는 자녀처럼 키우듯"처럼 학생들을 대상으로 키운다는 비유를 곧잘 썼다. 우리 사회에서 농사의 비유는 가족 비유의 재비유인 것이다.

담임교사의 역할을 설명할 때에도 2010년대의 교사들은 가장 빈번하게, 가장 즉각적으로, 가장 자연스럽게 가족의 비유

3. 누가 정상가족과 비정상가족을 규정하나

를 사용했다. "부모같이", "엄마같이", "담임반 아이들은 내 자식", "담임은 학교 엄마다"와 같은 표현이 빈번하게 등장했다. 22명의 면담대상자 중 17명이 가족 비유를 사용했다. 정향진은 이렇게 가족 비유를 통해 담임교사의 역할을 인식하는 것은 1990년대 초반과 2010년대 초반의 두 시점에서 강하게 지속되었다고 지적했다.

시민단체도 예외가 아니다. 시민단체에서 가족주의 문화 습속을 들여다본 연구[24]는 가족주의에 뿌리를 둔, 외집단에 대한 배타성이 시민단체에서도 드러난다고 지적한다.

사람들은 시민단체의 활동에 참여할 때에도 주로 '아는 사람'을 통하고, 그 아는 사람은 주로 소모임에 속해 있으며 시민단체의 봉사 및 활동은 연고형의 집단적 형태로 이뤄진다. 단체 내에서 핵심적 역할을 수행하는 소모임은 내부적으로 더 강력한 연결고리를 갖고 있어서 그 연결고리를 갖고 있지 않은 회원들은 자연스럽게 참여의 장에서 멀어지게 된다는 것이다.

시민들의 자발적 참여의식이 부재한 상황에서는 시민사회의 일이 '우리(나)'의 일로 간주되기 어렵다. 연구자들은 외집단에 대한 배타성을 "강력한 우리주의"라고 불렀다. 우리 내부의 일이 아니라면 그 밖에서 작동하는 공적 사안에 큰 관심이 없는 것이다.

좀 다른 측면에서의 접근이지만, 여성이 출산 이후 '독박 육아'의 부담을 짊어지도록 하는 가족주의 이데올로기가 여성이 노동시장에서 후퇴할 의향이 없음에도 취업률을 떨어뜨리듯, 시민사회 참여에서도 여성의 발목을 잡는다.

연구[25] 결과 남성은 기혼자의 사회 참여가 높고 비혼자는 그렇지 않은 반면, 여성은 거꾸로 비혼자의 사회 참여가 높고 기혼자의 참여는 낮았다. 여성은 배우자 역할을 수행하지 않아도 되는 상황일 때 사회 참여가 높지만 남성은 정반대다. 즉, 한국 사회에서 가족을 꾸리지 못한 남성은 주관적 삶의 질뿐 아니라 공동체와 결속하는 정도도 낮아진다. 그만큼 자신을 희생하고 뒷받침해주는 여성의 존재가 남성에게 중요하고, 가족이라는 일차적 사회관계가 '관계 자원'으로서 갖는 중요성이 남성에게 훨씬 크다는 것을 보여준다. 반면 여성은 아내 역할이라는 부담이 공동체 참여를 가로막는 장애로 작용한다. 결국 남성이 가장이고 여성이 집안일을 책임지는 식의 전통적 가족주의가 여성이 공적 영역에 참여하는 것을 위축시키고 시민문화 촉진의 저해를 가져올 수 있다는 것이다.

낮은 사회적 신뢰와 배타적 가족주의

가족주의는 혈연, 지연, 학연 등 자기가 속한 집단을 우선시하는 유사가족주의적 성향과 내집단 편향을 강력하게 만든다. 이는 같은 집단 소속이 아닌 타인에 대한 신뢰, 결국 사회에 대한 신뢰를 떨어뜨리는 악순환을 낳는다.

3. 누가 정상가족과 비정상가족을 규정하나

근대화를 거치면서 우리 사회에서는 각자가 생존을 위해 가족 및 친족 자원을 수시로 동원했다. 오랜 세월 동안 취직부터 병원 진료, 사업 관련 인·허가 등 거의 모든 공적, 사적 문제의 해결이 공공윤리에 기반을 둔 원칙보다는 혈연, 지연, 학연 등 연줄과 '빽'을 통해 이뤄지는 것이 일반적이었다.

초원복국집에서 김기춘이 외친 "우리가 남이가"가 상징하듯 국가의 앞날을 좌우할 만큼 매우 큰 정치적 의사결정에서도 연줄이 핵심이었다. 종합병원 예약을 부탁하는 매우 사적인 일부터 정치적 판세를 좌우하는 공적인 일까지 연줄이 아니면 되는 일이 없는, 그야말로 연줄 공화국인 셈이다.

학연, 지연으로 결속된 유사가족 안에서 사람은 스스로를 자신이 속한 내집단과 동일시한다. 내집단에선 권위주의와 서열의식, 시비를 가리지 않는 온정주의가 팽배하고 외집단에 대해서는 배타주의가 두드러진다. 유사가족주의 성향을 가진 사람들은 노골적 계층화를 추구하는 성향이 있어서 배타적인 지역 이기주의적 태도도 강하게 드러난다.

일례로 전국의 임대아파트 단지가 있는 곳이면 어김없이 일어나는 일반 분양아파트 주민들의 임대아파트 혐오 현상이 그러한 예다. 임대아파트 단지와 가까운 초등학교에는 일반 아파트 주민들이 자녀를 보내려고 하지 않기 때문에 학생 수가 줄어 분교로 전락했다가 폐교까지 되는 상황이 일어난다.

2015년 EBS가 서울의 한 자치구를 골라서 관내 초등학교 전체 학생 수를 조사했더니 전체 32개 학교 가운데 학생 수가 300명이 안 되는 미니 학교는 모두 여섯 곳이었다. 이 학교들의 위치를 조사해보니 하나같이 임대아파트나 임대 단지 바로 옆에 있는 학교들이었다고 한다. 방송에서 교육청 관계자는 "임대아파트가 있는 지역은 (일반 아파트 주민들의) 학교 기피 현상이 많다"라면서 "임대아파트와 섞이기 싫어하고, 그다음에 큰 평수와 작은 평수, 아파트와 주택 지역 아이들을 구분하며 섞이기 싫다고 말하는 문제도 많이 있다"라고 말했다. 어른들이 치기 시작한 벽이 아이들 사이에서도 자라고 한쪽은 소외감, 다른 쪽은 선민의식에 물들어 자라게 되는 것이다.[26]

일반 분양아파트와 임대아파트가 섞여 '소셜 믹스' 방식으로 지어진 아파트 단지에서는 주민들이 일반 분양아파트와 임대아파트 동 사이에 철망으로 경계를 쳐놓은 일도 있었다.[27] 오죽하면 한국토지공사가 공급하는 임대분양아파트 브랜드인 '휴먼시아'와 '거지'를 합해 '휴거'라고 부르는 말이 아이들 사이에서 유행했을까.

'가난한 사람들'이 산다고 거리를 두려 하는 배타적 경향은 임대아파트에서만 드러나는 일이 아니다. 대학생 기숙사, 심지어 어린이집도 혐오시설이라고 주장하며 반대하는 일들이 비일비재하다. 자기 아이가 다니는 유치원에 미혼모의 아이가 오는 게 싫다고 민원을 넣는 엄마도 있다.[28]

자신보다 아래라고 생각하는 사람들에 대한 공공연한 멸

시, '정상가족'의 범위 밖에 있다고 여겨지는 사람들, 미혼모, 이주노동자, 다문화 가정 아이들에 대한 차별을 서슴지 않는 심성도 이처럼 내 가족 말고는 다른 아무것도 중요하지 않은 배타적 가족주의에서 비롯됐다.

그 결과 우리는 사회적 신뢰도가 바닥에 처한 사회가 되어버렸다. 〈2016 OECD 사회지표〉를 보면 거의 모든 지표들이 나쁘지만 사회통합성을 보여주는 타인 신뢰도, 정부 신뢰도, 사회관계는 35개국 중 24~29위를 오가는 바닥 수준이었다.[29] 우리가 이토록 각박해진 이유는 흔히들 말하는 가족 해체, 개인주의화 때문이라기보다 배타적 가족주의에서 비롯된 차별과 혐오의 영향이 가장 크다고 나는 생각한다.

4.
가족이
그렇게
문제라면

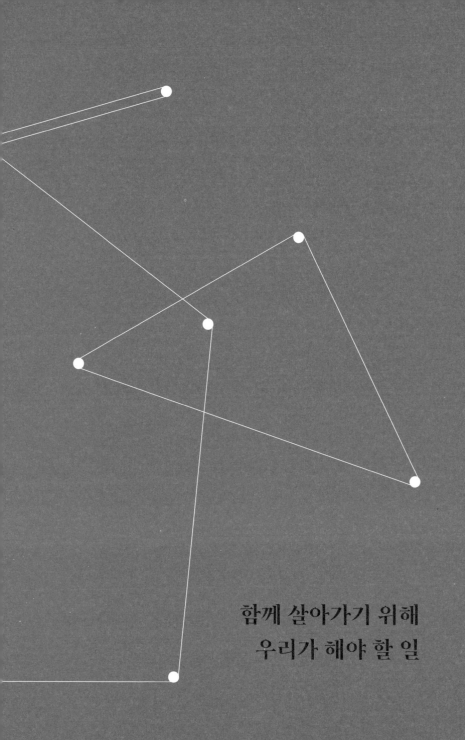

함께 살아가기 위해
우리가 해야 할 일

부모 체벌금지법은
사회를 어떻게 바꿀까

　'정상가족'의 안팎에서 시달리는 아이들의 문제들을 지켜보며 내가 한국 가족주의에 대해 가졌던 의문들, 즉 가족 안에서는 개별성, 가족 밖에서는 다양성이 왜 존중받지 못하는가에 대해 나름대로 생각해본 답은 이렇다. 첫째, 가족의 생활을 지원하는 공공의 역할 부재 때문이다. 사회적 안전망 없이 사적 안전망인 가족에게 모든 '보호'를 떠넘겼고 당장의 생존이 목표인 가족이 구성원의 개별성을 고려할 리는 만무하다. 둘째, 치열한 경쟁과 각자도생의 사회에서 가족 단위로 경쟁에 뛰어들어야 하는 상황 때문이다. 이런 조건에서 개별성과 다양성이 설 자리는 없다. 셋째, 자기 집단만 중시하는 가족주의가 사회로 확대되면서 배타적인 태도가 굳어졌고 타인과 사회에 대한 신뢰가 사라졌다.

이런 게 해결된 사회는 어떤 모습일까? 현실에서 가능한 일일까? 각자 사회의 맥락이 달라 일반화할 수는 없지만 이를 가능하게 만든 나라들이 있다. 그중 하나가 양육 지원, 저출생 해결을 말할 때마다 늘 거론되곤 하는 스웨덴이다. 국내에서 스웨덴의 사례를 떠올릴 때 주로 어른의 입장에서 바람직하다는 논의가 많았는데, 아이를 중심에 놓고 가족의 문제를 바라볼 때에도 스웨덴이 선택했던 방식들은 참조해볼 만하다.

이 책에서 아이를 중심에 두고 가족문제를 바라보는 첫 번째 이슈로 체벌을 꼽았으니 체벌에 대한 스웨덴의 태도부터 들여다보기로 하자. 이 나라는 세계 최초로 부모의 체벌을 법으로 금지한 나라다. 스웨덴이 부모의 체벌을 포함한 모든 종류의 체벌을 법으로 전면 금지한 것은 1979년. 〈유엔아동권리협약〉이 1989년에 발효됐으니 그보다 10년 앞선 셈이다.

이 나라에서 체벌 전면 금지를 실현하는 데에 큰 역할을 했던 사회단체가 내가 일했던 세이브더칠드런이다. 2011년에 세이브더칠드런 스웨덴의 활동가 말리를 만나 체벌금지 캠페인과 관련한 이야기를 나누다 한국의 문화적 특성과 체벌을 연결 지어 설명한 적이 있다. 나도 많은 이들이 그러하듯 '어머니의 회초리'가 한국적 전통이라고 생각하던 때였다. 회초리를 드는 전통적 교육방식 때문에 부모의 체벌금지를 캠페인화하기는 어려울 거라고 말하던 내게 말리는 대뜸 이렇게 대답했다.

"사랑의 매! 세계 거의 모든 나라에서 다 자기네 문화적 전통이라고 말해요. 그걸 문화적 특성, 종교적 가르침이라고 생각하는 것이야말로 체벌을 옹호하는 가장 끈질긴 논리죠. 스웨덴에서도 그랬어요."

말리의 말을 듣고 생각해보니 20여 년 전에 본 잉마르 베리만Ingmar Bergman 감독의 영화 〈화니와 알렉산더〉가 떠올랐다. 음울한 정서만큼이나 아이들을 때리는 목사의 무자비한 체벌 장면들이 잊히지 않는 영화였다. 1982년에 제작됐지만 이 영화의 시대적 배경은 1907년이다. 스웨덴에선 역사적으로 부모가 자녀의 복종을 강제하기 위해 체벌을 가하는 것이 허용되던 오랜 전통이 있었다. 말리의 말에 따르면 "스웨덴은 아이가 부모의 소유라는 개념을 비롯하여 매를 드는 엄한 훈육이 권장되고 심지어 법에 체벌을 허용한다고까지 적혀 있던 나라"였다고 했다.

체벌을 법으로 금지하기 전인 1960년대에 시행된 조사에서는 90%가 넘는 부모들이 아이를 때린 적이 있다고 응답했다. 세계 최초로 부모의 체벌을 법으로 금지한 것이, 원래부터 이 나라가 아이들의 인권을 존중해서 가능했던 일이 아니었다는 말이다.

스웨덴의 부모 체벌금지가 순조롭게 이루어진 것도 아니었다. 법으로 부모의 체벌을 금지하는 것은 스웨덴 국내에서도 그렇고 국제적으로도 매우 논쟁적 이슈였다. 법이 제정됐을 때 유럽의 언론들은 이를 대서특필했는데 당시 한 프랑스 신문은

"미쳐버린 스웨덴인들The Swedes have gone mad" 같은 헤드라인을 붙여 보도하기도 했다.[1]

그러나 초기의 비판과 회의에도 불구하고 부모의 체벌을 법으로 금지하는 나라들이 뒤따랐고, 30여 년이 지난 오늘날 스웨덴에서는 아이를 때린 적이 있다는 부모가 10%를 밑돈다. 아동학대로 인한 사망도 대폭 줄었다. 아동학대로 스톡홀름 병원에 의뢰된 아이들의 숫자가 1970년에 비해 1994년에는 6분의 1로 줄어들었고, 2000년 이후에는 학대로 숨진 아이들이 거의 없는 것으로 알려졌다.[2]

40년 사이에 이런 변화가 어떻게 가능했을까?

체벌금지 이전의 상황

스웨덴이 부모의 체벌을 법으로 금지하기까지는 그 이전 수십 년에 걸친 변화와 논쟁의 역사가 있었다. 연구자들은 1909년 작가 엘렌 케이의 책 『어린이의 세기』를 변화의 출발점으로 꼽는다. 엘렌 케이는 이 책에서 어린이의 필요를 최우선 순위에 놓으라며 스웨덴 사회에 변화를 촉구했다. 지금이야 고개를 끄덕일 수 있지만 당시만 해도 매우 급진적인 요구였다.

20세기 초반은 유럽 전체에 걸쳐 어린이에 대한 인식이 서서히 바뀌어가던 시기였다. 1923년에는 영국의 사회개혁가이자 세이브더칠드런 창립자인 에글렌타인 젭이 아이들에게도 침해할 수 없는 개별적 인권이 있다는 내용을 골자로 한 선언을 발표했고 이는 이후 〈유엔아동권리협약〉이 만들어지는 초석이 됐다.

1928년에 스웨덴은 중등학교의 체벌을 금지했다. 1930년 대에는 어린이와 유년기에 대한 새로운 시각이 여러 나라에서 등장했다. 체벌이 타당한지에 대한 논쟁도 각종 매체를 통해 활발해졌다. 1930년대에 스웨덴 신문은 시설 거주 어린이의 비인권적 실태를 조명하는 기획기사를 연재했는데 이는 시설에서 오랫동안 지속되어오던 아이들에 대한 심각한 학대를 여론화하는 계기가 됐다. 그로부터 10년 뒤 소년원에서 모든 종류의 체벌이 금지됐다.

제2차 세계대전 이후 스웨덴에선 가족이 정치적 논쟁과 정부 개혁의 핵심 의제가 됐다. 폭력적 훈육이 옳으냐에 대한 논쟁도 가열됐다. 단지 어린이에 대한 폭력과 학대의 문제뿐만 아니라 가족과 어린이의 상황, 아동복지에 대한 정부의 책임이 정치적 의제가 됐다. 개혁주의자들은 모든 아이들에게 괜찮은 주거환경을 만들어줄 책임이 사회에 있다고 주장했다. 아동복지, 학교 무료 급식, 산전 클리닉, 아동병원, 학교 의료보험 등이 도입되고 부모들은 건강부터 영양, 양육, 어린이에게 안전한 집 설계에 이르기까지 가족에게 필요하다고 생각되는 정보들을 제공받게 됐다.

20세기 전반까지만 해도 스웨덴의 학교들에선 교육 목적의 체벌이 이루어졌다. 1945년 의회는 초등학교를 포함한 모든 학교에서의 체벌을 법으로 금지하는 방안을 논의하기 시작했는데, 체벌금지를 원칙적으로 찬성하는 의원들로부터는 지지를 받았으나 심지어 이들도 체벌금지가 가능하리라 믿지 않았다. 많은 의원들은 체벌이 금지되면 교사가 어떻게 아이들을 가르칠 수 있을지 우려했고 다수의 부모들은 교사가 학생을 때릴 권한이 있다고 믿고 있었다. 오랜 논쟁 끝에 1958년 모든 학교에서의 체벌이 법으로 금지됐다. 학교 체벌금지만 놓고 보면 1936년 법으로 이를 금지시킨 노르웨이가 스웨덴보다 앞섰다.

유년기와 양육에 대한 이해가 높아지고 시각이 서서히 변해감에 따라 입법도 변화했다. 권력의 우열이 존재하는 관계에서 강자의 폭력으로부터 약자의 인권을 보호하려는 조치들도 법에 반영됐다. 예컨대 19세기 후반에는 아내에 대한 남편의 폭력이 법으로 금지됐으며 20세기 초반에는 고용주의 피고용인 폭행이 법으로 금지됐다.

1950년대 중반까지 여전히 법은 부모의 자녀에 대한 체벌을 허용하고 있었지만 1957년과 1966년 두 차례에 걸쳐 체벌이 사용 가능하다는 조항이 아동과 부모에 관한 법률과 형법에서 모두 삭제됐다.

규범이 바뀌고 있었지만 여전히 사람들은 체벌에 관대했다. 1971년에 60%의 사람들은 법으로 체벌이 허용되지 않는다는 사실을 모른다고 응답했다. 그러다가 부모의 자녀 체벌이

4. 가족이 그렇게 문제라면

사회적 의제가 된 계기는 1971년 세 살배기 아이를 때려 숨지게 한 아버지가 훈육의 일환임을 인정받아 풀려나게 된 사건이다. 이는 체벌을 허용하는 문구를 삭제하는 것만으로는 불충분하다는 것을 보여주었다. 이 판결은 사회적 공분을 일으켰고 그 후 몇 년간 아동학대를 어떻게 예방할 수 있을지에 대한 사회적 논의, 체벌금지 법제화를 촉구하는 NGO들의 대규모 캠페인으로 이어졌다. 그러자 1977년 정부는 아동권리위원회를 구성해 부모의 자녀에 대한 체벌을 금지하는 법률 개정을 논의하기 시작했다.[3]

"회초리 대신 제게 돌을 던지세요"

이 시기에 부모의 체벌을 둘러싼 사회적 논쟁이 가열되면서 많은 명사들이 논쟁에 참여했는데 그중 한 명이 『삐삐 롱스타킹』으로 유명한 아동문학가 아스트리드 린드그렌Astrid Lindgren이다. 린드그렌은 스웨덴에서 부모의 체벌을 금지하는 법이 통과되기 1년 전인 1978년, 독일 도서협회가 주는 평화상을 타면서 '폭력에 반대합니다Never Violence'라는 제목의 연설을 했다.

이 연설에서 린드그렌은 젊은 시절에 자신이 한 여성에게 들었던 일화를 들려준다. 매를 아끼면 아이를 망친다는 믿음이 팽배했던 시절 젊은 엄마였던 그 여성은 어느 날 어린 아들이 말을 듣지 않자 매로 가르치려고 아들에게 회초리를 가져오라고 시킨다. 한국의 엄마들도 많이 쓰는 방법이다. 아이들이 직접 회초리를 가져오게 하고 몇 대 맞을지도 결정하라고 함으로써, "네 죄를 네가 알렷다"와 같은 경고와 함께 스스로 반성할 기회도 주려는 의도에서 비롯된 방식이다.

그런데 이 소년은 회초리를 찾으러 나갔다가 한참 만에 울면서 돌아와 작은 돌을 내밀며 이렇게 말했다고 한다.

"회초리로 쓸 만한 나뭇가지를 찾을 수 없었어요. 대신에 이 돌을 저한테 던지세요."

아이는 '엄마가 나를 아프게 하길 원하니까 회초리 대신 돌을 써도 될 것'이라고 생각한 것이다. 천진한 아이의 이 말이 엄마에게는 각성의 계기가 됐다. 아이의 눈으로 상황을 보게 된 것이다. 자신이 아들에게 한 짓이 무엇인지 깨달은 엄마는 아이를 끌어안고 한참을 같이 울었다. 그 순간 자신이 했던 결심, 앞으로 절대로 아이를 때리지 않겠다는 서약을 잊지 않기 위해 그녀는 아들이 주워 온 돌을 버리는 대신 부엌 선반 위에 올려두었다고 한다.

당시 체벌금지를 둘러싼 사회적 논쟁이 가열됐던 상황에서 린드그렌의 연설은 큰 영향을 끼쳤다. 아이를 때리면 체벌의 옹호자들이 '개선'이라고 해석할 당장의 표피적 효과는 거둘 수 있을지 몰라도 역사 속에서 늘 그래왔듯 폭력은 더 많은 폭력으로, 더 크고 위험한 세대 간 단절로 이어질 뿐이다. 린드그렌의 이러한 주장은 체벌을 부모의 훈육방법이 아니라 약자에 대

　　　　　　　　　　　4. 가족이 그렇게 문제라면

한 폭력으로 바라보도록 시각을 교정하는 데에 크게 기여했다.

나는 체벌을 별것 아니라고 취급하고 체벌금지 역시 대수롭지 않게 생각하는 사람들에게 린드그렌의 연설에 귀 기울여보라고 말하고 싶다.

"폭력 없이 아이를 키운다고 해서 우리가 영원한 평화의 상태 안에서 살아갈 새로운 인류를 만들 수 있을까요? 아마 어린이 책 작가들만이 그렇다고 대답할지도 모릅니다. 그건 유토피아겠지요. 이 가난하고 아픈 세상에서 평화를 원한다면 해야 할 다른 많은 일들이 있음을 압니다. 그러나 지금 이 순간, 전쟁 중이 아닌데도 세상에는 잔혹함과 폭력이 가득하고 아이들도 여기에서 눈감을 수 없습니다. 아이들도 이 폭력을 매일 보고 듣고 읽습니다. 그리고 결국 폭력은 자연스러운 상태라고 믿게 될 것입니다. 그것 말고 다른 삶의 방식이 있다고 우리가 집에서부터 아이들에게 모범을 보여주는 건 불가능한 일일까요? 결코 폭력이 있어서는 안 된다는 걸 스스로에게 상기시키기 위해 부엌 선반에 작은 돌을 올려두는 것도 좋은 아이디어일 것입니다. 이는 세계평화에 대한 작은 기여가 될 것입니다."[4]

세계 최초로 부모의 체벌을 금지하다

린드그렌의 연설 이듬해인 1979년은 유엔이 정한 세계 아동의 해였다. 같은 해에 폴란드는 유엔에 〈아동권리협약〉을 만들자고 제안했다. 스웨덴 의회에서도 아동의 삶의 질에 대한 관심이 최고조에 다다랐던 시기였다. 체벌의 법적 금지 여부를 검토하던 아동권리위원회는 체벌을 허용하는 조항을 삭제한 것만으로는 불충분하며 체벌이 금지된 것인지에 대한 해석이 모호하므로 명백한 금지를 표현하는 언어가 필요하다고 만장일치로 합의했다. 이 법안은 그해 3월 의회를 통과했는데 다음과 같은 조항이 포함됐다.

"아동은 보살핌과 보호, 좋은 양육을 받을 권리가 있다. 아동은 인격과 개별성을 존중받는 방식으로 다뤄져야 하며 체벌이나 다른 어떠한 모욕적 취급을 받아서는 안 된다."

이 법은 규범적으로 그때까지 가능하다고 여겼던 가벼운 체벌까지 모두 금지했지만 위반자에 대한 처벌 조항은 없었다. '학대'로 판명되지 않는 한 체벌 때문에 감옥에 가지는 않는다. 그럼에도 불구하고 이 법이 통과됐을 때에는 부모를 범죄자로 만들 거냐는 비판이 만만치 않았다. 부모의 체벌을 옹호하는 일부 사람들은 이 법이 사생활과 가족생활의 권리를 보장한 〈유럽인권협약〉 8조 위반이라며 유럽인권법정에 이 법을 무효로 해달라는 청원을 하기도 했다. 유럽 의회는 이 청원을 기각했다.[5]

법 개정의 목적 자체가 체벌이 자연스럽고 양육에 필요하다고 생각하는 사고방식과 문화적 규범을 바꾸자는 거였으므로 스웨덴 정부는 법 통과 이후 이를 알리기 위해 대대적 캠페인을 펼쳤다. 〈체벌금지법〉과 함께 체벌 대신 사용 가능한 훈육

방법을 담은 16쪽짜리 설명서를 만들었다. 자국어뿐 아니라 독일어, 영어, 불어, 아랍어 등 여러 언어로 된 이 설명서를 아이가 있는 전국의 모든 가정에 배포했다. 또 두 달간 〈체벌금지법〉에 대한 설명을 우유병에 붙이도록 했다. 아동병원과 산전클리닉들도 캠페인에 참여했다.

그 결과 법안 통과 2년 후인 1981년엔 스웨덴 전체 가구의 99%가 이 법에 대해 알게 되었다. 스웨덴이 상대적으로 작은 나라라서 가능하기도 했겠지만 한 국가에서 이만큼 많은 사람이 법률을 아는 경우는 거의 전무후무하다. 이는 모든 산업화된 근대국가에서 실시한 법률 지식에 대한 조사 중 가장 높은 비율이라고 한다.[6] 스웨덴 정부가 법으로 문화적 규범을 바꾸기 위해 얼마나 노력했는지를 보여준다.

스웨덴 정부가 법으로 부모의 체벌을 금지하며 목표로 했던 것은 문화적 규범의 변화뿐만 아니라 신체적 온전성physical integrity에 대한 아이들의 권리를 보호하고 명시적으로 인정하는 것이었다. 단지 훈육 방법의 변화가 아니라 신체적 온전성 보호가 어린이의 기본적 권리라는 태도의 변화를 만들어내고자 했다.

법으로 부모의 체벌을 금지할 즈음, 체벌과 같은 폭력에서 보호하는 것뿐만 아니라 집, 도로, 운동장, 학교, 스포츠 시설 등 모든 장소에서 아이들의 안전사고를 방지하는 것이 사회적 의무라는 목소리도 높아졌다. 그즈음에 스토브는 4인치 이상 높이의 안전장치를 가져야 한다거나 전기장비, 계단, 문, 개폐

장치 등 건축의 모든 면에 걸쳐 아이들의 안전에 대한 위협요인을 제거하는 세부사항들이 추가됐다. 1981년부터는 아파트를 지으면 어린 아이들이 햇볕 쬘 공간과 놀 공간, 모래박스 등을 반드시 설치하도록 했고 그네와 미끄럼틀이 있는 공원이 반드시 집에서 걸어갈 수 있는 거리에 있어야 한다는 규정도 생겼다. 카시트, 안전벨트, 자전거 헬멧 등에 대한 규제도 1970년대부터 강화됐다. 1980년대에는 어린이용 카시트 장착을 촉구하며 '연약한 아이들에게 딱딱한 차는 흉기children are soft, cars are hard'라는 캠페인을 대대적으로 펼쳤다.

　이처럼 위험과 폭력에 아이들이 노출되는 환경을 가급적 줄이려는 노력이 시행되는 사회 분위기 속에서 체벌금지 법제화가 이뤄진 것이다. 아이들의 신체적 온전성과 안녕을 보호하는 게 무엇보다 우선이라는 사회적 합의, 이를 반영한 아동안전 정책이 부모의 체벌을 법으로 금지한 정책과 동시에 만들어졌다. 부모들이 자녀를 체벌하는 이유로 가장 많이 거론하는 게 아이들을 위험에서 보호한다는 명목인데 아이들이 위험해질 상황 자체를 최대한 줄이자는 예방적 조치들이 행해졌던 것이다.

　또한 부모의 체벌을 금지한 것과 같은 해인 1979년에는 아이들이 노출되는 일상의 여러 폭력의 정도를 줄이기 위해 폭력적 장난감의 마케팅과 판매를 자율규제하는 합의가 이뤄졌으며 10년 뒤에는 장난감 판매 광고의 규제에도 합의했다.[7]

아동권리를 우선하는 정책

스웨덴은 오늘날에도 전 세계에서 아동권리가 가장 앞서가는 나라다. 수십 년에 걸쳐 아동권리가 법, 정책, 복지 프로그램에 반영돼왔으며, 어린이의 개인적 존엄성^{integrity}의 평등한 권리를 가족 안팎에서 실현하기 위해 정부가 책임을 지는 것이 당연시되어왔다.

국가는 어린이를 부모에게 귀속된 존재가 아니라 국가의 보호를 받을 권리가 있는 개인으로 간주하여 보호제도를 운영한다. 국가가 아이들의 보호자 역할을 일정 부분 떠맡으며 자기 삶을 스스로 결정할 아이들의 권리를 위해 필요하다면 부모 뜻을 거스르면서까지도 아이들을 지킨다. 아이들의 인격권을 보장하기 위해 국가가 전통적으로 '사적 영역'으로 간주되던 가정 내에 개입해 '투명한 가족'을 창출한다. 체벌금지는 그렇게 스웨덴 정부가 아동권리와 관련하여 취해온 광범위한 정책의 일환이다. 신체적, 정치적으로 취약하기에 특별한 주의를 필요로 하지만 자율성을 지닌 인간으로서 어린이를 바라보자는 정책인 것이다.

가족 내에서 양육을 할 때 폭력을 사용하는 행위를 국가가 금지한다는 것은, 한편으로는 가족의 탈^脫사생활화를 요구하는 조치라고 볼 수도 있다. 가족 내에서 이뤄지는 행위들이 전부 사생활은 아니게 된 것이다.

그러나 체벌금지는 부모와 아이들 사이의 제로섬 게임이

아니다. 스웨덴의 체벌금지 이후 10년 뒤 〈유엔아동권리협약〉
이 제정될 때에도 어린이의 권리를 규정한 이 협약이 반ₓ가족
적이라는 등 우려의 목소리가 높았다. 그러나 〈유엔아동권리협
약〉은 좋은 가정환경의 절대적 중요성과 위기에 처한 부모에
대한 공동체의 지원을 강조한다. 자녀에 대한 폭력이 발생했다
는 것은 가족이 위기에 처했다는 방증이므로 어린이의 삶과 웰
빙, 존엄성 보호를 위해 정부의 개입이 필요해지는 것이다.

가족은 아이들에게 가장 중요한 공간과 관계지만 동시에
가장 위험한 공간, 관계이기도 하다. 대부분의 학대가 가정 안
에서, 아이들이 매일 생활하는 일상 환경 안에서 저질러진다.
하지만 그렇다고 〈유엔아동권리협약〉이 그런 모든 부모를 다
처벌해야 한다고 주장하지는 않는다. 대신 부모가 제대로 된 양
육을 할 수 있도록 정부가 지원해야 할 의무를 규정한다. 그런
점에서 스웨덴 정부는 다음 장에서 자세히 살펴보겠지만 관대
한 육아휴직, 어린 자녀를 둔 부모의 노동시간 감축, 주택 수당,
일을 할 수 없게 된 부모에 대한 질병 보험 등 다방면에 걸친 정
책으로 부모에 대한 지원에서도 앞서간다.

아동인권운동에 앞장섰던 폴란드의 교육자 야누시 코르
차크는 "세상에는 많은 끔찍한 일들이 있지만 그중에 가장 끔
찍한 것은 아이가 자신의 아빠, 엄마, 선생님을 두려워하는 일"
이라고 했다.

부모의 체벌금지를 비롯한 모든 종류의 체벌을 금지하는

법의 목적은 단순하다. 명백히 받아들일 수 없는 것이 무엇인지에 대한 매우 선명한 메시지를 내보내는 것. 폭력과 비폭력 사이에 아주 단순하고 선명한 줄을 긋는 것이다. 어른의 책무는 폭력이나 협박, 위협에 기대지 않고도 문제를 해결할 방법이 있음을 아이들에게 가르치는 것이며, 정부의 책무는 비폭력적으로 아이를 키우는 게 가능한 환경을 만들어주는 것이다. 그러려면 체벌을 금지하는 법과 함께 부모가 필요로 하는 지원을 제공하고, 정부와 사회가 합심하여 부모가 아이들에게 좋은 역할 모델이 될 수 있도록 필요한 시간과 에너지를 확보할 수 있는 환경을 체계적으로 조성해야 한다.

삶은 개인적으로,
해결은 집단적으로

가족과 관련한 정책, 특히 아이들에게 영향을 끼치는 정책은 그 사회의 중요한 가치를 반영하는 민감한 센서다. 정치적 문화에 따라 스펙트럼이 매우 넓다. 미국처럼 가족을 국가의 간섭에 맞서 보호해야 하는 사적인 성지聖地로 간주하는 곳에서부터 소비에트의 집단 양육처럼 가족을 타파해야 할 봉건으로 보고 모든 것을 집단화하는 다른 극단도 있을 수 있다.

앞서 살펴봤듯 스웨덴이 법으로 부모의 체벌을 금지한 정책에는 취약한 개인인 아이를 보호하기 위해 국가가 강자인 부모의 권력을 제한할 수 있다는 가치관이 배어 있다. 그럼 이는 국가가 가족의 사생활에 지나치게 개입하는 전체주의적 방식일까?

스웨덴인들은 정반대로 이를 지극히 개인주의적 삶의 방

식을 지키는 방법이라고 설명한다. 2011년 스위스 다보스 포럼에서 스웨덴 역사학자 라르스 트레고르드Lars Trägårdh가 발표한 '스웨덴식 사랑 이론swedish theory of love'이 그런 논리다.

이 이론은 진정한 인간관계는 서로에게 의존하지 않고 불평등한 권력관계에 놓이지 않는 개인들 사이에서만 가능하다고 말한다. 자율적이고 평등한 개개인 사이에서만 사랑과 우정 같은 인간적 교류가 이루어진다. 심지어 부모와 자녀 관계에서도 서로 의존적이고 굴욕을 강요하는 권력관계가 존재하는 한 진정한 사랑은 불가능하다고 바라본다. 국가는 이런 굴욕감에서 개인을 해방시킬 의무가 있다는 것이다.

스웨덴에서는 가족 내에서 이런 의존과 굴욕의 가능성을 없애고 개인적 자율을 보장하려는 정책이 매우 작은 사안에 이르기까지 섬세하게 제도화됐다. 부모의 체벌금지와 아동수당 지급, 아동인권에 대한 강조를 통해 아이들도 부모로부터 독립적 지위를 갖게 됐다. 부모 자산에 대한 조사 없이 학생 대출을 받을 수 있게 해서 청년들이 가족에게서 독립할 수 있는 자율권을 부여했다. 부부의 개인별 분리과세, 보편화된 공공보육 시스템으로 여성의 배우자에 대한 의존과 종속의 여지를 없앴다.

스웨덴의 높은 과세와 널리 알려진 사회복지제도 때문에 이 나라가 사회적 연대를 위해 개인의 이익을 희생 내지 양보하는 사회주의적 사회라고 착각하기 쉽지만 그렇지 않다. 스웨덴은 아마도 세계에서 가족에 대한 의존도가 가장 낮고 개인화가 가장 진전된 사회다.

〈세계가치관조사World Value Survey〉 결과에서 꾸준히 확인되는 것처럼 스웨덴은 개인의 자기실현과 자율권을 중시하기로 세계 첫손에 꼽히는 나라다. 〈세계가치관조사〉의 데이터베이스[8]를 보면 '세속적-합리적 가치'(종교, 전통적 가족가치, 권위의 중요도가 낮고 이혼, 낙태, 안락사 등에 대한 상대적 수용도가 높음)와 '자기표현 가치'(환경보호, 외국인과 성소수자에 대한 관용이 높고 성평등, 경제적·정치적 삶의 의사결정 과정에서 참여의 요구가 높음)가 만나는 좌표 중 가장 높은 위치에 늘 스웨덴이 있다.

그렇다고 가족이 해체되거나 중요도가 감소한 것은 아니다. 자율권과 평등을 강조하는 도덕적 규범이 가족에 스며들었을 뿐이다. 스웨덴의 이상적 가족이란 부부가 각자 일을 하며 서로에게 경제적으로도, 양육에 있어서도 의존적이지 않은 성인들, 그리고 가능한 한 이른 나이에 독립하도록 고무되는 아이들, 서로가 서로의 신체적 온전성을 훼손하지 않는 구성원들로 이루어진다. 이는 '가족적 가치'를 갉아먹는다기보다 사회적 제도로서 가족이 현대화된 것으로 해석할 수 있다.

가부장의 권위와 아내의 헌신, 자녀의 복종이 더 이상 가족의 규범으로 작동하지 않지만 여전히 스웨덴의 성인들은 부모 되기를 매우 진지하게 받아들인다. 이탈리아나 스페인처럼 전통적 가족문화가 강한 남부유럽보다 출산율이 훨씬 높고 부모가 자녀와 함께 보내는 시간도 최상위다. 20~64세 여성의

4. 가족이 그렇게 문제라면

80% 이상이 일을 하는데도 그렇다. 그런 일이 어떻게 가능했을까.

집단적 해법과 'Cool Trust'

스웨덴의 중요한 이데올로기 중 하나는 개인적 삶의 독립성을 보장하되 개인 삶의 질은 집단적 책임에 달려 있다는 것이다. 사회적 문제를 집단적으로 해결해야 하며 거기에서 정부의 역할이 크다는 문화적 믿음이 강하다.

흥미롭게도 전 세계에서 가장 개인주의적 사회라 할 수 있는데도 스웨덴의 개인주의는 흔히 말하는 아노미 상태, 소외, 신뢰의 붕괴로 나아가지 않았다. 전통적 사회이론이 따뜻한 게마인샤프트Gemeinschaft(공동사회)에서 차가운 게젤샤프트Gesellschaft(이익사회)로의 변화를 설명할 때 흔히 거론하곤 하는 변화인데도 말이다. 〈세계가치관조사〉에서도 스웨덴을 비롯한 북유럽 국가들은 사회적 신뢰도가 가장 높은 국가들로 꼽힌다. 개인의 자기실현을 가장 중시하면서도 낯선 이를 포함하여 다른 사람을 신뢰한다는 응답도 50% 이상이었다. 법률, 행정 등 사회적 제도에 대한 신뢰도 높았다. 사회적 제도와 법치주의에 대한 신뢰가 높을수록 제도적 이익도 크다. 경제적으로도 거래비용이 적게 들기 때문이다.

2011년 세계를 휩쓴 금융위기에 스웨덴은 큰 영향을 받지 않았다. 복지비용이 높아 경제위기에 취약할 것이라는 예상과 달리, 금융위기 와중에 스웨덴과 북유럽 국가들의 자본주의적 응집력은 단단하다는 게 드러났다. 전 세계를 덮친 금융위기에서 건재한 북유럽 국가들의 비결이 무엇이냐에 관심이 쏠렸고 이를 반영하듯 2011년 스위스 다보스 포럼에선 북유럽 국가들이 〈노르딕 웨이The Nordic Way〉를 공동으로 발표했다. 여기에는 현대복지국가의 권력관계에 대한 흥미로운 비교가 나온다.[9] 복지국가의 사회적 계약에서 드러나는 개인-가족-국가 간의 관계 유형을 비교해보니 미국은 개인-가족의 관계를 중시하고 독일은 국가-가족의 관계를 중시한다면, 스웨덴은 국가-개인의 관계를 중시한다는 것이다.

발표자들은 이처럼 국가와 개인 간의 관계가 중심에 있는 스웨덴 식의 사회적 계약 방식을 '국가주의적 개인주의statist individualism'라고 불렀다. 여기서는 개인의 자율에 대한 강조가 국가의 적극적 역할에 대한 신뢰와 상반되지 않는다. 되레 국가는 시민들의 동맹으로서 개인의 자율성을 수호하는 조력자다. 오히려 개인들 사이에 위계와 불평등이 심한 전통적인 가족의 가부장제가 국가주의적 개인주의자들이 맞서야 할 상대다.

어떤 학자들은 이 같은 스웨덴의 국가주의적 개인주의를 '차가운 신뢰cool trust'라고 불렀다. 친밀한 관계의 복종, 희생과 상호의존에 의해 형성되는 '뜨거운 신뢰hot trust'에 대비하여 개인의 자율성과 평등에 대한 남다른 강조와 공존하는 높은 사회

4. 가족이 그렇게 문제라면

적 신뢰를 일컫는 말이다.

2016년 9월 CBS의 〈확정된 미래 1인 가구 시대, 미룰 수 없는 숙제〉에서 인터뷰한 스웨덴 역사학자 라르스 트레고르드 교수의 말을 들어보자.

"스웨덴 사람은 개인주의적 성향이 강하다고 알려졌지만 동시에 사회에 대한 신뢰도도 높으니 독특해 보인다. 하지만 아주 간단한 이유다. 상대를 어디까지 신뢰할 수 있을까 하는 신뢰의 범위를 상상해보면 된다. 신뢰의 범위가 주로 가족에게만 집중되어 있는 한국도 있고, 가족보다 훨씬 먼 곳, 원으로 보면 테두리에 있는 정부 혹은 시민단체에까지 신뢰의 반경이 넓게 펼쳐진 스웨덴도 있다. 나는 이걸 쿨 트러스트cool trust, 즉 시원하고 개방된 신뢰관계라고 부른다. 가족에게 신뢰가 집중되어 있는 형태는 뜨겁고 구속적 성격인 핫 트러스트hot trust라고 할 수 있다. 반면 쿨 트러스트는 얼핏 차가워 보일지 몰라도 그렇기 때문에 포용적이고 안정적이다."[10]

스웨덴이 세계 최초로 부모의 체벌을 법으로 금지할 수 있었던 것도 흔히들 '가족 내 문제'로 치부하기 마련인 사안에서 부모가 각자 알아서 태도를 바꾸라는 사적 해결이 아니라 법이라는 공적 해법을 도입하고 각 개인의 자율권을 보장하는 방향으로 정부가 제도를 마련했기에 가능했던 일이었다. 아이들과 가족에 관한 한 정부가 세세한 것까지 규제하는 것을 받아들일 수 있어야 하고, 그러한 정책적 규제가 실제로 변화를 만들 수 있다는 믿음이 있어야 가능한 일이다.

이렇게 대다수의 가족이 공통으로 겪는 문제는 집단적으로 해결해야 하고 그 과정에서 정부의 역할이 중요하다는 문화적 믿음은 어떻게 만들어지게 된 걸까. 그걸 이해하려면 유럽 전체가 저출생 문제를 겪던 1930년대로 돌아가봐야 한다.

저출생에 대처하는 남다른 방식

스웨덴의 가족정책 기틀이 잡힌 것은 1930년대다. 당시 유럽 국가들은 산업화와 불황의 결과로 저출생 문제를 겪고 있었다. 유럽인들은 저출생에서 '국가의 자살'을 연상했고, 많은 국가들은 저출생 문제를 더 전통적인 가족 유형으로의 회귀로 해결하고자 했다. 결혼한 여성의 일할 권리를 줄이고 피임을 금지하면 저출생 문제가 해결될 것으로 기대하면서 말이다.

예컨대 이탈리아의 무솔리니는 "출산 전쟁"을 선포하고 남자는 전쟁터로, 여자는 '출산터'로 가야 한다고 강조했다. 성교육과 피임, 낙태, 이혼은 금지됐다. 아이를 많이 낳은 엄마에겐 훈장이 주어졌고 재정적 지원도 뒤따랐다. 반면 아이 없는 부모에겐 벌금이 부여되고 독신세도 도입됐다. 여성들은 출산이라는 '국가적 대의'에 봉사하기 위해 집에 머물러야 했다.

그러나 무솔리니의 출산 전쟁은 실패했다. 인구를 4,000만 명에서 6,000만 명으로 늘리려는 야심찬 계획이었건만, 결

4. 가족이 그렇게 문제라면

과는 정반대였다. 결혼비율은 늘지 않았고, 출산율은 오히려 줄었다.인구는 예전보다 줄었다.[11]

이탈리아의 경험은 저출생을 해결한답시고 여성을 '걸어다니는 자궁'쯤으로 취급하며 지방자치단체별로 가임기 여성 수를 표시한 출산지도를 그린 2016년 당시의 행정자치부나, 저출생의 원인이 여성의 '고스펙' 때문이니 여성의 교육 수준을 낮추고 하향결혼을 하자는 보건사회연구원의 발표 등을 연상시킨다.[12] 여성이 아이를 낳을 수밖에 없도록 압박하자는 저열한 수준의 대책은 이번에만 나온 것도 아니고 1930년대 유럽에서도, 2008년 한국에서도 수시로 튀어나왔지만[13] 유럽에서도, 한국에서도 성공한 적이 없었다.

스웨덴은 다른 길을 걸었다. 스웨덴 가족정책의 주춧돌을 놓은 학자 뮈르달 부부Alva and Gunnar Myrdal는 1939년에 출간한 책 『인구문제의 위기』에서 저출생에 관심을 기울일 것을 호소하고 가족생활의 질을 강화하기 위해 개혁이 필요하다고 강조했다.[14] 국가가 가족에게 안전한 경제적 기반과 아이를 자발적으로 가질 수 있도록 하는 재정적 인센티브를 제공해야 한다는 제안이었다.

뮈르달 부부는 무엇보다 자발적 부모 되기를 옹호하면서 여성이 엄마가 되기를 강요받지 않아야 한다고 강조했다. 21세기 한국에서도 보편화되지 않은 사고방식임을 감안하면 당시에도 매우 급진적인 제안이었을 것이다. 정부의 성교육을 중시하고 피임과 낙태가 가능하도록 한 스웨덴 가족정책의 한 줄기는 이 자발성에 대한 강조에서 비롯됐다.

이와 함께 '부모 되기를 자발적으로 선택한 가족의 경우 사회가 출산과 양육을 돕고 아이의 미래를 함께 돌본다'가 정책의 핵심이었다. 여성이 일과 양육 사이에서 둘 중 하나를 선택하는 상황을 겪지 않아도 되고 부부가 모두 일할 수 있도록 사회가 양육의 부담을 나눠 가지고 교육, 의료, 주택 문제를 사회가 해결하라고 주장했다.

이렇게 출산장려를 위해 제안된 정책을 국가가 수용하여 여성의 산전산후 휴가 제도화, 저소득층 가족에 대한 주거 지원, 보편적 의료보험과 무상교육, 아동수당 등 오늘날 우리가 알고 있는 스웨덴식 복지정책이 만들어졌다. 그 후 1960년대에는 대규모 산업화로 여성들이 대거 노동시장에 진출하면서 일과 양육의 병행이 여성만의 책임인가에 대한 논쟁이 일어났고 정부는 일과 양육이 가능하도록 여성을 지원하기 위해 개발한 프로그램을 남성들에게도 적용하기 시작했다. 이어 1970년대에는 아동권리에 대한 관심이 증대하면서 아동권리위원회를 만들고 부모의 체벌금지를 비롯한 새로운 입법을 제안했다.

이처럼 자발적 부모 되기, 양성평등, 아동권리의 실현. 이 세 가지를 위한 국가의 지원이 오늘날 스웨덴 가족정책의 핵심을 차지한다.[15] 그 결과 스웨덴의 합계출산율(여성 한 명이 평생 낳을 수 있는 평균 자녀수)은 인구 수준 유지가 가능한 2.0명 안팎에

4. 가족이 그렇게 문제라면

머물러 있다.

육아휴직과 양육 지원 정책

스웨덴에서 어린이의 욕구와 가족의 삶의 질에 대한 해법을 집단적으로 찾는 방식이 가장 잘 드러나는 제도가 육아휴직제다. 엄마들의 유급 육아휴직은 1940년대에 도입됐으며 1970년대에 아빠들로 확대되어 부모휴가제로 바뀌었다.

부모휴가제는 한 자녀당 480일, 총 16개월을 쓸 수 있다. 부모 중 한 사람이 다 쓸 수 없다. 전체 일수 가운데 최소 90일은 반드시 아빠나 엄마가 각각 써야 한다. 쓰지 않으면 사라진다. 이 90일 동안에는 정액 최저급여가 지급되고 나머지 380일 동안은 휴직 이전 월 평균 임금소득의 77.6%를 보장해준다. 한부모일 경우에는 혼자서 480일을 전부 다 쓸 수 있다. 부모 휴가를 1년에 세 번 나눠 쓸 수 있고, 하루에 몇 시간씩 쪼개서 사용하는 등 각자의 형편에 따라 유연하게 사용할 수 있다는 것도 큰 장점이다.

부모휴가를 통해 남성과 여성의 가사 분담이 자연스러워졌다. 한국에선 육아휴직의 부담 때문에 고용주가 여성 채용을 꺼리지만 남녀 모두 육아휴직을 쓰는 스웨덴에선 굳이 여성의 채용을 꺼릴 이유가 없다. 2018년의 경우 전체 부모휴가 사용자 중에서 남성이 45.9%를 차지했다.[16] 일과 양육을 병행하려면 노동환경을 개선해야 하는데, 그 핵심은 양성 모두 아이들을 돌보는 충분한 시간과 에너지를 가질 수 있어야 한다는 것이다.

남녀 모두가 사용하는 육아휴직제도의 활성화 덕택에 18개월 미만 영아의 경우 보육시설 이용도가 낮고 부모 중 한쪽에 의해 집에서 돌봄을 받는다. 영아의 절반가량, 유아의 90% 이상이 보육시설을 이용하는데 영유아 보육시설의 75%가 공립이다. 스웨덴 의회는 1991년 데이케어센터나 패밀리데이케어는 일하거나 공부하는 부모를 둔 18개월 이상의 모든 아이들을 위한 자리를 반드시 확보해야 한다고 결의했다. 보육시설의 그룹 규모와 교사의 자질은 엄격하게 관리되는데 단지 부모가 돌보지 못하는 동안 보호하는 기능이 아니라 아이들도 교육과 사회적 상호작용이 필요한 자율적 존재이며 그렇게 양육하는 책임이 오로지 부모에게만 있지 않다는 철학을 반영했다.

모든 시설의 보육료는 일반 가구 소득의 3%를 넘지 않도록 책정한다. 육아휴직 후 보육시설을 이용하지 않는 1~3세 아이의 부모들에겐 가정양육수당을 지급하며, 보육 지원과 무관하게 모든 아이들이 16세가 되는 첫 분기까지 아동수당(비과세)을 받고, 16세가 되면 교육수당으로 변경된다. 실업과 질병으로 부모가 돈을 벌지 못하는 상황이 되어도 양육이 가능하도록 하는 경제적 지원이다.

정책의 우선순위는 일과 육아의 충돌에서 발생하는 부모

의 스트레스를 줄이고 아이를 건강하게 양육하는 데에 두어졌다. 부모가 일과 양육 중 하나를 선택할 필요가 없으니 아이들도 부모에게 부담이나 경제적 곤란, 스트레스의 원천으로 간주되지 않는다.

여러 정책 중 대규모 예산이 투입되는 대형 정책은 아니지만 눈에 띈 것은 '육아상담소'를 중심으로 한 부모교육이었다. 새로 부모가 되는 사람들을 대상으로 어린이 발달의 과정, 양육방법, 부모의 책임, 긍정적 훈육방법 등을 가르치는 교육이다. 법으로 부모의 체벌을 금지한 해인 1979년부터 아이 출산 전 10시간, 출산 후 10시간씩 부모교육 참석을 위한 직장 유급휴가제도 도입했다.[17]

스웨덴에서는 부모와 가족이라고 할 때 결혼제도 안의 관계만을 의미하지 않는다. 1970년대부터 결혼제도 밖에서 태어난 아이들에 대한 차별을 금지했으며 1977년에는 이혼하거나 별거하더라도 두 배우자가 아이들에 대한 공동양육의 의무를 자동으로 져야 한다는 것이 법에 명시됐다.

스웨덴 아이들의 거의 절반은 결혼제도 밖에서 태어난다. 나는 기자로 일하던 2005년에 〈출산율 1.19 쇼크, 작아지는 코리아〉 취재팀장을 맡아 특집기사를 연재한 적이 있다.[18] 출산율이 높은 나라와 낮은 나라 사이에 무슨 차이가 있는지 비교해보자는 취지의 기획이었고 당시 출산율이 저조하던 일본과 스페인, 그리고 매우 높은 스웨덴과 프랑스를 기자들이 직접 가서

현지 취재를 진행했다.

여러 제도와 정책의 총합으로 출산율 제고가 가능했지만 당시 시리즈 전체 정리를 맡아 여러 나라의 정책들을 계속 대조해보았던 내 눈에 가장 두드러진 차이는 '차이'에 대한 관용의 정도였다. 출산율이 회복된 나라들에는 혼외출산을 '정상가족'에 대한 도전이나 일탈로 간주하며 차별하는 배타성이 없다는 공통점이 있었다. 스웨덴이 그 대표적 경우다.

혼외출산이 늘어나면 가족가치가 훼손된다고들 걱정하지만 스웨덴 커플의 3분의 2는 아이가 태어난 뒤에 결혼한다. 92%의 남자들이 즉시 아버지됨을 승인하고 스웨덴에서 대부분의 아이들은 결혼제도와 무관하게 생물학적 부모와 같이 살고 있다. 설령 부모가 이혼하더라도 공동양육의 돌봄을 받는다.

보편적 공공보육의 비판자들은 과도한 공공보육이 가족생활을 갉아먹거나 어린이의 정상적 양육을 저해하고 가족 해체로 나아가게 될 거라고 비판했지만, 오늘날 우리가 목격하다시피 스웨덴은 보편적 공공보육에도 불구하고 부모가 자녀와 보내는 시간이 줄기는커녕 되레 늘었다. 스웨덴의 아빠가 아이들을 돌보고 놀아주고 책을 읽어주고 가르치며 함께 보내는 시간은 하루 평균 55분(2015년 기준)이고. OECD 국가 평균은 47분이다. 한국은? 6분이었다.[19]

4. 가족이 그렇게 문제라면

삶은 개인적으로, 해결은 집단적으로

스웨덴의 경험이 보여주는 것은 삶은 개인적으로 살고, 해법은 집단적으로 찾을 때 저출생을 비롯하여 우리가 겪는 위기를 해소할 길이 보일 수도 있다는 점이다. 스웨덴과 비교하면 한국은 거꾸로다. 삶은 집단적이고 해법은 개인적이다. 개인의 개별성을 별로 인정하지 않는 가족과 온갖 배타적 관계에 둘러싸여 집단적으로 살아가면서 육아, 교육, 주거 등은 다 각자 알아서 개인적으로 해결해야 하니까 말이다.

스웨덴이 작은 나라라서 가능한 일이지 한국엔 맞지 않다고 폄하할 필요도 없다. 한국 사회의 주류가 툭하면 비교 대상으로 삼는 미국은 한국과 비교도 할 수 없을 정도로 큰 나라다. 하나의 자본주의만 가능한 게 아니므로 여러 모델을 종합해서 볼 필요가 있다.

스웨덴의 경험은 정책을 통한 개인의 자율권 증진이 평등한 방식으로만 진행된다면 사회적 신뢰를 높이고 응집력을 강화하는 데 도움이 된다는 것을 보여준다. 가족 구성원들 사이에서도 서로에 대한 의존성이 줄어들고 가부장적 질서가 약화된다면 더 많은 사람들이 스스로가 역량이 있다고 느끼고 삶에 대한 만족도도 늘어날 것이다.

부모의 체벌금지 30주년을 맞아 세이브더칠드런 스웨덴이 정부와 함께 펴낸 보고서를 보면 스웨덴 언론들은 법 도입 후 30년간 폭력에 맞서는 도덕적 용기의 증진도 성과로 꼽았다. 옆집 남자가 아이를 때릴 때 10대 소녀가 이건 법 위반이니 안 된다고 말할 수 있을 정도로 폭력에 예민한 사회로 발전했다는 것이다.

특히 여성의 경우 출산과 양육을 포기하지 않고도 일을 통해 자기 삶을 꾸려가는 게 가능할 수 있어야 한다. 그러려면 우리에게는 전통적 가족으로의 회귀가 아니라 더 개인화된 가족정책, 개인이 더 자율적으로 살도록 지원하고 거의 모두가 겪는 공통의 문제는 집단적으로 해결하는 가족정책이 필요하다.

국가가 그러한 방향으로 움직이도록 하려면 시민사회가 더 활성화되고 정부의 정책결정 과정에 시민사회가 적극적으로 참여할 수 있어야 한다. 스웨덴의 높은 사회적 신뢰도 그냥 생긴 게 아니라 교회, 노조, 단체 등 시민사회의 여러 기관들이 정부 정책결정 과정에 적극적으로 참여하는 참여의 거버넌스 영향이 컸다.

어떻게 국가를 탄압과 통제의 기구가 아니라 개인적 자율과 평등, 약자의 보호를 촉진하는 주체, 시민의 지원자로 바로 서게 할 것인가. 한국 사회가 안고 있는 또 다른 과제라 할 것이다.

4. 가족이 그렇게 문제라면

함께 살기,
가족의 짐을 사회로

2017년 4월 말 서울 종로구 통인동 커피공방. 가게 앞엔 "내 가족을 묻지 마세요"라고 적힌 플래카드가 걸렸고 한국미혼모지원네트워크, 한국한부모연합, 신나는 센터 등이 테이블을 차리고 미혼모, 성소수자 차별의 문제를 알리는 리플릿을 나눠주고 있었다.

해마다 메이데이를 앞두고 주제를 정해 무료 커피를 제공하는 캠페인을 진행하는 커피공방은 2017년엔 서로에게 가족을 묻지 말자는 주제를 골랐다. 남의 가족사항을 묻거나 이력서에 가족관계를 쓰도록 하는 게 어떤 사람들에게는 왜 불편한 일인지 생각해보고, '정상가족'에 속하지 않는 형태의 가족을 배제하거나 동정하는 대신 다양한 가족을 상상해보자는 취지였다. 캠페인 준비 과정에서 공방의 젊은 바리스타들이 가족에 대해 어떻게 생각하는지도 블로그에 올라왔는데 그들의 의견은 이랬다.

"친하지도 않은 사이에서 가족 이야기 좀 꺼내지 않았으면 좋겠어요." "일하는 데서 당연하다는 듯 부모가 뭐 하는지 묻지 않았으면 좋겠어요." "가족의 달 이런 말 별로 달갑지 않아요. 저는 '부정적-비정상적 가족'이고 가정의 달은 '이상적-정상적 가족'을 위한 달인 거 같아요. 차별, 편견 분명히 있어요."[20]

"너희 아버지 뭐 하시니?" 같은 질문, '이상적, 정상적' 가족을 전제하고 던지는 가족 관련 질문들은 지금의 20대에겐 폭력이다. 20대에게만 그럴까. "남편은 뭐 하느냐", "아이는 몇 살이냐", "결혼을 안 하는 이유가 뭐냐", "왜 아이를 낳지 않느냐" 등등 가족에 대한 질문들은 소위 '결혼 적령기'를 지났으나 비혼 상태인 성인, 미혼모, 성소수자, 무자녀 가족 등 다수의 사람들에게 폭력적이다.

그럼에도 불구하고, 형태와 무관하게, 가족은 중요하다. 지치고 힘들 때 위로와 격려를 주고받는 친밀감과 보호의 근거지로서 가족은 여전히 필요하다. 아이들에게 특히 그렇다.

내가 일했던 단체가 서울대학교 사회복지연구소와 함께 정기적으로 실시하는 〈한국 아동 삶의 질 연구〉의 2014년도 조사에선 초등학생들을 대상으로 초점집단인터뷰(집단을 인위적으로 만들어 특정 주제에 대해 토론을 하도록 하고 그 상호작용을 관찰하는 인터뷰 기법)를 진행했다. 그때 초등학생들이 가족과 함께하는 시간을 얼마나 좋아하는지를 듣고 놀랐던 기억이 난다. 언제 행복한지를 묻자 아이들은 이렇게 답했다.

"그냥 저녁 먹을 때? 그냥 같이 모여서 이야기 나누는 게 좋은 거 같아요." "저는요. 별거 없고요. 가족이요. 저 공부 가르쳐줄 때랑, 서로 있었던 일들이랑 고쳤으면 좋겠는 거 이야기하면서 같이 밥 먹는 거요."

거의 대부분의 아이들이 부모와 함께 이야기하고 놀고 배우며 좋은 관계를 유지하는 것을 행복으로 꼽았다. 반면 지금 우리 사회는 가족이 함께 시간을 보내는 것보다 각자 가족 밖에서 다른 일을 하는 것에 더 높은 가치를 부여한다. 일터는 부모가 늦게까지 일하기를 원하고 학교와 학원에서 아이들은 늦게까지 공부해야 한다. 그렇게 가족이 함께하는 소소한 순간을 놓치는 사이, 아이들에게 가장 행복한 순간도 함께 사라져간다. 대전의 초등학교 5학년 학생은 이렇게 말했다.

"어린아이들은요, 외로움을 좀 잘 느껴가지고, 사회적으로도 어른들을 늦게까지 이렇게 막 회사에 잡아놓거나 그렇지 않았으면 좋겠어요. 가족들하고 같이 오래 있을 수 있게."

'정상가족'의 딱딱하고 폭력적인 틀로 사람들을 재단하고 아이들을 옥죄는 대신 형태가 어떻든 상관없이 가족이 모든 구성원에게 친밀한 삶의 기지가 되고, 함께하는 작지만 소중한 순간들을 늘리는 것이 그렇게 이루기 어려운 소망일까?

미셸 푸코Michel Foucault는 "가족 자체가 공公과 사私의 혼혈아이며 공과 사의 경계는 유동적으로 재구성된다"라고 말했다. 앞서 살펴본 스웨덴이 '공'을 늘려 '사'를 보존한 경우라 할 것이다. 우리는? '공'이 모자라 '사'가 너무 많은 일을 감당하느라 그 안의 모두가 불행해진 상태라고나 할까.

가족의 '공·사' 비율에서 '공'을 늘리기 위해 공공이 개입하는 것은 가족의 해체가 아니라 가족의 짐을 사회가 덜어주자는 것이다. 가족을 없애자는 게 아니라 모두가 더 행복해지기 위해 가족에게 부과된 의미와 기능을 축소하자는 것이다. 가족 내의 민주적 관계와 자율성 존중도 그럴 때에 가능할 것이다.

모두가 가족 밖의 어떤 목표를 향해 죽자고 달려가며 경쟁해야 하는 상황에서 자율성 존중이 가능하겠는가. 가족의 짐을 사회로 옮겨 오고, 어떤 가족에 속하든 다양한 개인들의 공동체인 가족이 형태에 따라 차별받지 않을 수 있어야 한다.

지금이야말로 가족에서 극단적으로 적은 '공'의 비율을 늘리라고 요구해야 할 때다. 가족에서 '공'의 비율을 늘리는 공공성의 강화는 다음의 세 가지 이유에서, 즉 가족의 짐을 덜고, 아이들에게 '가장 좋은 것'을 주고, 다양한 사람들이 함께 살기 위해 절실히 필요하다.

맞살림, 맞돌봄의 시대로

출산 문제를 연구하는 사람들이 "우리 시대 최대의 역설"

이라고 부르는 것이 있다. 여성의 경제활동 수준이 낮은 국가일수록 출산율이 낮다는 것이다. 언뜻 생각하면 여성들이 일하는 대신 집에서 출산, 양육, 돌봄에 집중하면 출산율이 올라갈 것 같은데 그렇지 않다. '안정적이고 책임 있는 대규모 가족'의 이상이 둥지를 틀고 있고 가족책임주의가 강한 사회일수록 오히려 가족의 형성이 지체되는 경향이 있다.[21]

이는 앞서 이탈리아와 스웨덴의 경우를 대비해서 간단히 살펴본 바와 일치한다. 이탈리아처럼 가족주의 전통이 강하게 남아 있고 공적 돌봄정책이 취약한 남유럽 국가들은 출산율이 낮은 반면, 돌봄을 가족 내 여성에게 맡기지 않고 사회가 책임지는 공적 돌봄정책이 발달한 북유럽 국가들은 출산율이 높다. 돌봄의 탈脫가족화의 정도가 높을수록 아이를 낳아 실질적 '가족'을 구성하는 사람들이 늘어난다.

출산율과 여성의 가정 내 지위 사이에 어떤 관계가 있는지 살펴본 연구도 있다. 인구학자 조영태 교수가 『인구 미래 공존』에서 소개한 호주 인구학자 피터 맥도널드Peter McDonald의 연구에 따르면 여성의 사회적 지위가 높을수록 출산율은 내려가는 추세를 보이지만, 가정 내 지위가 높으면 출산율 하락이 멈추고 오히려 높아지는 경향이 나타난다고 한다. 저출생의 문제를 해결하는 데에도 여성의 가정 내 지위, 즉 가정 내 성평등이 중요하다는 것이다.

우리 현실은 어떠한가. 가족이 편안하고 안전한 울타리가 되려면 가정 내 모든 구성원에게 그래야 한다. 가족 내 특정 구성원이 다른 구성원보다 더 많은 부담을 짊어지는 게 당연시된다면 가정은 억압의 공간일 터다. 그런데 여전히 대부분의 가정에서 여성들이 가사노동을 전적으로 떠맡고 있다. 통계청에서 실시한 〈2019년 생활시간 조사〉에 따르면 남성의 가사노동 부담 시간은 이전보다 약간씩 늘었고 여성의 경우 약간씩 줄었다. 추세는 바람직하다. 그러나 맞벌이 부부 중 여성이 하루 평균 가사노동에 쓰는 시간은 3시간 7분으로 남성(54분)의 3.5배에 달했다. 남성이 혼자 버는 상황일 경우 여성의 가사노동 시간은 더 늘어난 5시간 41분을 기록했다. 이는 남성(53분)의 6.4배였다. 흥미로운 대목은 여성이 혼자 버는 가족 유형인 경우다. 여성이 혼자 생계를 책임지는데도 가사노동에 쓰는 시간은 하루 2시간 36분으로 일을 하지 않는 남성 배우자(1시간 59분)보다 많았다.

다른 영역과 비교해봐도 가정 내 영역은 성평등이 한참 뒤처진 분야다. 여성가족부는 정기적으로 국가 및 지역 성평등 지수를 발표한다. 경제활동, 의사결정, 복지, 가족 등 8개 분야에서 남녀의 격차를 계량적으로 측정해 이를 지수화해서 점수로 발표한다. 가족 분야는 매번 바닥을 면치 못했는데, 2019년에도 8개 분야 중 7위를 차지할 정도로 남녀의 격차가 컸다. 가족 분야에서 성평등 지수를 떨어뜨린 주요 이유는 육아휴직 성비(21.7점)와 가사노동시간 성비(28.2점)였다.

이제 남녀 불문, 성인의 상당수가 고등교육을 받고 일을 한다. 한국 여성의 대학 진학률은 OECD 국가들 중 가장 높다. 청년세대는 남녀 모두 생애 과업의 1순위로 일을 꼽는다. 모든 가족 내에 지금까지 거의 늘 여성이었던 돌봄 전담자가 언제나 있을 거라는 기대는 시대착오적이다. 성평등은 사회의 모든 영역에서 필요하고 제도적 장치를 만들기 쉽지 않은 가족 내 관계에서는 특히 더 그렇다. 남녀 모두 일을 하는 만큼 남성의 가사노동과 자녀돌봄도 지금보다 훨씬 더 활발해져야 하고 출산 이후 여성의 경력단절도 사라져야 한다.

정치학자 조안 트론토Joan C. Tronto가 『돌봄 민주주의』에서 말한 것처럼 돌봄은 공적 가치를 지닌 공공재다. 특정한 성, 계급에게 일임해서 해치울 일이 아니라 민주적 정부와 시민 모두가 책임져야 하는 과제다.

양육은 더 이상 '여성정책'이라고 불릴 게 아니라 남녀 불문, 기혼·비혼 불문, 가족의 형태 불문, 아이를 키우는 모든 사람이 지원을 받는 정책이 되어야 한다.

돌봄의 공공화, 일과 가정의 양립 이슈는 2017년 대통령 선거에서 주요 의제로 떠올랐는데 나는 계속 이 이슈가 '여성정책'으로 분류되는 게 마뜩치 않았다. 돌봄의 책임을 가족에게 떠넘기지 않고 사회로 돌려오는 정책은 단지 여성과 관련된 문제가 아니지 않은가. 돌봄의 공공화는 공공보육 확대, 아동양육의 사회적 책임을 제도적으로 보장하는 아동수당 지급을 포함한 사회복지정책을 비롯하여, 임신·육아기의 유연근무제, 남성 육아휴직 의무할당, 고용 형태 간 격차 해소와 성평등한 기업문화를 아우르는 노동정책과도 관련이 있다. 또한 조세제도, 미혼모를 위한 주거 지원, 차별 금지 등 우리 사회의 거의 모든 영역을 아우르는 이슈다. 결국 모두가 평등하게 돌봄을 받고 다른 사람을 돌보는 민주주의의 문제다.

다양한 가족이 함께 살아가기

2020년 방송인 사유리 씨가 결혼하지 않고 정자를 기증받아 아이를 낳은 비혼출산이 화제가 됐다. 결혼한 부부만 아이를 낳는 게 정상이라는 고정관념에 강타를 가한 사건이었다. 젊은 세대와 여성들을 중심으로 비혼출산에 대한 긍정적인 의견이 형성되었고, 이를 진지하게 다루는 보도들도 꽤 많았다. 이로부터 12년 전인 2008년, 방송인 허수경 씨의 비혼출산을 두고 선정적 보도와 비난 일색이었던 것과 비교해보면 우리 사회의 태도도 많이 변했다.

사유리 씨가 〈슈퍼맨이 돌아왔다〉에 출연했을 때 청와대 국민청원과 KBS 시청자 게시판에 잘못된 비혼출산을 장려한다면서 하차를 요구하는 청원이 올라왔지만, KBS는 "최근 다양해지는 가족 형태의 하나로 사유리의 가족을 보여주려 한다"라며 "한쪽으로 치우치지 않고 다양한 시선을 보여주는 것이 방송의 역할이라 생각한다"라고 입장을 밝혔다.[22] 이러한 입장 표명 역시 달라진 사회 인식을 반영한 게 아닐까 싶다.

이미 현실은 제도를 앞지른 상태다. 이른바 '정상가족'이라고 할 때 가장 먼저 떠올리는 핵가족, 즉 부부와 미혼자녀로 구성된 가족은 2010년 전체 가구의 37%에서 2019년 29.8%로 줄어들었다. 반면 1인 가구는 2019년 30.2%를 차지해 한국 사회에서 가장 다수인 가구 형태가 됐다.

사람들의 생각도 제도를 앞섰다. 2020년 여성가족부가 실시한 〈가족다양성에 대한 국민인식조사〉 결과 10명 중 7명(69.7%)이 혼인, 혈연관계가 아니어도 생계와 주거를 함께하면 가족이라는 말에 동의한다고 응답했다. 현행 법령은 가족을 혼인, 혈연에 기초해서만 정의하고 있는데, 응답자의 61%가 다양한 가족을 포용하기 위해 가족의 범위를 사실혼과 비혼 동거까지 확장해야 한다고 응답했다. 현재 아이가 태어나면 자동적으로 아버지의 성을 따르는데 이를 바꿔 아이의 출생신고 때 부모가 협의해서 성과 본을 정할 수 있도록 하는 것에 대해서도 응답자의 73.1%가 찬성했다. 현행 〈민법〉은 부모의 혼인 여부에 따라 태어난 아이를 '혼인 외의 출생자(혼외자)'와 '혼인 중의 출생자(혼중자)'라는 괴상한 용어로 나눠 구분 짓는데 이를 폐기해야 한다는 문항에도 응답자의 75.9%가 찬성했다.

여성가족부가 2021년 초 발표한 〈4차 건강가정기본계획〉은 이렇게 변화한 현실과 의식을 제도로 뒷받침하려는 것이다.

기본계획은 법에 따라 5년마다 수립되는데 이번 회차의 핵심 키워드는 다양성, 보편성, 성평등을 꼽을 수 있다. 정상가족 이데올로기에서 벗어나 제한적으로나마 다양한 가족의 유형을 제도 내에 수용하고 위기가족, 취약가족에 국한되어왔던 가족 지원 서비스를 보편적인 서비스로 확대한다는 계획이다. 또한 돌봄의 사회적 분담을 확대하고 남녀 간의 평등한 맞돌봄이 가능하도록 하는 지원을 늘리겠다는 것이다.

아이들과 관련해서는 혼외자, 혼중자의 구분을 폐지하고 자녀의 성을 결정하는 방식을 부모 협의 원칙으로 바꾸며, 가족 유형에 따라 보편적 권리를 제한받는 현행 출생신고제 대신 의료기관 출생통보제를 도입하겠다는 계획이 담겨 있다. 누구나 태어나면 출생등록이 되어 국가의 보호를 받을 권리를 보장하기 위한 의료기관 출생통보제는 의료계의 반대에 부딪혀 2021년 12월 현재 진척되지 않고 있지만, 추세를 거스를 수는 없을 것이다.

이 기본계획은 대체로 환영받았으나 일부 기독교계가 〈건강가정기본법〉 개정을 두고 "동성혼을 허용하려는 의도"라고 반발해 2021년 12월 현재 법안 개정안은 국회의 문턱을 넘지 못하고 있다. 기독교계뿐만이 아니다. 여성가족부에서 일할 때 해당 상임위원회 소속 의원들에게 〈건강가정기본법〉 개정의 필요성을 설명하며 동의를 요청하러 다닌 적이 있다. 사실혼 부부의 난임수술 지원도 이뤄지는 마당에 법률혼에만 국한해

4. 가족이 그렇게 문제라면

가족을 정의하는 것은 시대착오적이라며 법 개정의 필요성을 설명하자 한 야당 의원이 이렇게 반문했다. "아, 그건 그거고, 가정이 건강해야 한다는 게 뭐가 문제죠? 법을 왜 바꿔요? 아무렇게나 가족하라고?"

〈건강가정기본법〉은 2004년 제정 당시부터 '건강 가정'이라는 용어 때문에 논쟁이 많았던 법이다. 건강보험, 장애인 건강, 정신 건강 등 말 그대로 몸과 마음의 건강과 관련된 법령 이외에, 법의 명칭에 '건강'이 쓰인 경우는 이 법이 유일하다.

건강하지 않은 가정이 있다는 가치판단을 전제로 한 이 법은, 가족 구성원은 가정 해체를 예방하기 위해 노력해야 한다고 규정하고 있다. 이때 가정 해체에는 이혼과 한부모 가족 등이 포함된다. 이 법을 〈가족정책기본법〉으로 바꿔 시대착오적인 '건강 가정'을 법의 용어에서 덜어내고, 사실혼도 가족의 범위에 포함하며, 민주적이고 평등한 가족관계를 실현하자는 정도의 법 개정은 현실에 비하면 변화의 보폭이 넓지 않다. 하지만 이 정도의 개정조차 일부 기독교계와 이에 편승한 일부 정치인의 반대로 이뤄지지 않고 있는 현실이 씁쓸하기 짝이 없다.

캐나다 〈온타리오 인권법〉은 '가족 상황'에 근거한 차별을 금지하면서 '가족 상황'을 '부모-자녀 관계가 되는 것'이라고 정의하고 있다. '부모-자녀 관계'의 형태는 혈연이나 입양이 아니더라도 돌봄, 책임, 계약과 유사한 관계를 지닌 모든 상황을 아우른다. 다양한 가족을 구성할 권리를 인정하는 것이다.[23] 프랑스의 시민연대계약인 〈팍스PACS〉는 동거 가구에 가족수당, 육아수당, 세제혜택을 주고 동거관계에서 태어난 아이들에 대한 차별을 금지하도록 규정한다. 독일과 스웨덴의 〈비혼동거법〉, 네델란드의 〈동반자 등록법〉 역시 동거를 할 경우 결혼과 동일한 법적 혜택을 부여한다. 그러나 우리는 낡은 〈건강가정기본법〉을 개정하는 것조차 20대 국회에 이어 21대 국회에서도 2021년 12월 현재까지 이뤄내지 못하고 있다. 기독교계의 '동성혼 합법화 반대' 주장에 밀려 〈생활동반자 관계에 대한 법률〉은 입법 발의조차 이뤄지지 않고 있는 상태다.

법과 제도의 언어는 뒤쳐졌을지언정 현실에서는 이미 많은 변화가 일어나고 있다. 1인 가구, 비혼의 급증도 그렇거니와 여성끼리 구성된 동거 가족, 비혼 여성들의 네트워크로 구성된 협동조합, 무자녀 부부, 남성이 전업주부인 가족 등 기존의 틀을 넘어선 다양한 형태의 가족이 이미 어울려 산다. 조립식 가족, 분자 가족이라는 말을 유행시킨 『여자 둘이 살고 있습니다』, 부부와 친구 등 3인으로 구성된 다인 동거 가족의 일상을 소개한 『셋이서 집짓고 삽니다만』 등 다양한 가족 실천을 소개하는 책들도 쏟아져 나오고 있다.

가족을 고정된 형태가 아니라 '누구를 가족으로 여기게 되는지를 구성하는 활동Family practice'으로 보자는 주장도 있는 터다. 가족의 규범을 정해두고 그에 들어맞지 않는 관계를 배제하거나 바꾸려 하지 말고, 사람들이 누구에게 친밀함을 느끼고 어떻게 서로 돌보며 의지하는지 그 방식과 관계를 가족으로 바라보면 어떨까. 다양성의 포용은 점점 더 중요해질 것이다. 이제 가족은 상태보다는 활동, 명사보다는 동사다.

아이들에게 '가장 좋은 것'을 주려는 노력

서구에서 유년기가 인생의 독립적 시기로 인정받기 시작한 것은 근대 시민사회가 형성되고 발전하던 때부터였다. 그러나 근대화 과정 자체가 뒤틀린 우리 사회에서 아이는 그저 '미래의 희망'일 뿐이다. 아이의 '현재의 행복'에는 별 관심이 없고 유년기 자체를 하나의 독립적인 인생의 단계, 시기로 간주하지 않는다.

최근 트위터에서 한 트위터리안의 촌철살인을 보았는데, "한국 사회가 아이를 바라보는 관점은 '경력 같은 신입'이기를 바라는 관점"이라는 것이다. 우리 사회에서 아이는 곧잘 어른의 세계에 편입되고 경쟁하기 위해 필요한 지식을 최대한 빨리 주입시켜 키워야 하는 존재로 인식될 뿐이다. '점잖은 아이'가 칭찬으로 많이 쓰이는데 '점잖다'의 어원은 '젊지 않다'다. 젊지 않고 어리지 않은 몸가짐을 칭찬하는 이면에는 젊고 어린 행동거지를 부정적으로 바라보는 시선이 깔려 있다. 어려서 칭찬받는 경우란 '동안' 말고는 없지 않은가?

어린 사람의 의견을 존중하지 않고 개별적 존재로 인정해주지 않아서 벌어진 황당한 사건도 있었다. 2017년 1월 PC방에서 집단 폭행을 당한 초등학생이 무서워서 계단을 내려가지 못하고 친구와 함께 112에 신고를 했는데 경찰의 대답은 "엄마한테 신고하라"라는 거였다. 엄마한테 말하라고 하고 경찰은 아예 출동조차 하지 않았다. 이 충격으로 그 학생은 심리치료를 받기도 했다고 한다.[24]

이렇게 한국 사회는 어른들의 사회다. 아이들은 어른들이 규정한 틀 안에서 액세서리나 소유물 취급을 받는다. 전국의 카페나 식당 같은 상업시설에 아이들의 출입을 금지하는 '노 키즈 존No Kids Zone'이 늘어만 간다. 어린이 보호구역 교통안전을 강화하는 이른바 '민식이법' 시행 이후 스쿨존 교통사고와 사망자 수가 줄었는데도 되레 아이들이 일부러 도로에 뛰어드는 놀이를 한다며 이 법을 흠집 내는 주장이 번지더니만 급기야 학교의 공문에까지 등장했다.[25]

한편에서는 뭔가에 미숙한 성인들을 일컬을 때 어린이에 빗대어 '주린이' '요린이'처럼 '○린이'로 부르는 현상도 생겨났다. 『어린이 문화 운동사』에 따르면 1923년 '어린이'라는 말은 젊은이와 늙은이, 즉 어른과 동등한 인격을 가진 존재라는 뜻을 담아 만들어졌다고 한다. 지금은 그 뜻이 반쪽이 되어 초등학교에 다니는 아이들만 가리키는 말로 여겨지더니 2020년에 이르러 미숙한 사람을 일컫는 말로 희화화되기에 이르렀다.

아이들에게 좋은 것은 어른이 정해줘야지 아이들에게 권

요청하는 게 아닌가 생각할 수도 있겠다. 그러나 사적인 부모-자녀의 권력관계는 언제나 법에 반영되어왔다. 예컨대 과거에 법원은 극히 드문 경우를 제외하고 남편이자 아버지인 가장에게 친권 행사의 전권을 줬다. 그 시대의 지배적 가족 관념이 그랬기 때문이다. 앞서 살펴보았듯 친권자인 아버지만 동의하면 어머니에게 묻지도 않고 아이를 해외로 입양 보내버리는 무자비한 행위가 '적법'했던 시절이 불과 40여 년 전의 일이다.

그 이후로는 점차 부모의 권리가 동등해져 아버지가 절대적으로 휘두르던 친권을 어머니에게도 평등하게 부여하는 방향으로 나아갔다. 오늘날에는 부모의 이혼이나 양육권 결정 과정에서 '아동 최상의 이익'을 판단할 때 아이가 스스로 자신의 의사를 말할 수 있어야 한다는 원칙을 강조하고 있다. 과거에는 늘 미래의 가능성에 초점을 맞춰 성인이 보기에 좋으면 그게 아이들에게도 좋은 것이라는 성인 중심주의적 시각이 공적 제도에 배어 있었다면, 요즘은 아이들이 현재 겪는 경험을 중시해야 한다는 쪽으로 인식의 전환이 서서히 이뤄지고 있는 것이다.

아이들에게 가족은 무엇보다 중요하고 부모-자녀는 생애의 가장 일차적 관계다. 그러나 가족 안에서 부모의 친권이 아이의 인권을 침해했을 때는 아이를 보호하기 위한 국가의 개입이 부모의 권리보다 우월하고 정당하다. 이게 '아동 최상의 이익의 원칙'이자 약자의 편을 들어줘야 할 공공의 역할이다.

아동보호를 위한 공공의 역할 강화

아동인권의 맥락에서 꼭 필요한 공공의 역할은 무엇일까. 여러 분야 중 이 책에서 집중적으로 살펴본 폭력에 국한해 말한다면 가장 중요한 일은 국가가 책임지고 아이들을 폭력으로부터 보호하는 것이다.

2017년 초판을 펴낼 때만 해도 국내 아동보호체계는 비영리 민간단체들이 운영하는 아동보호전문기관이 아동학대 사건 조사와 사후관리까지 한꺼번에 맡는 등 민간이 많은 역할을 떠안고 있었다. 공공의 역할은 왜소한 구조였다. 나는 이 책의 초판에서 폭력이 발생했을 때 친권에 개입해야 하는 신고 및 조사의 영역은 공공기관이 맡고, 아동보호전문기관들은 가족 보전과 치료, 재결합을 위한 전문 서비스의 질을 향상시키는 방향으로 갈 수 있도록 체계를 이원화하는 것이 필요하다고 제안했다.

그 뒤 문재인 정부에서 아동보호 관련 정책은 크게 바뀌었다. 2019년 5월 정부는 이전보다 진일보한 〈포용국가 아동정책〉을 발표하면서 보호가 필요한 아동에 대한 국가의 공적 책임을 늘리겠다고 발표했다. 이에 따라 2020년 10월부터 아동학대 대응체계가 전면 개편돼 아동학대 신고 접수, 현장조사와 응급 보호는 지방자치단체의 전담공무원이 맡고 아동보호전문기관은 사례 관리 전담기관으로 전환됐다.

앞에서 살펴보았듯 2021년 1월에는 〈민법〉의 징계권이 폐지됐으며, 부모의 보호를 받지 못하는 아이를 돌보는 대안적 양육방식들과 별개로 민간기관에서 담당해왔던 입양절차의 시작도 2021년 6월 30일부터 지방자치단체로 이관됐다. 그뿐만 아니다. 2021년 6월 초에는 보건복지부 일반회계, 법무부 범죄피해자보호기금, 기획재정부 복권기금 등으로 쪼개져 있던 아동보호 예산이 일반회계로 전환되어 일원화됐다. 기존의 누더기 예산으로는 사업의 확대와 내실화가 어려워 현장에서 수년간 요구해왔던 숙원사업이 드디어 실현된 것이다.

체계만 놓고 보면 갖출 것은 얼추 다 갖춘 셈이다. 안타까운 점은 그 과정에서 폭력에 노출된 아이를 지키지 못하는 일이 종종 발생했으며 그 문제는 여전히 해결되지 않았다는 것이다.

2021년 초, TV 프로그램의 조명으로 양천 아동학대 사망사건이 이른바 '정인이 사건'으로 알려지며 전국적 공분을 자아내던 때, 나는 이전에 작성된 아동학대 사망사건에 대한 민간조사 보고서들을 다시 들여다보았다. 놀랍게도 과거의 사건들을 조사한 기록을 읽으며 아찔한 기시감을 느꼈다. 예컨대, 이런 기록들이었다.

1. 몸에 멍이 든 아이를 세심히 관찰한 어린이집 교사가 지속적 학대의 증거를 모아 신고했지만, 학대로 판정되지 않았다. 그 뒤 사례관리를 맡은 아동보호전문기관은 아이의 상태를 직접 확인하지 않고 전화로 부모의 말만 들었다.

2. 경찰은 아동학대 신고를 받고서도 '아이를 입양하여 키우는 사람이 학대할 리가 없다, 아이가 새로운 환경에 적응하지 못해 생긴 문제일 것'이라고 판단했다.

3. 아이의 몸 상태를 확인한 의사가 아동학대로 신고했지만, 경찰은 입양부모와 알고 지내던 다른 의사가 학대가 아니라고 하자 더는 조사하지 않았다.

1번은 2014년 울주 아동학대 사망사건의 진상을 조사해 펴낸 〈이서현 보고서〉에서, 2번과 3번은 2017년 대구·포천 입양아동 학대사망 사건을 조사한 〈은비 보고서〉에서 각각 옮겨 적었다. 2020년 발생한 '정인이 사건'의 설명이라고 해도 전혀 이상하지 않을 만큼 똑같다. 두 번의 민간 진상조사에 직간접적으로 관여했던 사람으로서 닮은꼴로 반복되는 학대의 참극에 깊은 죄의식과 패배감을 느낄 수밖에 없었다.

방송 덕분에 '정인이 사건'이 재조명된 뒤 가해자를 살인죄로 처벌하라는 분노의 여론이 들끓었다. 정치권이 내놓은 첫 번째 답도 형량 강화를 위한 법 개정이었다. 가해자는 형량이 낮아 학대를 저지르는가? 양형 기준이 낮아서 문제지 법정형은 이미 높다. 고의적 살인을 기소하고 판결하는 것은 현행법으로도 가능하다. 과거에도 그랬듯 가해자를 악마화하는 것으로는 문제가 해결되지 않는다.

아이를 가해자에게서 즉각 분리하는 제도를 진작 갖추지 않은 게으른 행정을 탓하는 목소리도 컸다. 이에 따라 2021년 3월 말부터는 1년 내 두 번 신고되면 즉각 분리하는 법이 시행됐다. 그러나 그런 기계적 분리가 능사일까? 되레 '정인이 사건'의 경우 영유아를 대상으로 한 지속적 학대임을 알린 첫 번째 신고 때부터 아이를 분리했어야 했다. 이미 〈아동학대범죄의 처벌 등에 관한 특례법〉에는 학대 행위자에게서 아이를 분리할 수 있는 응급조치-긴급임시조치-임시조치-피해아동보호명령의 절차가 있다.

문제는 신고 횟수가 아니라 판단의 전문성 부재다. 누가 봐도 위중한 극단적 학대는 오히려 대응이 어렵지 않다. 문제는 그보다 정도가 덜하고 애매한 학대 상황들이다. 빈곤이나 돌봄 지원 부족, 부모의 무지로 방임돼 재신고된 경우라면? 아이가 두 번 신고했지만 동시에 부모와의 애착도 강한 경우라면? 전문가가 훈련된 눈으로 제각기 다른 사연의 딜레마를 뚫고 학대 상황을 판단해야 하는데 이를 기계적 규칙으로 대체해버리면 다수의 아이가 더 어려운 상황에 내몰릴 수 있다. 게다가 분리한 아이들은 어디에서 언제까지 지내는지, 시설에는 학대와 인권유린이 없는지 등의 문제에 즉각 분리 우선 정책은 답하지 못한다.

수년간 반복 발표된 아동학대 방지대책들을 보면 굵직한 대책과 방향은 이미 다 나와 있다. 2014년부터 공교롭게도 2년 단위로 아동학대 방지를 위한 범정부대책이 잇따라 발표됐다. 아동보호영역은 대형 사건이 발생하지 않으면 정책이 바뀌지 않으니, 전국민을 분노하게 만든 아동학대 사망사건이 최소 2년 단위로 발생해왔다는 이야기다. 그런데도 왜 닮은꼴의 사건들이 반복되는 걸까. 내 생각엔 자원, 협업과 전문성 그리고 치밀한 조사의 부재부터 해결해야 한다.

정부의 의지는 예산으로 표현된다. 예산이 없어 그 많은 대책이 현장에서 실행되지 못하는 문제를 해결하지 않으면 아무리 '근절'을 외친들 정부의 의지는 신뢰받기 어렵다. 예컨대 2014년부터 2020년까지 2년 단위로 정부대책이 네 차례 발표될 때마다 단골 메뉴처럼 빠지지 않고 등장한 것이 학대피해아동 파악을 위한 가정방문 서비스였다. 전문가들이 꼽는 가장 효과적인 예방책이기 때문이다. 그러나 인력 부족의 문제, 결국 예산의 문제가 해결되지 않아 이 서비스는 제대로 실시된 적이 없다. 재학대 사례가 늘면서 학대피해아동의 분리 및 보호 강화도 몇 차례 반복적으로 대책에 포함됐지만 이 역시 예산 부족으로 인해 포화상태인 쉼터 문제를 해결하지 못했다. 2020년 10월 학대 조사 업무를 지방자치단체로 옮기고 전국에 아동학대 전담공무원을 배치하고 있지만 예산의 부족으로 배치 속도가 더딘 상황이다. 아동인권의 관점에서 상황을 바라볼 수 있도록 전문성 있는 인력을 키우는 과제 역시 결국은 예산에서 출발한다.

다행히 2021년 6월에 아동보호 예산이 일반회계로 일원화되면서 이전처럼 기금의 수익에 따라 예산이 가감되는 현상은 다시 겪지 않아도 된다. 예산 체계가 일원화된만큼 아동학대 통합대응체계가 안정적으로 자리 잡을 수 있도록 정부는 아동보호 인력의 전문성 강화와 처우 개선, 업무의 안정적 수행을 위한 예산을 대폭 늘려야 한다. 우리나라의 아동·가족복지 공공지출 비중은 국내총생산GDP 대비 1.1%로 OECD 회원국 평균(2.2%)의 절반 수준에 불과하다. 그나마 보육을 제외하면 0.2%로 OECD 국가 평균(1.4%)의 7분의 1에 지나지 않는다.[26] OECD 평균 지출을 따라잡기에도 아직 갈 길이 멀다.

　　아동보호는 어느 한 기관이 도맡아 책임질 수 없다. 지역사회보호체계 안의 모든 기관이 매일 협업해야 하는 특수한 과제다. 협업은 떠넘기기로 귀결되는 경우가 더 많고, 어처구니없이 사소한 지점에서도 어긋나기 십상이다. 치밀한 조사가 필수적인 이유다.

　　2003년 영국은 2년가량 약 65억 원을 들여 빅토리아 클림비라는 아이가 학대로 숨진 사건을 조사한 방대한 보고서를 펴냈다. 아동보호체계의 일대 개혁을 이끌어낸 이 보고서는 "아이를 살릴 기회가 최소 12번은 있었다"라면서 "엄청난 기술이나 노력이 필요한 것도 아니었고, 그저 관련자들이 적절한 질문을 하고 사건 파일을 자세히 보는 것 같은 노력이 필요했다"라고 말한다.

해당 보고서는 그러한 노력이 없었던 이유로 대단한 대책의 부재나 비리 때문이 아니라 고위직에서 일선에 이르기까지 협업이 부족했고 안이함이 만연한 탓이라고 짚었다. 심지어 금요일 오후 협력기관에 보낸 팩스를 아무도 챙기지 않는 사소한, 그러나 치명적인 구멍으로 아이를 구할 기회가 흘러가버렸다.

울주와 대구 사건, 그리고 양천 사건의 공통점은 아동학대 신고가 이루어졌고 아동보호 책무를 지닌 기관들이 한 번 이상 개입했는데도 아이를 구하지 못했다는 점이다. 그 이유가 무엇인지 샅샅이 훑는 조사가 필요하다. 지금까지 아동학대 사망사건에 대해 민간단체들이 일부 국회의원들과 함께 진행한 두 번의 조사 이외에 제도 개선으로 직결될 수 있는 국가 차원의 진상조사는 한 번도 이뤄진 적이 없다. 대책은 여기에서 시작되어야 한다. '정인이 사건' 이후 민간단체들이 진상조사의 필요성을 강력히 주장했고 2021년 2월 여야 국회의원 139명의 제안으로 〈양천 아동학대 사망사건 등 진상조사 및 아동학대 근절대책 마련 등을 위한 특별법안〉이 발의됐지만 이 법안은 2021년 12월 현재까지 국회의 문턱을 넘지 못했다.

2016년 미국이 각 지방정부의 아동보호체계를 점검해 펴낸 〈아동학대 근절을 위한 국가전략보고서〉의 핵심 정책 제언은 "지난 5년간 아동학대로 사망한 아이들의 죽음을 꼼꼼하게 되짚을 것"이었다. 아이들의 죽음을 복기하는 게 전략의 시작인 까닭을 설명하는 다음과 같은 말은 지금 우리에게도 뼈아프다.

4. 가족이 그렇게 문제라면

"우리에게는 아이들의 죽음에서 배울 의무가 있다. 매일 그 죽음을 생각하면서 배울 수 있는 것을 다 배우고 제대로 된 전략을 수립해야만 비로소 아이들의 다 살지 못한 삶을 존중할 수 있다."

'함께 살기'를 위한 공감의 제도화

리베카 솔닛Rebecca Solnit은 공감empathy에 대한 아름다운 에세이 『멀고도 가까운』에서 사람은 타인에게 공감함으로써 자아는 확대되지만 그다음엔 자아도 위험과 고통을 분담하게 된다고 썼다. 공감이란 "자신의 테두리 밖으로 살짝 나와서 여행하는 일, 자신의 범위를 확장시키는 것"을 의미한다. 이는 진정으로 타인의 현실적 존재를 알아보는 일이며, 바로 이것이 감정이입을 탄생시키는 상상적 도약을 구성한다.

다른 말로 하면 공감은 매우 어렵고 노력해야 하는 일이라는 뜻이다. 사회의 온갖 분야에서 자주 거론되는데 정작 찾아보기 어려운 희귀한 덕목으로 나는 공감, 즉 '역지사지'를 꼽겠다.

역지사지, 감정이입, 공감 등 엄밀하게 보면 약간씩 다른 뜻이지만 비슷하게 쓰이는 개념들의 공통점은 '나와 다른 처지에 있는 사람의 생각과 느낌을 마치 내 것처럼 경험할 수 있는 능력'일 것이다. 대부분의 사람이 어느 정도는 타고나는 능력인

데다, 주변에 물어봐도 누구나 역지사지에 근거한 자신의 공감
능력을 확신하는 경향이 있다.

버락 오바마Barack Obama 전 미국 대통령도 연설에서 공감
의 중요성을 강조했고, 제러미 리프킨Jeremy Rifkin은 『공감의 시
대』에서 위기의 시대에 인류가 생존할 유일한 방법은 '글로벌
공감'을 높이는 것이라고 역설했다. 차별과 배제 등의 문제를
극복하기 위한 처방으로 가장 자주 거론되는 것이 공감능력의
향상이다.

하지만 공감을 실천하는 모습은 좀처럼 보기 어렵다. 왜
냐하면 그것이 정말로 어렵기 때문이다.

우선 공감은 편협하다. 혈연, 인종, 국적, 유사성, 가치의
공유 등으로 금을 그은 집단의 경계, '내 편'의 울타리를 좀처럼
넘어서지 못한다.

외면할 수 없는 불편한 진실은 사람은 거의 모든 상황에
서 '그들'과 '우리'를 나누고 신속하게 '그들'을 차별할 표지를
찾아낸다는 것이다. 이렇게 자신이 속한 내집단ingroup, 즉 '우리'
와 자신이 속하지 않은 외집단outgroup, 즉 '그들'을 나누는 속성
을 부족적 본능tribal instinct이라고 부른다. 이는 군집해서만 살아
갈 수 있는 인간의 진화 과정에서 비롯된 본능적 정서다. 역사
를 통틀어, 그리고 인류학적 조사에서도 '우리'와 '그들'을 구분
하지 않은 사람들은 없었다.

사람은 가족, 민족, 종교 등 자신이 속한 내집단과 그렇지

않은 외집단을 즉각적으로 구분하며 내집단을 선호하는 속성을 띤다. 사람들은 외집단을 폄하하는 경향이 있으며 내집단보다 덜 도덕적이고 믿을 수 없다고 생각하는 경향이 있다. 공감은 이 집단의 경계를 좀처럼 잘 뛰어넘지 못한다. 우리는 모든 사람에게 공감하는 게 아니라 혈연, 우정, 유사성, 공통의 유대를 가진 사람들에게 더 잘 공감한다.

또 권력을 가진 사람은 대체로 공감력이 낮다. 다른 사람 처지에 서보려고 애쓸 필요가 없기 때문이다. 사이코패스나 나르시시스트처럼 공감의 장애를 가진 사람들도 그들이 느끼기를 원하면 공감을 느낄 수 있다. 자기 집단 내의 사람이라고 느낄 경우 사이코패스들도 공감력을 보인다. 공통의 경험도 꼭 공감으로 이어지지는 않는다. 같은 일을 겪은 사람이 현재 그 일을 겪는 사람에게 가장 덜 공감한다는 연구결과도 있다.

이런 공감의 한계 때문에 심리학자 폴 블룸Paul Bloom은 더 나은 세상을 만들려면 다른 사람의 신발을 신어보는 방식의 공감력 향상보다는 되레 한발 물러나 객관적이고 공정한 도덕에 근거해 판단하는 이성적 역량을 키워야 한다고 주장한다.[27] 그는 미래의 위험을 예방하는 정책을 세우려면 공감을 제쳐놓고 생각해야 한다고까지 말한다. 기후변화, 고령화 사회 등에 대처하려면 미래의 추상적인 혜택을 위해 현재의 사람들에게 비용을 부과해야 하는데, 대체로 사람들은 막연한 대중의 고통, 미래의 큰 비극보다 특정한 개인, 눈앞의 아픔에 더 공감하기 때문이다.

공감의 능력이 확대되는 건 아름답지만 저절로 이뤄지는 것이 아니고 어렵게 익혀야 하는 일이다. 흔히 상상하는 것과 달리 공감의 확대는 어쩌면 감성이 아니라 이성을 발휘해야 도달 가능한 목표일지도 모른다. 다른 사람의 고통을 마치 자신이 겪는 양 느낀다 해도 고통의 원인을 잘못 인식하면 행동이 엉뚱해지듯, 그릇된 인식이 공감을 왜곡하는 일도 잦다. 나와 다른 사람과 공존하는 기술, 갈등의 해결, 세상의 고통을 줄이는 방법을 이야기할 때 역지사지의 확대, 공감의 향상을 핵심에 놓는 것은 지나치게 이상적이다.

진화심리학자 스티븐 핑커는 『우리 본성의 선한 천사』에서 "낯선 사람을 친구와 동등하게 느낄 정도로 공감의 기울기가 평평해지기를 바라는 것은 20세기 최악의 유토피아적 이상과 다르지 않다"라고까지 신랄하게 비판했다.

핑커는 공감은 이타성을 촉진할 수 있고, 다른 계층에 속하는 사람의 관점을 취하면 그 계층에게 공감이 확대될 수 있지만 그러나 그렇다고 해서 '감정이입의 문명'을 추구하면 위험하다고 지적했다. 권력을 가진 사람들의 족벌주의처럼 감정이입과 공정성이 상충되는 예도 많기 때문이다. 핑커가 '네 이웃과 적을 사랑하라'보다 더 낫다고 제시한 이상은 다음과 같다.

"네 이웃과 적을 죽이지 마라. 설령 그들을 사랑하지 않더라도."

앞서 우리가 살펴본 배타적 가족주의의 폐해 극복과 관련해서도 나는 핑커의 말에 동의한다. 우리의 궁극적 목표는 정책과 규범이라야 한다. 그것이 제2의 본성이 되어 감정이입에 굳이 호소하지 않아도 되어야 한다. 감정이입의 확대보다 권리의 범위 확대가 더 중요하다.

사람에게 해서는 안 될 짓의 선을 정하는 게 먼저다. 다른 사람의 입장에서 상상해보는 공감의 감수성을 높이려는 노력은 물론 필요하지만 이를 개인의 도덕적 과제, 감성의 영역으로만 남겨두어선 안 된다. '우리'의 폭을 넓히려는 교육이 공교육에 제도적으로 포함되어야 하고, 〈차별금지법〉, 〈이주아동권리보장기본법〉을 제정해야 한다. 그게 우리를 같이 살아가게 해주는 공감의 제도화다. 역지사지하고 공감하는 능력보다 사적 관계에선 예의, 공적 관계에선 정책과 제도가 우리의 공존을 가능하게 해주는, 더 인간적인 장치다.

자율적 개인과 열린 공동체를 그리며

2016년 봄 아동학대 사망사건들이 잇따를 때 온갖 매체에선 개탄과 해결 방안에 대한 논의가 넘쳐났다. 숱한 의견들을 읽고 쓰고 나누는 과정을 겪으면서 내가 가장 불편했던 진단과 개선책은 '대가족과 공동체가 살아 있던 예전에는 이런 문제가 없었는데, 핵가족화가 진전되고 공동체가 해체되면서 아동학대가 늘어났다'라는 식의 진단이었다.

이러한 진단들은 개인주의 사회를 비판적으로 성찰하면서 모두가 '엄마의 눈으로 남의 아이도 내 자식처럼 돌봐야 하는데 그렇지 못했다'라는 반성들로도 이어졌다.

그런데 과연 그럴까? 공동체가 살아 있던 과거엔 아동학대가 정말 적었을까? 아니면 은폐되고 묻혀버렸기 때문에 우리가 모르는 걸까? 이를테면 남아선호사상이 위세를 떨치던 때

행해졌던 여자아이에 대한 영아살해는 가장 극단적 형태의 아동학대가 아닌가? 그런 관행을 덮어놓고 대가족과 공동체가 살아 있던 과거를 이상화하는 것이 과연 온당한 걸까?

나는 학대 예방과 아동보호를 위해 더 많은 공공성이 필요하다고 주장해왔지만 그 이유는 과거와 같은 공동체가 회복되어야 한다고 생각해서가 아니다. 아동학대 예방을 위한 공적 제도는 마을의 공동 책임이 아니라 아이의 개별성을 인정하는 기초 위에 수립되어야 한다.

우리에게 필요한 것은 폭력에 반대하는 개인의 인권의식이지 남의 아이도 내 자식처럼 돌보는 엄마의 눈, 전 사회의 '확대가족화'가 아니다. 모르는 사람이 아이를 때리는 것을 보았을 때 항의하고 신고해야 하는 이유는 사람이 더 약한 이에게 폭력을 휘두르는 것을 용납해서는 안 되기 때문인 것이지, 우리가 모두 이웃의 아이를 함께 지키는 대가족 구성원의 마음자리를 가져야 하기 때문은 아니다.

우리는 배우자를 폭행하는 가정폭력에 대한 해법으로 공동체의 회복을 말하지 않는다. 아동폭력도 마찬가지다. 생물학적으로 어릴 뿐 온전한 인간인 '작은 인간'에 대한 폭력과 인권유린을 없애는 게 우선이다. 체벌, 아동학대, 자녀 살해 후 자살은 모두 아이들의 개별성을 인정하지 않아서 빚어지는 비극인데 그 해법으로 더 많은 공동체를 내세우며 개인을 소거해서는 안 된다.

공동체의 난감한 처지

그러나 간혹 사적 대화나 사회연결망에서 젊은 세대가 공동체에 대해 보이는 태도는 기성세대와 사뭇 다르다. 우리 사회에서 공동체는 난감한 지경에 처한 단어가 되어버렸다는 생각이 든다. 기성세대는 다수의 사회문제 해법으로 '마을 공동체', '공동체의 회복'을 강조하는 반면, 젊은 세대는 공동체를 개인을 방해하는 답답한 개념으로 간주하고 거부한다.

2016년 여름, 이 차이로 인한 작은 논란이 SNS에서 벌어진 적이 있다. 수행비서 성폭행 사건으로 실형이 확정되어 2021년 12월 현재 복역 중인 안희정 전 충남지사가 현직에 있을 때의 일이다. 당시 안 전 지사가 지역치안협의회 회의석상에서 범죄 예방에 대한 대책으로 "마을공동체 회복으로 범죄를 예방하고 약자를 보호하자"라고 말했다가[28] 트위터에서 한바탕 난리가 났다. 트위터에서 자주 그렇듯 들끓고 곧 사라진 이슈였지만 내가 이를 유심히 지켜본 이유는 젊은 세대의 공동체에 대한 반감이 예상보다 거셌기 때문이다. 의견 몇 개만 옮겨보자면 이렇다.

"마을공동체를 찬양하는 학자들은 그 이면에서 죽어가는 약자들은 보지 않는다." "왜 굳이 끈적한 관계를 베이스로 한 공동체 이야기만 하는가." "집집마다 수저가 몇 벌씩 있는지 알리고 아무 때나 문을 획획 열어젖히는 공동체말고, 각자가 개인의 영역을 지키고 존중하는 한편 일개인에게 좌지우지되지 않는

튼튼한 시스템을 갖춘 문명사회를 원합니다." "나는 마을공동체 말고 각박한 개인주의 법치국가에서 살고 싶다."

　범죄 예방의 해법으로 공동체 회복을 제시하는 게 낡은 사고방식인 건 맞다. 폭력을 막는 건 공공성의 강화여야지 공동체적 관계의 회복이 그 방안은 아니다.

　그러나 젊은 세대의 강한 거부감의 이유가 단지 공동체와 공공성을 헷갈리는 기성세대의 사고방식에 대한 반감 때문만은 아니었을 거다. 아마 각자 겪어본 공동체의 경험이 대체로 부정적이어서 그런 것은 아닐까. 사사건건 통제하고 간섭하며 구성원을 존중해주지도 않는, 수긍할 만한 원칙도 없고 권위를 가진 사람 마음대로인 폐쇄적 공동체들, 가족에서 학교, 회사에 이르기까지 여러 형태의 집단을 거치며 겪은 부정적 경험이 공동체 일반에 대한 반감으로 드러나게 된 것은 아닐까.

　공동체의 억압적 측면을 주로 경험하며 성장한 사람들에게 개인과 공동체가 대립된 개념이 아니라는 말은 그저 공염불에 불과하다. 나는 현실에서 개인과 공동체가 대립하고 양자택일의 대상처럼 경험하게 된 가장 큰 이유가 공동체의 작동 원리 안에 공공성이 부족하기 때문이라고 생각한다.

　앞서 한국 사회의 압축적 근대화 과정에서 가족주의가 공고해지고 더 나아가 사회의 연고주의로 확대되어온 과거를 살펴본 것처럼, 우리는 공동체 내의 관계 유지와 갈등 해결의 수단으로 작동하는 '공공성'을 제대로 경험해보지 못했다. 우리가 겪어본 공공성이라곤 누구도 배제되지 않도록 보살피고 약자의 편에 서는 정의로운 힘이 아니라 강자의 뜻을 관철시키는 완력인 경우가 대부분이었다.

가족 안에서는 가부장적 권위나 부모의 강요, 학교에서는 주어진 지식만 달달 외우는 집체교육의 폭력, 군대와 회사에서는 '까라면 까'가 횡행하는 위계의 지배, 사회에선 지배자 편에 서서 약자의 목소리를 억압하는 수단으로만 작동해온 공권력을 겪으며 성장한 사람들이 그런 공동체를 내 편이라고 생각하긴 어렵다. 트위터에서 공동체의 회복에 반발하던 사람들이 '공동체'라는 단어를 '법치', '시스템', '개인과 사생활 존중'과 대립되는 개념으로 사용한 것도 아마 그래서일 거라고 생각한다.

공공성의 강화와 열린 공동체

너무나 당연하게도 공동체가 좋고 나쁘고를 떠나 우리는 공동체를 떠나서 살아갈 수가 없다. 자유로운 개인이 폐쇄적이지 않은 공동체에서 살아가는 건 불가능한 일일까? '자율적 개인들의 열린 공동체'는 마치 '세모난 네모'처럼 실현 불가능한 이상일까?

나는 이 책 전체에서 공동체의 가장 작은 단위인 가족 안에서 어떻게 아이들의 개별성이 짓눌려지며 가족 밖에서는 어떻게 다양성이 훼손되는지, '정상가족'이라는 폐쇄적 틀 때문에 가장 약자인 아이들이 어떤 상처를 받는지를 살펴보았다. 그리고 우리와 다른 길을 걸어간 스웨덴의 사례를 통해 개인의 자율성과 높은 사회적 신뢰가 공존하는 현상을 들여다보았다. 스웨덴에서 이 공존을 가능하게 한 열쇠는 앞서 살펴본 것처럼 공공성의 강화였다.

나는 이 공공성의 강화를 통해 우리도 개인과 공동체의 평화로운 공존의 길을 만들어볼 수 있다고 생각한다. 인류학자 김현경은 『사람, 장소, 환대』에서 이 공공성을 '절대적 환대'라는 말로 아름답게 표현했다.

그가 설명한 절대적 환대, 즉 공공성의 창출은 "타자의 영토에 유폐되어 자신의 존재를 부인당하는 사람들에게 도움의 손길을 뻗치는 일, 그들을 인지하고 인정하는 일, 그들에게 '절대적'으로 자리를 주는 일, 즉 무차별적이고 무조건적으로 사회 안에 빼앗길 수 없는 자리/장소를 마련해주는 일"이다. 그는 뒤르켐Émile Durkheim의 말을 인용하여 "공공성이 강화될수록 사생활의 자유는 오히려 커진다"라고 설명했다.

이러한 환대, 공공성의 창출은 앞 장에서 살펴본 것처럼 우리 사회에서도 가능하다. 이런 상상을 해본다. 도움이 필요한 사람이 사적 해결책을 찾아 헤매지 않아도 되도록 그동안 가족이 떠맡아온 돌봄과 약자에 대한 보호를 사회가 공공 서비스로 책임져준다면 어떨까.

아이들도 어른과 마찬가지로 인격을 존중받고 권리를 제

도적으로 보호받는다. 가족 내에서도 아이들의 자율성을 인정하며 정서적, 수평적 유대를 유지한다. 서로의 의견에 귀 기울이고 설득하며 조정하되, 일방적으로 자신의 뜻을 관철시키기 위한 폭력은 없다. 각 개인은 자신이 선택한 여러 개의 공동체, 상부상조의 네트워크에서 서로의 삶에 대한 억지와 규제 없이 자연스럽게 어울린다. 자율적 개인이 열린 공동체 안에서 너무 몸을 조이지 않는 느슨한 연대를 맺고 살아가는 것, 서로에게 틈을 열어주며 도움이 필요한 이웃에게 손을 내밀어주는 것, 이게 불가능한 꿈일까?

변화는 필연적이다. 이미 시작되었다. 2016년 겨울부터 전국을 달궜던 촛불집회에서 나는 그 희망을 보았다. 어떤 공동체에 속하지 않고도 각 개인이 광장으로 나와 모르는 사람들과도 연대할 수 있음을 우리는 가슴 뜨겁게 경험했다. 어떤 깃발에도 소속되지 않았던 사람은 주눅 들지 않고 각자 자신의 깃발을 만들어나갔다. '장수풍뎅이연구회'를 비롯해 그 수많은 깃발들의 대잔치라니! 우리는 이제 어디 소속이 아니어도 '나'를 말할 수 있게 된 것이다.

촛불집회에서 또 하나 마음을 설레게 했던 장면은 대거 참여한 청소년들이었다. "우리 아이들을 위해 촛불을 든다"라는 어른들에게, "어른들이 '아이들'을 위한 촛불을 드는 광장에선 '아이'가 존중받는 시민으로 설 틈이 없다. 성숙한 '어른'과 미성숙한 '아이'로 구분하지 말고 '우리 모두를 위한 촛불'을 들자"²⁹라고 화답하는 청소년들을 보면서, 우리가 다른 어느 곳에서도 하기 어려운 민주주의의 학습을 광장에서 하고 있다는 것을 절감했다.

시간이 흘러 2021년, 안타깝게도 '촛불 정신'은 옛사랑의 그림자처럼 희미해져 버린 듯하다. 촛불로 태어난 정부가 공공성 강화를 통해 가족의 짐을 덜어주고 누구도 소외되지 않도록 법과 제도를 정비하고, 그 속에서 각 개인들이 하나의 목표를 향해 달려가기보다 각자 다른 방향으로 뻗어가도 괜찮은 사회를 만들어나갈 수 있기를 기대했건만, 현실은 그에 미치지 못했다. 이 책에서 주장한 일들이 실현되도록 힘을 보태고 싶어 촛불 정부에서 일하기를 선택했던 나 역시 정책의 상당한 변화에도 불구하고 미완의 과제에 무거운 책임감을 느낀다.

변화는 쉽게 오지 않는다. 정부 안에서는 반 발짝의 변화조차 끓어오르는 갈등을 조정하고 끈질기게 씨름한 뒤에야 겨우 만들어지곤 했다. 하지만 더 넓게 긴 호흡으로 바라보면 촛불을 통해 학습한 민주주의의 경험은 그냥 사라지지 않는다고 생각한다. 촛불집회를 계기로 청소년 인권을 포괄적으로 보장하는 법률을 제정하기 위해 만들어진 '촛불청소년인권법제정연대'가 그 같은 예다. 청소년 활동가들은 서울 여의도 국회의원회관의 의원실을 모두 찾아다니며 청소년 참정권에 대한 의원들의 답변을 요구했고, 2018년 3월에는 청소년 3명이 국회 앞에서 삭발을 감행했다. 이런 노력을 통해 2020년 〈공직선거

법〉개정으로 선거권 제한 연령 기준이 만 19세에서 만 18세로 낮아졌다. 문제제기가 시작된 지 20년 만에 당사자들의 노력으로 청소년 참정권 확대가 이루어진 것이다.[30]

이처럼 각자가 속한 삶의 여러 장에서 변화를 만들어내려는 시도가 중단 없이 이어진다면 가족 안팎에서 '정상가족'의 숨 막히는 틀 대신 수평적 유대관계를 통해 아이들의 자율을 존중하고, 다음 세대에선 나와 다른 사람을 배척하지 않는 개인들이 자라날 수 있을 거라고 희망한다.

글을 맺으며 아이들의 인권, 다음 세대의 삶의 질을 중심에 두고 가족의 문제를 바라본 이 책의 생각이 아이가 없는 사람들에게도 무관한 게 아니라는 점을 강조하고 싶다. 다음 세대는 핏줄로 얽힌 자녀를 둔 부모들에게만 중요한 것이 아니다.

만약 우리에게 다음 세대가 없다면 어떨지 생각해보자. 지금 당신이 알폰소 쿠아론Alfonso Cuaron 감독의 영화 〈칠드런 오브 맨〉의 세계에 살고 있다고 상상해보길 권하고 싶다. 그곳은 18년간 아이가 태어나지 않아 더 이상 새로운 사람이 들어오지 않는 암울한 세계다. 영화에서 세대를 잇지 못해 인류가 사라진다는 사실은 나 자신이 언젠가는 죽을 운명이라는 사실보다 더 절망적이다. 불법 천지에 정부는 자살약을 배급하고 테러와 폭력이 난무한다. 무너져가는 세계를 어느 누구도 보수하려 들지 않는다.

그도 그럴 것이 현재의 나는 수명대로 살더라도 다음 세대가 없어 이 세계가 끝장난다면, 내 삶에서 더 나은 가치와 아름다움, 의미를 추구하는 것이 무슨 소용일까. 내일 지구가 정말로 멸망한다면 도대체 왜 사과나무를 심겠는가. 이건 성실성과는 다른 이야기다.

철학자 새뮤얼 셰플러Samuel Scheffler가 『죽음과 사후생Death and the Afterlife』(국내 미출간)에서 설명한 것처럼 나의 사후에도 인간 세계가 지속될 것이라는 암묵적 믿음이 있기 때문에 우리는 더 나은 치료법을 찾고 더 나은 기술을 연구하고 더 새로운 것을 창작하려고 한다.

내 혈연이 아니더라도 세대를 이어 인류가 계속 존재하리라는 기대가 사라진다면, 개인의 삶은 유한해도 나보다 더 크고 지속되는 전체에 연결되어 있다는 믿음이 사라진다면, 그 모든 추구와 삶의 의미도 빛을 잃는다.

그런 점에서 우리는 모두 미래의 낯선 이들에게 의존하고 있다. 존재의 의미를 다음 세대에, 아이들에게 빚지고 있다.

더 읽을 만한 책들의 주관적 목록

이 책을 쓸 때 참조한 책들, 이 주제에 관심 있는 독자들이 더 읽어볼 만한 책들을 소개한다. 체계적이지 않고 뜬금없이 주관적인 목록이지만, 이 책에 담긴 생각을 형성하고 발전시키는 데 도움을 준 디딤돌들이다.

**사람됨, 인권,
아동기에 대하여**

『사람, 장소, 환대』(김현경 지음/문학과지성사)

사람됨은 태어남과 같은 말이 아니다. 사람이 사회 안에서 어떻게 성원권을 부여받고 사람이 되는지를 인류학자가 촘촘한 밀도와 아름다운 문체로 분석했다. 사람이 된다는 건 사회 안에서 자리/장소를 갖는다는 것이고 환대는 타자에게 그런 자리를 주고 인정하는 것이다. 이 책을 읽으며 공적 공간에서의 불인정과 사적 공간에서의 억압이 어떻게 연결되어 있는지를 배웠고 개인과 공동체의 관계, 공공성의 창출에 대한 생각을 정리할 수 있었다. 녹록지 않은 독서이지만 읽고 나면 지적 충만감을 주는 책.

『우리 본성의 선한 천사』(스티븐 핑커 지음, 김명남 옮김/사이언스북스)

인간이라는 종種과 폭력의 방대한 역사를 훑으며, 세상이 날로 각박해진다는 통념과 달리 과거 어느 때보다 현재가 더 평화로운 시대임을 보여주는 책. 인간이 감정이입empathy과 자기통제, 도덕감각, 이성의 능력에 힘입어 폭력을 줄여온 장구한 역사를 읽고 나면 앞으로의 세상은 지금보다 나아질 것이라는 기대를 품게 된다. 지금 우리가 이야기하는 아동인권도 앞선 역사에서 인간이 실현해온 평화화와 문명화, 인도주의 혁명의 두터운 토대 위에 놓여 있다. 실현되지 않을 리가 없다.

『인권을 외치다』(류은숙 지음/푸른숲)

〈유엔아동권리협약〉을 비준한 나라의 정부가 유엔아동권리위원회에 국가보고서를 제출할 때 NGO들도 시민사회의 관점에서 바라본 대안보고서를 같이 제출할 수 있다. 국내에서 처음으로 이 NGO 보고서를 쓴 사람은 그 많은 아동단체들도 아니고 인권운동가 류은숙 씨였다. 그가 〈세계인권선언〉, 〈유엔아동권리협약〉을 비롯한 주요 인권문헌을 해설한 책. 취약한 사람들의 열망과 눈물, 오랜 투쟁이 어떻게 인권의 규범으로 발전되어 왔는지를 거시적 관점에서 훑어볼 수 있다.

『유년기 인류학』(헤더 몽고메리 지음, 정연우 옮김/연암서가)

순수함의 상징처럼 거론되곤 하는 어린이, 유년기가 보편적 개

넘이 아니라 각 사회의 가치관과 문화적 맥락에 따라 다르게 정의된다는 것을 풍성한 사례로 보여준다. 각 사회의 특수함을 지나치게 강조하다 보면 보편적 인권을 부정할 위험도 있지만, 생애의 특정 시기를 신성시하는 신화를 벗겨내고 균형 잡힌 시각을 갖도록 돕는 책. 통념과 달리 어린이의 삶은 사회의 변화가 가장 두드러지게 나타나는 영역이다. 어린이와 관련된 문제를 결코 조용히 논의해서는 안 되는 이유다.

『어린이 문화 운동사』(이주영 지음/보리)

1920년대부터 지금까지 국내에서 이어져온 어린이 문화운동을 정리한 책. 방정환이 어린이날을 제정했다는 것은 모두가 알지만 취지는 잘 모른다. 방정환은 조선 민중 가운데 가장 불쌍한 민중을 어린이로 보았고, 억눌린 어린 민중의 해방운동을 펼쳤다. 처음에 어린이날은 노동자의 날인 5월 1일이었는데 어린이도 노동자와 마찬가지로 억압받는 민중이라는 인식에 근거한 것이었다. 일제강점기의 소년운동과 한국전쟁 이후 사라진 어린이 운동의 흐름을 읽다 보면, 이 흐름이 끊이지 않고 당사자 운동으로 발전했더라면 한국 아이들이 처한 환경도 꽤 달라지지 않았을까 하는 생각이 절로 든다.

근대화, 가족의 문제에 대하여

『환원근대』(김덕영 지음/길)

제목은 추상적이지만 매우 현실적인 질문에 사회학자가 성실히 대답한 책이다. 한국 사회의 눈부신 경제성장에도 불구하고 왜 혈연, 지연, 학연 등의 연고주의가 여전한지, 왜 국가와 사회가 져야 할 책임을 가족이 떠맡는지, 왜 세계 최장시간 노동을 하며 비인간적 입시지옥에 시달리는지 등을 '환원근대'라는 렌즈로 분석했다. '환원근대'란 한국의 근대화가 사회분화와 개인화를 거치지 못하고 경제성장으로 '환원'됐고 국가와 재벌들만의 일로 '환원'된 과정이었음을 가리키는 용어다. 근대적 합리성을 갖추기 위해 '사회의 개인들'에서 '개인들의 사회'로 전환해야 할 필요성을 역설하는 책.

『가족·생애·정치경제』(장경섭 지음/창비)

한국 사회의 가족주의적 근대성을 체계적으로 설명한 사회학자의 글. 우리가 살펴본 아동인권의 관점을 넘어 근대화와 가족주의 전반의 문제를 짚어보기에 좋은 책이

더 읽을 만한 책들의 주관적 목록

다. 압축적 근대화 과정에서 초래된 가족의 기능적 과부하로 한국 가족들은 '가족 피로'에 시달려왔고 역설적으로 '무자식이 상팔자'인 사회가 되었다. 가족주의의 대안으로 개인주의를 제시한 앞의 『환원근대』와 달리 이 책은 가족문제 그 자체로서 사회적 해법을 찾아야 할 것이라고 지적한다. 반(反)사회적 인간형을 배양하는 지배적 가족이념에서 벗어나 가정의 민주화, 남녀관계 재편의 필요성을 제안하는 언어가 차분하지만 내용은 통렬하다.

『한국 가족, 철학으로 바라보다』(권용혁 지음/이학사)

과거와 현재, 서양과 동양을 넘나들며 '가족의 모든 것'을 훑은 뒤 가족의 민주화에 대한 서양식 해법이 집합주의가 강한 한국 가족에도 적용 가능한지에 대한 대답을 시도한 책. 구조적 측면에선 서구와 유사한 변화가 진행되고 있지만 가치관의 측면에서 남성우월주의, 개인을 경시하는 가족주의가 여전히 뿌리 깊은 한국에선 가장의 권위를 덜어내는 일이 무엇보다 우선적 과제라고 지적한다. 그러나 책이 쓰인 지 5년이 지난 2017년의 시점에선 저자가 '서구 가족의 이슈'라고 제한한 아이들의 권리 존중과 법적 보호장치 마련, 비혈연 가정과 동성애 가정 등의 문제도 한국 가족의 이슈가 되어가고 있다. 얼마나 역동적인 사회인가.

『대한민국 마음 보고서』(하지현 지음/문학동네)

매일 불안한 사람들을 만나는 정신과 의사가 개개인의 마음에 커다란 영향을 끼치는 사회의 변화, 이에 대한 사람들의 대응 패턴을 들여다보고 해법을 모색한 책. 개인 단위로 진행되는 심리 치료, 상담이 이제 흔한 일이 되었지만 저자는 개인의 문제는 단지 개인의 것이 아니라 사회적 문제라고 진단하며 모든 정신적 문제를 심리 상태의 문제로 환원하는 심리화를 경계한다. 개인의 성장도 연대와 공감을 통한 협력, 느슨한 관계 맺기를 통해 가능하며 사회적 차원에서 다양한 삶의 형태를 인정해야 개인도 그 안에서 숨 쉬고 살아갈 수 있다. 특히 부모와 청소년들의 관계, 청년들의 불안과 대응방식, 해법을 논의한 부분이 좋다.

『정해진 미래』(조영태 지음/북스톤)

미래에 대한 가장 정확한 예측 기준인 '인구 변화'를 갖고 우리 사회의 10년 후를 예측한 책. 인구학자가 그려낸 미래의 모습은 현재의 많은 기준을 뒤흔든다. 한국인의 인식 속에 오랫동안 표준이었던 4인 가구는 사라지고 아이들 수도 줄어들고 교육, 취업, 부동산 등 사회 전체에 걸쳐 길고도 깊은 지각변동이 진행될 것이다. 옳고 그름에 대한 지금의 기준이 계속 통할 리 없다. 외국인 노동자와 여성, 아동의 인권에 딱히 관심이 없는 사람들도 이 책을 읽으면 외국인 노동자에 대한 차별, 성차별, 복지를 가족에게 떠넘기고 아이들의 질적 성장에 별 관심을 기울

더 읽을 만한 책들의 주관적 목록

이지 않는 현재의 태도를 바꾸지 않는다면 미래에 어떤 재앙이 닥칠지 실감할 수 있을 것이다.

『돌봄 민주주의』(조안 C. 트론토 지음, 김희강·나상원 옮김/아포리아)

'돌봄'과 '민주주의', 두 단어의 조합이 어색하게 들릴지 모르나 나는 특히 요즘 우리 사회에 절실해진 조합이라고 생각한다. 사람에게 돌봄은 불가피한 일인데 현재 누군가를 돌보는 일은 불평등하게 인종적, 계급적, 성적 편견에 기초해 이뤄지고 있다. 다수가 돌봄 책임을 지지 않는 '무임승차권'을 회수하고 '함께 돌봄'을 어떻게 정치로 풀 것인지 생각해볼 수 있는 책. 더 나아가 사람은 누구나 취약한 존재인데 민주주의의 기초로 독립적 인간만 상정하는 기존 제도는 과연 정당한가도 따져볼 수 있다. 함께 살아가는 방법을 개선하기 위한 새로운 방식을 생각해볼 수 있는 읽기의 체험이 될 것이다.

**차별, 공감과
감정이입에
대하여**

『푸른 눈, 갈색 눈』(윌리엄 피터스 지음, 김희경 옮김/한겨
레출판)

내가 번역하고 해설을 쓴 책을 추천하는
게 민망한 일이긴 하나 이 책에 실린 미국
초등학교 교사 제인 엘리어트의 차별 실험
은 알아둘 만하다. 인종차별이 극심했던
1968년, 엘리어트는 차별당하는 사람의 심
정을 아이들에게 가르치기 위해 차별적 환
경을 일부러 만드는 파격적 실험을 실시했
다. '나와 다른 사람의 신발을 신고 걸어보
기'를 그저 아름다운 문구가 아니라 직접
현실로 옮겨본 것이다. 다시 재현하기 어
려운 실험이고 그 자체로 논란이 많지만,
그의 시도는 사람들이 어떻게 '우리'와 '그
들'을 나누어 '그들'을 차별하는지를 보여
주었고, 그렇게 차별하는 마음의 구조를
바꿀 수 있는 길 하나를 열어주었다.

『우리와 그들, 무리짓기에 대한 착각』(데이비드 베레비
지음, 정준형 옮김/에코리브르)

거의 본능적으로 '우리'와 '그들'을 구분하
고 무리에 섞이려는 사람의 속성을 학술적

연구와 기사를 넘나들며 알기 쉽게 풀어 쓴 책. 역사적으로 '우리'와 '남'을 구분하지 않은 사람들은 없다. 피부색, 언어, 민족 등을 이유로 사람들이 남에 대해 쉽게 갖는 고정관념은 악의적 추론이라기보다 생각할 필요 없이 의식 바깥에서 빠르게 작동하는 심리적 장치다. 성선설의 신봉자라면 인간 본성에 깃든 차별과 배제의 속성에 대한 이 책의 진화심리학적 설명이 불편하게 느껴질 수도 있겠으나, 마음의 작동 원리를 알아야 극복 방법도 생각할 수 있다. 무리짓기와 편가르기를 낳는 부족 본능 tribal instinct에 대한 가장 쉬운 해설서.

『멀고도 가까운』(리베카 솔닛 지음, 김현우 옮김/반비)

흔히들 공감이라고 번역하는 감정이입empathy에 대한 과잉 찬사와 폄하의 양극단을 오가는 글들을 읽다가 균형을 찾은 건 이 아름다운 에세이 덕분이었다. 저자의 집에 어느 날 '들이닥친' 살구 더미처럼, 늘 타인이 얽혀 있는 우리 삶의 문제들은 어느 날 불쑥 내 일상에 끼어든다. 내 이야기가 다른 사람의 이야기와 만날 때 이해할 수 없는 것들을 이해하기 위해 필요한 것은 감정이입의 기술. 저자는 그렇게 어머니의 이야기 속으로 들어가고 프랑켄슈타인, 체 게바라 등을 거쳐 다른 사람이 된다는 것이 어떤 기분일지를 배우고 상상한다. 저절로 되지 않지만 불가능하지도 않은 감정이입의 과정을 이야기의 힘에 실어 탁월하게 풀어낸 책.

『**투게더**』(리차드 세넷 지음, 김병화 옮김/현암사)

자기 가족과 집단의 이익만을 탐하는 경쟁적 사회에서 차이를 넘어서는 협력은 어떻게 가능할까. 협력이 말하긴 쉬워도 어려운 가치라고 느꼈는데, 이 책을 읽으며 협력은 되레 '실기▮技'라고 생각하게 됐다. 함께 작업하듯 몸을 움직이고 잘 들으려는 노력, 한마디로 다른 사람에게 제대로 반응하고 느슨하게 연대하는 기술이 협력이다. 그런 노력과 기술이 우리를 함께 살게 한다. 이를테면 "나는 당신의 고통을 느낍니다"보다 "나는 당신이 느끼는 고통에 관심을 쏟고 있습니다"가 훨씬 나은 협력의 물꼬를 연다. 앞의 진술이 동일시를 통해 차이를 지우고 '자기'를 확장하는 방향이라면 뒤의 진술은 나의 밖에 있는 너로 나아가는, 더 현실적인 실천이기 때문이다.

더 읽을 만한 책들의 주관적 목록

주

1. 가족은 정말 울타리인가

1. 홍신영. 2015/12/22. 〈학대피해소녀, 이전에도 탈출 시도, 친부 학대인정〉. MBC.

2. 주영민. 2016/5/21. 〈[사건의 재구성] 12세 딸 학대 시신유기…목사가 아닌 악마〉.《뉴스1》.

3. 신정원. 2016/1/20. 〈친권의 덫…학대아동에겐 공포의 '집'〉.《뉴시스》.

4. 정혜경. 2016/3/14. 〈[취재파일] 7살 원영이가 이승에 남긴 편지〉. SBS.

5. Julie L. Crouch, Leah E. Behl. 2001. "Relationships among parental beliefs in corporal punishment, reported stress, and physical child abuse potential". *Child Abuse & Neglect* 25. pp. 413-419.

6. 최상현. 2015/1/22. 〈OECD 절반이상이 가정 내 아동 체벌금지..우리는 관련법 국회서 낮잠〉.《헤럴드경제》.

7. 변희원. 2020/6/20. 〈체벌, 한 대는 '사랑의 매'고, 세 대는 학대입니까?〉.《조선일보》.

8. Elizabeth T. Gershoff, Andrew Grogan-Kaylor. 2016. "Spanking and Child Outcomes: Old Controversies and New Meta-Analyses". *Journal of Family Psychology*.

9. 권혜정. 2014/7/1. 〈친딸 목검으로 폭행해 숨지게 한 아버지 '징역 6년'〉.《뉴스1》.

10. 고한솔. 2017/2/20. 〈건모를 키운 건 8할이 엄마의 매?…'아동체벌은 불법입니다'〉.《한겨레》.

11. 심윤지. 2021/1/21. 〈통금시간 어겼다고 삭발당한 딸에게 "예뻐서 그렇다"는 이들〉.《경향신문》.

12. Brian Resnick. 2016/4/27. "Parents have been spanking children for millenia. 50 years of scientific evidence says they were wrong". *Vox.*

13. Carol R. Ember, Melvin Ember. December 2005. "Explaining Corporal Punishment of Children: A Cross-cultural Study". *American Anthropologist* 107⑷.

14. 박노자. 2008. 〈쾌남아(快男兒), 천재, 영웅 키우기-1910~30년대 조선에서의 아동·청소년 훈육 담론의 전개〉. 《한국민족운동사연구》 56. pp. 51-101.

15. 이노홍. 2015. 〈아동의 권리와 가정내 아동체벌금지에 관한 헌법적 고찰〉. 《홍익법학》 16⑴.

16. 이노홍. 같은 논문.

17. 이혜민, 박진우. 2021/5/20. 〈"자녀체벌금지법 안다" 40% 불과…훈육·학대 구분 모호〉. 《한국일보》.

18. 이노홍. 같은 논문.

19. 권영전. 2017/4/4. 〈'투표권 없지만'…어린이들…'학원 밤 수업 없애주세요'〉. 《연합뉴스》.

20. "Within Our Reach: A National Strategy to Eliminate Child Abuse and Neglect Fatalities" https://www.acf.hhs.gov/sites/default/files/cb/cecanf_final_report.

21. 박효정. 2021/1/7. 〈아동학대 예방한다던 '빅데이터 시스템' 있으나마나〉. 《서울경제》.

22. 김새봄. 2021/3/2. 〈'라면형제'라 불린 사건_110일의 기록〉. 《뉴스타파》. https://newstapa.org/article/7g86G

23. 김형원. 2017/4/3. 〈우울증 부르는 사교육 스트레스, 정신과 찾는 학생들〉. 《조선일보》.

24. 이지연. 2015. 〈유아동기 부모의 과보호와 학교폭력 피해경험의 관계에서 우울의 매개효과〉. 《한국교육문제연구》 33⑵. pp. 1-19.

25. 석민정, 오인수. 2014. 〈중학생이 인식한 부모의 과보호적 양육태도와 부정적 자동적 사고 및 분노의 관계〉. 《중등교육연구》 62⑶. pp. 491-511.

26. 한기백. 2014. 〈아동기의 부모 과보호와 대학생 우울의 관계: 성인애착의 매개효과〉. 《청소년학연구》 21⑵. pp. 427-448.

27. 박나래, 정익중. 2012. 〈방임, 과보호가 청소년의 심리사회적 적응에 미치는 영향: 사교육의 조절효과를 중심으로〉. 《한국아동복지학》 37. pp. 139-164.

28. 고우현. 2015/11/13. 〈어디서 노느냐고 물으니…화장실이요〉. 세이브더칠드런 '놀이터를 지켜라' 캠페인페이지.

29. 배문규. 2016/11/1. 〈초등학생 매주 한 시간 놀게 했더니 공부태도 좋아졌다〉. 《경향신문》.

30. 김채현. 2021/11/17. 〈"남의 놀이터 오면 도둑" 인식표 도입까지… 아이들이 무슨 죄?〉. 《서울신문》.

31. Melissa Hogenboom. 2013/8/15. "Criminologists identify family killer characteristics". *BBC*.

32. Max Pemberton. 2011/12/17. "What drives a father to kill?". *The Telegraph*.

33. 정승화. 2011. 〈1950~60년대 한국사회 경제구조 변화와 가족동반자살〉. 《내일을 여는 역사》 42. pp. 180-200.

34. 천정환. 2013/10/18. 〈1970 박정희부터 선데이서울까지 ⑾ 유신시대 한국의 자살〉. 《경향신문》.

35. 김형수, 황춘규. 2006. 〈한국사회의 동반자살에 관한 연구: 신문기사를 중심으로〉. 《지역개발연구》 38⑴. pp. 29-50.

36. 최현준. 2015/5/8. 〈아이와 동반자살도 살인〉. 《한겨레신문》.

37. 이현정. 2012. 〈'부모-자녀 동반자살'을 통해 살펴 본 동아시아 지역의 가족관념〉. 《한국학연구》 40. pp. 187-227.

38. 2017/2/9. 〈40대 가장, 어린 자녀 둘 데리고 극단 선택〉. 《연합뉴스》.

39. 이현정. 앞의 논문.

40. 김리안. 2016/5/3. 〈아빠랑 왜 성 다르죠?…아이도 위탁부모도 '멍'〉.《문화일보》.

41. 2016/3/22. 〈한부모 60만 시대의 그늘…정부 대책은?〉.《YTN》.

42. 신민재. 2016/11/3. 〈아들, 딸은 자살 생각하는데…치유 가로막는 부모들〉.《연합뉴스》.

43. 이경은. 2016. 〈유엔아동권리협약상 아동 최선의 이익 법리와 한국의 아동 보호법제〉.《입법과 정책》 8⑵. pp. 193-219.

44. 박성호. 2013. 〈유럽연합 친권법 원칙과 한국 친권법 비교연구〉.《법학논고》 42. pp. 219-246.

45. 이인준. 2016/10/3. 〈체벌 합리화하는 사회 분위기…부모 절반 '위협은 폭력 아냐'〉.《뉴시스》.

2. 한국에서 '비정상' 가족으로 산다는 것

1. 임주언. 2017/4/10. 〈[가장 슬픈 범죄] 축복받지 못한 탄생…한 해 302명이 버려진다〉.《국민일보》.

2. 고우리.2020/4/27.〈영아유기 피의자 대부분 여성.."아기엄마 홀로 책임"〉. kbc 광주방송.

3. 김혜영. 2013. 〈미혼모에 대한 사회적 차별과 배제〉.《젠더와 문화》 6⑴. pp. 7-41.

4. http://babyscoopera.com

5. https://www.ag.gov.au/About/ForcedAdoptionsApology/Pages/default.aspx

6. 김혜영. 앞의 논문.

7. 이미정·정지연·구미영·정수연·김희주·박종석 (2018). 「임신기 및 출산 후 미혼모 지원방안」 서울: 한국여성정책연구원

8. 이미정·정지연·구미영·정수연·김희주·박종석. 앞의 논문

9. 신성식 외. 2016/10/24. 〈[인구 5000만 지키자] "비혼모=부도덕 편견 깨고 일반가정 같은 혜택·권리 줘야"〉. 《중앙일보》.

10. 김혜영. 앞의 논문.

11. 이경은. 2017. 〈국제입양에 있어서 아동권리의 국제법적 보호〉. 서울대학교 법학과 박사논문.

12. 1957/3/11. 〈양연 맺고 도미한 우리 혼혈고아 소식〉. 《동아일보》.

13. 1972/6/7. 〈"아버지 동의만으로 어린이 입양 안 된다" "어머니 친권 크게 논란"〉. 《경향신문》.

14. 1970/11/25. 〈홀트회 주선 입양 출국 고아 10명 '인솔 편리하게' 2명씩 빨래줄로 묶어〉. 《경향신문》.

15. 1976/3/30. 〈영국서 논란 빚은 한국아기 해외입양-한국내서 양부모 맺어줘야, BBC방송〉. 《동아일보》.

16. 1988/10/11. 〈해외입양고아 5공 때만 5만 명〉. 《한겨레신문》.

17. 윤종구 외. 1999/10/29. 〈[이슈추적/국내입양실태] 고아수출국 오명, 언제까지?〉. 《동아일보》.

18. 권희정. 2015. 〈입양실천에서 나타나는 정상가족 담론과 미혼모 자녀의 '고아' 만들기〉. 《페미니즘 연구》 15(1). pp. 51-98.

19. 김재민. 2016. 〈한국의 해외입양 정책에 투영된 인권의 공백〉. 《기억과 전망》 35. p. 282.

20. 남지원. 2016/5/7. 〈[어른들이 미워요] (하), '대안양육' 고민도 않고 너무 쉽게 시설로 보낸다〉. 《경향신문》.

21. 김형선. 2021/7/16. 〈[화성입양아동 학대사망 사건 들여다 보니] "입양아동 미리 정해놓고 절차 진행"〉. 《내일신문》.

22. 박준규. 2021/10/7 〈아이 입양 보내려던 부모 절반이상 상담받더니 마음 바뀌 양육 택했다〉. 《내일신문》.

23. 신재우. 2017/10/31. 〈'무국적' 해외입양아 2만 6천 명… "한국으로 강제추방도"〉.《연합뉴스》.

24. 이소현. 2021/1/7. 〈'홀트' 과실 과연 없었나… 정인이 입양절차·사후관리 두고 '갑론을박'〉.《이데일리》.

25. 공지영·신현정. 2021/5/24. 〈양모, 양육 어려움 잇단 토로… 안일했던 입양기관〉.《경인일보》.

26. 이 사례는 내가 번역한 책 『푸른 눈, 갈색 눈』의 역자 후기에서도 소개했던 내용이다.

27. 강성률, 임성옥. 2014. 〈한국인의 가족가치관과 혈통적 국민정체성이 다문화 배제태도에 미치는 영향〉.《정신보건과 사회사업》42⑵. pp. 91-120.

28. 강기헌 외. 2017/4/9. 〈다문화센터에 실제 다문화는 없어. 김치 한국어 전수 한국문화센터 불과〉.《중앙선데이》.

29. 이주아동권리보장기본법 제정 추진 네트워크. 2015. 〈이주아동인권보장을 위한 정책 브리프〉.

3. 누가 정상가족과 비정상가족을 규정하나

1. 김혜경. 2013. 〈부계 가족주의의 실패?〉.《한국사회학》47⑵. pp. 101-141.

2. 신승배, 이정환. 2015. 〈동아시아의 가족가치관과 행복감 비교: 한국, 중국, 일본 비교〉.《사회과학연구》39⑶.

3. 김혜영. 2016. 〈'동원된 가족주의'의 시대에서 '가족위험'의 사회로〉.《한국사회》17⑵. pp. 3-44.

4. 김혜영. 앞의 논문.

5. 김혜영. 앞의 논문.

6. 이원무. 2016/6/17. 〈부양의무제의 비극은 '현재진행형'〉.《에이블뉴스》.

7. 문화체육관광부 국민소통실. 2017/5/17. 〈국공립 유치원 전체 40%까지…노후소득 보장강화〉.《정책뉴스》.

6. Joan E. Durrant & Gregg M. Olsen. 1997. "Parenting and public policy: Contextualizing the Swedish corporal punishment ban". *Journal of Social Welfare and Family Law* 19(4). pp. 443-461.

7. Joan E. Durrant & Gregg M. Olsen. 1997. 앞의 논문.

8. http://www.worldvaluessurvey.org/WVSContents.jsp?CMSID =Findings

9. https://www.globalutmaning.se/wp-content/uploads/sites/8/2011/01/ Davos-The-nordic-way-final.pdf

10. 2016/9/15. 〈확정된 미래 1인가구시대, 미룰 수 없는 숙제들〉. CBS.

11. 이상헌. 2017/1/19. 〈[이상헌의 삶터일터] 인구절벽 피해간 스웨덴의 '오두막 연구'〉. 《경향신문》.

12. 이영경. 2017/2/26. 〈[지금 SNS 에선] 저출산, 여성 고스펙 탓?〉. 《경향신문》.

13. 이승우. 2008/12/31. 〈저출산 방지대책 효과없어〉. 《한국경제》.

14. 뮈르달 부부는 저출생 극복에 큰 기여를 했지만 장애가 있거나 유전병이 있는 사람들을 대상으로 한 강제불임수술을 공개적으로 지지하는 등 우생학적 성향을 보이기도 했다. 어두운 일면이지만, 이들이 기초를 놓은 양성평등과 돌봄의 공공성 확대를 통한 사회혁신의 성과는 부인하기 어렵다.

15. Linda Haas. 1996. "Family Policy in Sweden". *Journal of Family and Economic Issues* 17(1).

16. 김연진. 2019. 〈육아휴직제도 관련 국외 참고자료 -스웨덴〉. 저출산고령사회위원회 이슈페이퍼.

17. Joan E. Durrant & Gregg M. Olsen. 1997. 앞의 논문.

18. 2005/6/28. - 2005/7/8. 〈이슈연재 "출산율 1.19 쇼크"〉. 《동아일보》.

19. 정다운. 2017/5/8. 〈이기권 고용노동부 장관, 안 회그룬드 스웨덴 대사 '일-가정 양립'좌담회〉. 《매일경제》.

20. 〈내 가족을 묻지 마세요〉. 커피공방 블로그. http://blog.naver.com/coffeenalda/220989067599

21. 윤승희. 2014. 〈복지국가의 돌봄체계와 계층 간 출산수준에 대한 유형화연구〉. 《한국아동복지학》 48.

22. 양승준. 2021/4/16. 〈사유리 '슈돌'출연 반대 청원에…제작진 "가족의 성장 지켜봐달라"〉. 《한국일보》.

23. 이숙진. 2017. 〈다양한 가족과 사회정책〉. 《월간 복지동향》. 219. pp.5-10.

24. 정기형. 2017/1/12. 〈"초등생이 112 신고하자…"엄마에게 신고해"〉. SBS.

25. 최민지. 2021/6/3. 〈"민식이법 처벌 과하다" 아이들 탓하는 어른들〉. 《경향신문》.

26. 정익중. 2021/5/4. 〈아동이 행복한 사회환경 조성을 꿈꾼다〉. 저출산 고령사회 위원회 홈페이지. http://www.betterfuture.go.kr/front/notificationSpace/columnDetail.do?articleId=142&listLen=20&searchKeyword=&position=M

27. Paul Bloom. 2015/6/6. "Imagining the Lives of Others". The Stone - The New York Times blog.

28. 한종구. 2016/6/15. 〈안희정 "마을공동체 회복으로 범죄 예방"〉. 《연합뉴스》.

29. 밀루. 2017/3/22. 〈아이들 위한 촛불 대신 모두를 위한 촛불을〉. 《광주드림》.

30. 성상영. 2020/4 〈정치에 '19금'은 없다-김윤송 활동가(촛불청소년인권법제정연대)〉 국가인권위원회 인권 웹진. https://url.kr/smxp1j

이상한 정상가족

자율적 개인과 열린 공동체를 그리며

초판 1쇄 펴낸날 2017년 11월 21일
초판 22쇄 펴낸날 2021년 4월 30일
개정증보판 1쇄 펴낸날 2022년 2월 22일
개정증보판 7쇄 펴낸날 2024년 11월 15일

지은이	김희경
펴낸이	한성봉
편집	최창문·이종석·오시경·권지연·이동현·김선형
콘텐츠제작	안상준
디자인	최세정
마케팅	박신용·오주형·박민지·이예지
경영지원	국지연·송인경
펴낸곳	도서출판 동아시아
등록	1998년 3월 5일 제1998-000243호
주소	서울시 중구 필동로8길 73 [예장동 1-42] 동아시아빌딩
페이스북	www.facebook.com/dongasiabooks
인스타그램	www.instagram.com/dongasiabook
블로그	blog.naver.com/dongasiabook
전자우편	dongasiabook@naver.com
전화	02) 757-9724, 5
팩스	02) 757-9726

ISBN 978-89-6262-417-5   03330

만든 사람들

초판편집	조유나
책임편집	조연주
디자인	정명희
크로스교열	안상준
본문조판	김경주